중독 측정과 평가

청소년 중독 ACE 전문가 양성 사업단

대구한의대학교출판부

중독
측정과
평가

제 1장

중독 상담 사례

제 2장

측정과 평가

제 3장

중독 측정과 평가의 개관

중독 측정과 평가

제 4장

인터넷 중독의 측정과 평가

제 5장

스마트폰 중독의 측정과 평가

제 6장

게임 중독의 측정과 평가

중독
측정과
평가

제 7장

도박중독의 측정과 평가

제 8장

약물 중독의 측정과 평가

제 9장

관계 중독의 측정과 평가

중독 측정과 평가

제 10장

기타중독의 측정과 평가

제 11장

중독치료

제 12장

중독상담사례

제 1장

중독 상담 사례

중독 측정과 평가

제 1 장
중독의 이해

중독은 한 개인의 신체적 기능뿐만 아니라 심리적, 경제적, 사회적, 정서적, 영적, 가족적 기능 등에 대한 심각한 손상을 가져오는 우리 사회의 대표적인 정신건강 문제이자 사회적인 문제를 초래하고 있다. 또한 중독은 신체, 심리, 사회적인 측면 모두에 걸쳐 영향을 미치는 다중적인 질병으로 알려져 있다.

이 장은 전반적인 중독에 대해 간략하게 이해하는 장으로, 중독의 개념과 현황 및 중독의 요인과 특성, 그리고 물질중독과 행위중독을 분류하여 살펴보고, 재발의 원인과 상황에 대해 이해하고자 한다.

---

1. 중독의 개념과 현황

1) 중독의 개념

오늘날 '무엇에 중독되었다'라는 표현을 자주 접하며, 일상생활에서 흔히 사용하고 있다. 중독의 사전적 정의는 '생체가 어떤 독물의 작용에 의한 반응으로 생명에 위험을 미칠 수 있는 일'이다(이희승, 2016). 이때 중독의 정의는 의학적 또는 생물학적 용어에 가까우며 영어 "intoxication"에 해당한다.

심리학적 의미의 중독은 "addiction"으로 좀 더 나은 기분을 위해 무엇인가에 지나치게 의지하는 것을 말한다. 여기서 'addiction(중독)'이라는 영어 단어는 '~에 사로잡히다', '~의 노예가 되다'라는 의미의 라틴어 'addicere'에서 유래되었으며 초기에는 물질사용과 특정한 관련성이 없이 사용되었다(박상규 외, 2009). 즉, 중독은 중독 물질이나 중독 행위에 사로 잡혀 자신의 의지로는 벗어나기 힘들거나 반복되는 의미가 내포되어 있다. 또한, 고대에는 잡혀서 감금되거나 노예가 된 사람을 묘사하는 데 사용되었으며, 현대의 중독자들을 집착에 대한 '노예'라고 묘사하기도 한다(유수현, 천덕희, 이효순, 성준모, 이종화, 2014).

중독은 물질에 의하여 신체적인 변화가 일어나는 질환이며, 동시에 현실적인 판단 능력의 저하, 강박적인 성향 등 심리적인 요인과 더불어 발현되는 질환이다. 그런데 중독(addiction)이라는 용어는 전문가 집단에서 공식 명칭으로 사용하고 있는 전문용어는 아니다(한국학교폭력상담협회, 한국전문상담학회, 2015).

범세계적인 표준으로 사용되고 있는 미국정신의학회의 정신장애 분류체계인 DSM-V -

TR(Diagnostic and Statistical Manual of Mental Disorders Text Revision: 정신장애 진단 및 통계편람)에서는 중독을 '물질관련 장애'로 말한다. 이 안에서'물질사용장애'와 '물질로 유발된 장애'의 범주로 나뉜다. 물질사용장애에는 물질의존과 물질남용이 속해 있으며, 물질로 유발된 장애의 하위범주는 물질중독과 물질금단이 속해 있다. 물질사용장애란 중요한 물질 관련 문제들이 있는데도 개인이 지속적으로 물질을 사용하고 있음을 나타내는 인지적, 행동적, 생리적 증상군이다. 물질로 유발된 장애에는 중독과 금단, 유발된 정신질환이 있다. 금단은 물질을 중단할 경우 생겨나는 신체적, 심리적 문제로 일상생활을 제대로 못하는 상태를 말한다.

위 내용을 정리하면 중독은 크게 물질중독과 행위중독으로 분류된다. 과거에는 물질중독에 주로 초점을 두어왔으나, 오늘날에는 인터넷 및 스마트미디오로 인해 행위중독자가 늘어나고 있어 행위중독에 많은 관심을 쏟고 있다.

우리가 흔히 알고 있는 알코올, 니코틴, 마약 같은 화학물질에 대한 중독을 물질중독이라고 한다. 물질중독의 대표적인 알코올중독은 정신건강의학과에서 물질사용장애로 분류되어 치료가 되어 왔다. 그리고 인터넷, 스마트미디어, 도박, 성, 이외에 쇼핑, 성형 같은 특정 행위에 대한 중독을 행위중독이라고 한다. 이는 행위로 인체 호르몬의 변화를 일으키는 과정을 거친다.

물질중독 또는 행위중독 구분 없이 중독은 어떤 특정 개인에 국한된 것이 아니고 자신도 잘 인지하지 못하는 가운데 누구에게나 빠질 수 있다.

2) 중독과 관련된 용어

중독과 관련된 용어들을 생리적 중독, 오용, 남용, 의존, 내성, 금단증상, 강화, 갈망, 교차내성, 공동의존, 이중진단, 재발 등이 있다. 많은 학자들이 중독과 관련된 용어에 대한 정의를 다음과 같이 정리할 수 있다(강성균 외, 2007; 박상규 외, 2009; 서경현, 정구철, 정선진, 2016; 조근호 외, 2011).

〈표 1-1〉 중독과 관련된 용어 및 정의

용어	정의
생리적 중독(中毒, intoxication)	물질이 중추신경계에 영향을 미쳐 부적응 인지 · 행동적 결과를 초래하는 것을 뜻하며, 흔히 좁은 의미의 '급성 중독'이라고 표현한다.
오용(誤用, misuse)	물질을 의학적으로 사용하거나 처방에 따르지 않고 임의로 사용하거나 지시대로 사용하지 않는 것을 뜻한다.
남용(濫用, abuse)	감정 · 사고 · 행동에 인위적인 변화를 일으키고자 중추신경계에 작용하는 향정신성 약물을 비의학적으로 개인의 신체적 · 심리적 · 사회 및 직업적 역할 기능에 심각한 손상을 초래한다.
의존(依存, dependance)	남용의 경우에 더해서 의존성 발달시킨 경우로 내성과 금단증상이 핵심 기준이 되며, 신체적 의존과 심리적 의존을 대별할 수 있다. 약물이나 활동에 대한 강한 열망과 강박적 집착, 통제력 상실, 부정적인 결과가 초래되는 경우의 계속적인 사용 등과 같은 특징을 보인다.
내성(耐性, tolerance)	반복해서 사용하여 일어나는 변화로 동일한 효과를 얻기 위해서는 물질 사용량 혹은 활동의 강도나 빈도를 증가시켜야 하거나 동일한 사용량으로는 종전과 같은 효과를 얻지 못하는 현상을 의미한다.
금단증상(禁斷症狀, withdrawal symptoms)	약물 사용이나 활동을 중단하는 경우에 나타나는 견디기 어려운 여러 증상들을 뜻한다.
강화(强化, reinforcement)	보상에 의해 반복적으로 나타나는 현상으로, 약물 혹은 행위 자체, 연관된 기억, 환경적인 자극에 의해 유발되는 조건화되고 지속되는 반응을 말한다.
갈망(渴望, craving)	양성 강화에 의해 나타나는 현상으로, 약물 혹은 행위 자체, 연관된 기억, 환경적인 자극에 의해 유발되는 조건화되고 지속되는 반응을 가리킨다.
교차 내성(cross tolerance)	두 약물의 약리 작용 및 약물의 작용 부위가 유사하여 한 가지 약 물에 대해 내성이 생긴 경우, 다른 약물을 투여해도 동일한 효과를 나타내게 되는 현상이다.
공동의존(co-dependence)	가족 구성원 중 한 명이 중독되었을 때, 다른 가족이 심각하게 영향을 받는 행동 양상을 지칭한다.
이중진단(dual diagnosis)	중독 환자가 한 가지 물질 혹은 행위 중독 이외에 다른 정신과적 문제를 가지고 있을 경우를 가리킨다.
재발(再發, relapse)	회복된 이후에 병의 증세가 다시 나타나는 것으로 중독 물질이나 행위를 끊거나 조절해 보려고 하는 지속적인 열망이 있기는 하지만 실패한 경우를 의미한다.

3) 중독의 현황

중독은 한 개인의 신체적 기능뿐만 아니라 심리적, 경제적, 사회적, 정서적, 영적, 가족적 기능 등에 대한 심각한 손상을 가져오는 우리 사회의 대표적인 사회문제이다. 2015년 기준으로 최근 우리나라에서 중독문제로 고통 받는 사람들은 약 800여만 명이고, 중독으로 인한 경제적 피해는 약 200조원으로 추산된다. 주요 중독별 현황을 살펴보면 다음과 같다(조근호 외, 2011; 서경현, 정구철, 정선진, 2016; 조현섭, 2015).

〈표 1-2 〉 2011~2015년 주요 중독별 현황

종류	인구수	유병률	경제적 피해액	중독사업정부예산	예방상담 센터
인터넷	220만 (만5세~49세)	7.20%	10조	63억	전국 13개
도박	260만(성인)	7.20%	153조 (합법78조, 불법75조)	200억 증액	5개
알코올	160만	6.20%	21조	46억5000만원	상담센터47개
마약	20만~40만	1~1.5% (청소년)	3조3천억~7조	15억	12개 병원 (국립5개, 민간7개)
흡연	150만	남48.3% 여 6.3%	6~7조	260억	전국253개 보건소
총계	810~830만		193조 3천억~198조	584억 5000만	센터67개, 병원12곳 전국253개 보건소

유병률(prevalence)이란 일정 시기 동안 특정 집단의 총인구를 분모로 하고, 동일시기에 해당 집단 내에서 특정 질환에 이환된 사람의 수를 분자로 했을 때의 비율을 의미하는 것이다(조근호 외, 2011). 각 중독의 유병률은 전반적으로 외국에 비해 우리나라가 2~3배가 높다. 마약 중독은 외국에 비해 유병률이 낮은 대신 알코올 중독은 외국에 비해 우리나라가 높은 편이다. 청소년과 대학생 사이에서 각종 중독문제가 급증하고 있고 중독자의 가족도 큰 고통을 경험하기 때문에 전체 국민의 50%이상이 중독의 직간접적인 영향을 받는다고 볼 수 있다(조현섭, 2015). 중독은 신체, 심리, 사회적인 측면 모두에 걸쳐 영향을 미치는 다중적인 질병으로 중독자가 되면 당사자와 가족은 물론 주변 사람들에게 피해와 고통을 안겨준다. 더 나아가 국가와 사회에도 큰 부담이며 문제가 된다.

중독문제로 인해 개인은 신체적인 질병과 불안과 우울 같은 정서적인 문제를경험하고, 자살이라는 극단적인 선택을 취하기도 한다. 중독자의 가족은 무수한 갈등을 겪으면서 학대와 폭력 등을 경험하게 되어 역기능적인 가족으로 변질될 수 있다. 또한, 중독자는 대인관계에서 단절을 경험하면서 사회적으로 고립되고 각종 범죄에 발을 들여놓기 쉽다. 중독자가 증가하게 되면 국가적으로 생산적인 노동력이 감소되고 중독 문제로 인한 직접적 또는 간접적인 사회경제비용이 증가하게 된다(서경현, 정구철, 정성진, 2016).

2. 중독의 요인과 특성

1) 중독의 요인

중독은 신체적 · 정신적으로 유해한 결과를 초래함에도 불과하고 지속적으로 강박적으로 물질을 사용하게 되는 질환이다. 이에 대해 미국국립 약물남용연구소(National Institute of Drug Abuse: NIDA)에서는 사람들이 물질을 사용하는 네 가지 이유를 제시했다. 첫째, 좋은 기분을 느끼기 위해서다. 중독이 되는 물질들은 대부분 강한 쾌감을 일으킨다. 각각의 물질마다 다른 기분을 일으키는데, 헤로인은 편안함과 만족감을 통해 다정감을 느끼게 하고 코카인은 힘과 자신감 항진을 통해 정신이나 기분을 고양시킨다. 둘째, 기분을 더 좋아지게 하기 위해서이다. 스트레스 상황에서 불안과 우울을 피하기 위해서 물질을 사용하며, 지속적인 스트레스는 중독에서 회복된 사람들을 재발시킨다. 셋째, 더 잘하기 위해서이다. 체력적으로나 인지적인 능력을 더 향상시켜야 한다는 압박감을 느낄 때 물질을 사용하게 되고 또한 지속해서 사용하게 된다. 넷째, 다른 사람이 하기 때문에 따라서 하는 경우가 있다. 청소년의 경우에는 또래 집단의 영향으로 처음 약물을 사용하며, 스릴을 경험하기 위해서 시작하기도 한다(조근호 외, 2011).

중독은 하나의 요인보다는 복합적인 요인들이 영향을 미쳐서 발생하는 다면적인 현상이다. 중독의 요인에 대한 여러 가지 가설들이 있지만 정확한 요인을 밝혀내기는 쉽지 않다. 여러 학자들의 이론에 근거하여 제시하면 다음과 같다(이근후, 우행원, 박영숙, 연규원, 권정화, 1993).

첫째, 사회적 역할모델 또는 준거집단의 역할이다. 예들 들어, 청소년에게 있어 사회적 역할을 체험하고 익힐 수 있는 역할모델 또는 준거집단의 설정은 매우 중요한데, 청소년이 선택한 역할모델의 대상이 어떠한 역할을 보여주는가에 따라 청소년 또한 그로부터 직접적인 영향을 받게 된다는 것이다. 평소에 가족이나 주변으로부터 흡연, 알코올 등에 빈번히 노출되어진 경우 그 속에서 모델을 찾을 가능성이 높은 것이며, 향후 이들은 중독의 가능성이 높아진다고 하겠다.

둘째, 사회적 관계에서의 보상과 처벌이다. 보상과 처벌의 요인도 중요한 의미를 지니고 있는데, 사회적 관계를 진행해옴에 있어 중독에 대한 처벌이 이루어지지 않았거나 또는 처벌 대신 보상이 이루어진 경우 중독의 가능성은 더욱 높아진다고 볼 수 있다.

셋째, 대중매체와 언론의 영향을 지적할 수 있다. 대중매체의 프로그램과 언론의 영향에서 약물 및 알코올 중독자가 유명인이 되는 스타 장면을 통해서 약물 남용과 중독의 큰 요인이 될 수 있다.

넷째, 사회생태학적 차원에서도 원인을 찾을 수 있다. 빈민지역이나 야산이 많은 지역에서 사람들은 다른 지역에 비해 쉽게 본드나 가스 같은 약물을 흡입한다는 연구결과들도 있다.

또한, 중독에 이르는 요인을 크게 신경학적(생물학적) 요인, 심리적 요인, 사회환경적 요인으로 구분할 수 있다.

신경학적 입장에서는 알코올 및 약물남용이 개인의 약물대사 및 약물에 대한 중추신경계의 반응에 영향을 주는 선천적인 효소의 결핍이나 다양성에 기인된다는 것이다. 뇌에서 신경메시지가 전달되는 과정은 전자화학적 과정으로 뇌에 들어간 약물은 이 과정을 쉽게 방해할 수 있다.

심리적 요인으로 중독에 빠지기 쉬운 성격이 있다. 즉, 중독자는 자존심이 떨어져 있다든지, 자기 확신감이 떨어져 있다든지, 자기 만족감이 떨어져 있다든지, 사회적 확신감이 떨어져 있다든지, 스트레스에 내성이 약하다든지, 좀 더 공격적이라든지 등 자기조절능력이 떨어지고 자기효율성이 떨어지는 등의 관련된 특정적인 성격을 보인다는 것이다(한상철, 김혜원, 설인자, 임영식, 조아미, 2003). 대체로 수동적인 사람이 중독에 빠지는데, 이들은 알코올 등을 사용해 그들의 불안감을 해소하려 하는 것으로 알려져 있다. 또 어떤 사람들은 특별한 정신 증상이 있어 이 증상을 완화시키기 위한 목적으로 약물을 사용하기도 하는데, 이를 자가 투여 가설이라고 한다. 예를 들면, 내적으로 불안감을 경험하는 사람이 이 증상을 경감시키기 위하여 알코올이나 다른 항우울제를 복용함으로써 덜 불안하게 느끼는 경우를 말한다.

사회환경적 요인은 사회, 문화, 종족, 국가, 계급, 인종 등의 큰 카테고리 안에서 적용되고 있으며, 중독의 강력한 요인이다. 여기에 가정과 가족, 또래집단압력과 집단가입, 학교생활, 잘못된 인지 및 행동이나 태도가 포함된다. 또한, 언론에 의해 전달받은 메시지는 중독을 조장하고 지지하는 데 강력한 영향을 발휘하게 되고, 개인사의 변화에 적용시키는 영향을 준다(최은영, 양종국, 2005). 이 외에도 사회환경적 요인으로 가정의 사회경제적 수준과 문제가정, 인간관계, 사회적응, 스트레스 등이 있다.

중독은 위와 같은 요인들이 복합적으로 상호작용을 한다. 각각의 다양한 요인들이 가지는 영향력이 복합적으로 나타나는 만큼 원인 또한 복합적이라 할 수 있다(조근호 외, 2011).

2) 중독의 특성

중독자에 있어 특징적인 성격이라고 알려진 것들이 자주 거론되고는 있으나, 아직까지 전형적인 중독자의 성격적 특성이라고 정해진 것은 없다. 따라서 일반적으로 흔히 나타나는 각종 중독의 공통점과 중독과 중독자의 특성을 정리하면 다음과 같다(채규만 외, 2013).

〈표 1-3〉 각 중독의 공통점 및 중독과 중독자 특성

각종 중독의 공통점
• 중독이 처음부터 과도하거나 문제가 되는 것은 아님(마약은 제외) • 중독은 탐닉적이고 쾌락적인 효과를 보임 • 중독은 고립된 상황이 아닌 다른 사람과 상호작용하는 과정에서 발생함 • 중독자는 중독 물질이나 행동과 애착관계를 형성하고 그 관계는 쉽게 끊어지지 않음 • 중독은 갑자기 발달하기보다는 학습을 통해서 이루어짐 • 중독이 되거나 중독에서 벗어나는 데에는 많은 사회적 비용이 필요함 • 전문적 도움 없이 중독에서 벗어나기는 불가능할 정도로 힘듦

중독의 특성	중독자의 특성
• 중독을 일으키는 물질은 다양함 • 중독이 되면 나타나는 행동이 있음 • 중독 물질이나 행동의 남용이 나타남 • 중독 물질이나 행동에 대한 내성이 나타남 • 중독 물질이나 행동을 멈추면 금단증상이 나타남 • 중독은 강화를 통해 지속됨 • 중독이 되면 갈망 현상이 나타남 • 중독이 되면 교차내성을 경험함 • 중독자의 가족에게서는 동반 의존이 나타남 • 중독자는 중독 이외에 다른 장애를 함께 가져 이중 진단을 받을 수 있음 • 중독은 재발 할 수 있음	• 낮은 자존감을 지님 • 스트레스에 대한 대처 능력이 비효율적임 • 중독 행위를 통한 보상 심리를 지님 • 자신이 중독되었다는 것을 부정함 • 다른 사람들의 시선을 많이 의식하고 수치심이나 죄책감을 지님

3. 물질중독의 이해

물질중독으로 분류되는 니코틴 중독, 알코올 중독, 마약 중독에 대해 살펴보고자 한다.

1) 니코틴 중독

니코틴 중독이라고 하면 '담배'가 떠오를 것이다. 대부분의 사람들은 니코틴 중독을 대수롭지 않게 여기는데 끊기 힘든 중독이다. 왜냐하면 문제행동이나 심리적인 문제가 크게 나타나지 않는 것처럼 보이기 때문이다. 식후 커피 한 잔처럼 담배 역시 기호식품으로 보는 경향이 있다. 그러나 니코틴은 약물중독에 속하고, 심각한 질병을 유발할 수 있으며, 금단증상이나 내성을 일으킨다. 세계보건기구(WHO)에 따르면 담배로 인해 매년 600만 명이 사망하고 60만 명 이상의 비 흡연자도 간접흡연으로 인해 목숨을 잃는다고 한다(채규만 외, 2013).

담배의 성분으로는 2,550개 이상의 화학물질이 들어 있는데 담배를 태우면 4,000개 이상으로 증가된다. 대표적인 물질은 니코틴과 타르로 니코틴은 강력한 중추신경 흥분제이며, 흡연을 하면 니코틴을 뇌에 빠르게 전달한다. 흡연하고 7초만 지나도 니코틴이 뇌에서 발견되는데, 효

과가 절반으로 감소하는 반감기는 약 30~40분이기 때문에 니코틴에 중독된 흡연자는 마지막 흡연 후 30~40분이 지나면 다시 담배를 찾는다. 타르는 담배 연기의 응축 물질로 대부분 강력한 발암물질을 많이 함유하고 있다. 담배연기에는 타르를 제외하고도 아크롤레인(acrolein)과 포름알데히드(formaldehyde)는 발암물질이고, 시안화수소산(hydrocyanic acid)도 호흡기에 좋지 않은 영향을 끼친다. 흡연은 국민건강을 가장 위협하는 요인으로 선진국에서도 전체 사망률의 30%가량이 흡연과 관련되어 있는 것으로 알려져 있으며, 전체 폐암의 85%정도가 흡연에 의한 것이고, 흡연은 폐암의 위험을 9배나 증가시킨다(강성군 외, 2007). 폐암 외에도 각종 암과 심장질환, 각종 혈관질환, 기형아 출산 등의 원인일 수 있다.

이러한 증상들을 유발하는 물질약물에 대한 의존 혹은 중독 증후군에 대한 집단 기준은 미국정신의학회의 정신장애 분류체계인 DSM-V-TR(Diagnostic and Statistical Manual of Mental Disorders Text Revision: 정신장애 진단 및 통계편람)에서 진단할 수 있다. 총 11가지 부적응 유형 가운데 해당되는 경우에 따라 2~3개는 경도(mild), 4~5개는 중등도(moderate), 6개 이상은 중증(severe)도와 같이 총 3가지의 유형으로 분류하고 있다. 그 판단의 기준 및 유형은 〈표 1-4〉에서 확인할 수 있다.

〈표 1-4〉 니코틴 중독의 진단기준(DSM-V)

1. 원래 의도했던 것 보다 더 많이 더 오래 담배를 피운다.
2. 담배 사용을 줄이거나 조절하려는 계속적인 욕구가 있거나, 이를 위한 노력에도 실패한다.
3. 담배를 구하거나 피우는 데 필요한 활동에 많은 시간을 보낸다.
4. 갈망, 혹은 담배 사용에 대한 강력한 욕구나 충동이 있다.
5. 반복되는 담배 사용으로 인해 직장, 학교, 가정에서의 주의한 역할을 못한다.
6. 담배로 인해 반복되는 사회적인 혹은 대인관계의 문제가 있음에도 불구하고 지속적인 담배를 사용한다.
7. 담배 사용 때문에 중요한 사회적, 직업적, 혹은 여가 생활을 포기하거나 줄인다.
8. 물리적으로 위험한 상황에서 반복되는 담배사용(예: 침대에서 흡연)
9. 담배에 의해 생기거나 악화될 수 있는 신체적 혹은 심리적 문제가 있다는 것을 아는데도 불구하고 담배 사용을 계속한다.
10. 내성(다음의 둘 중 하나)
    a. 원하는 효과를 얻기 위해 더 많은 담배가 필요하다.
    b. 같은 양의 담배를 사용하면서 효과가 현저하게 줄어든다.
11. 금단(다음의 둘 중 하나)
    a. 담배에 대한 특징적인 금단증후군
    b. 금단증상을 줄이거나 피하기 위해 담배를 피운다.

또한, 파거스트롬 테스트(Fagerstrom Test for Nicotine Dependency, FTND)로 니코틴에 대한 의존도를 확인할 수 있다.

〈표 1-5 〉 니코틴 의존도 자가진단표(FTND)

질문	답변	점수
① 하루에 담배를 몇 개비나 피우십니까?	31개비 이상	3
	21~30개비	2
	11~20개비	1
	10개비 이하	0
② 아침에 일어나서 얼마 만에 첫 담배를 피우십니까?	5분 이내	3
	6~30분 사이	2
	31~60분 사이	1
	60분 이후	0
③ 지하철, 버스, 병원, 영화관 등과 같은 금연구역에서 흡연욕구를 참는 것이 어렵습니까?	예	1
	아니오	0
④ 가장 포기하기 싫은 담배, 다시 말해 가장 좋아하는 담배는 어떤 것 입니까?	아침의 첫 담배	1
	그 외의 담배	0
⑤ 깨어나서 처음 몇 시간 피우는 흡연량이 하루의 다른때보다 더 많습니까?	예	1
	아니오	0
⑥ 아파서 거의 하루 종일 누워 있거나 감기나 독감에 걸려 호흡이 곤란할 때에도 담배를 피우십니까?	예	1
	아니오	0

이 자가진단 테스트(FTND)는 계산한 점수의 합에 따라 니코틴 의존도 정도를 알 수 있는데, 0~3은 니코틴 의존도가 아주 낮은 수준을 말한다. 4~6점은 중간 정도의 의존도로 담배를 끊을 수 있는 시기로 볼 수 있다. 높은 의존도를 보이는 7~10점은 정도의 차이는 있겠으나 심리적, 신체적으로 니코틴에 대한 의존이 생긴 상태이다. 니코틴은 뇌에 흡수되어 신경에 작용하며, 니코틴이 몸에서 빠져나가 혈중 농도가 떨어지면 금단증상이 생긴다. 이 시기에 갑자기 흡연을 중단하면, 금단증상으로 금연을 지속하기 어려워질 수 있다.

2) 알코올 중독

일반적으로 허용되는 양 이상의 음주로 인해 개인의 건강이나 사회적 · 직업적 기능에 장애가 있음에도 불구하고 음주를 계속하는 경우를 알코올 중독이라고 한다(한국학교폭력상담협회, 한국전문상담학회, 2015). 그리고 일반적으로 알코올 중독은 알코올 남용과 알코올 의존을 포함하고 있으며, 이는 다음과 같다.

알코올 남용(alcohol abuse)은 사회적 또는 직업상의 기능장애를 초래하는 알코올의 병적인 사용, 즉 사회적 음주와는 상관없이 알코올을 지속적으로 빈번히 마시는 것을 말한다.

알코올 의존(alcohol dependence)은 알코올 사용에 있어서 자기통제가 불가능하여 뜻하지 않은 결과를 가져옴에도 불구하고 알코올 섭취를 계속하는 인지적 · 행동적 · 심리적 증상들을 가리키며 내성과 금단증상이 포함된다.

미국의학협회(AMA)는 알코올 중독은 음주에 편향된 특징을 가진 질환으로, 음주자가 음주를 시작하면 중독 상태가 되어야 끝나며, 만성적이고 진행적으로 재발되는 경향을 가지고 있다고 한다. 또, 어떤 학자는 알코올 중독을 알코올 섭취를 중단하였을 때 손발이 떨리거나 발작 · 환각 · 섬망증 같은 금단증상을 일으키는 경우, 알코올에 대한 내성 때문에 많은 양의 술을 마셔야 하는 경우, 실직이나 가정 파괴 및 건강에 대한 의사의 경고에도 불구하고 술을 계속하여 마시는 경우, 간염, 간경변 · 위장염 같은 알코올과 관련된 질병에도 불구하고 술을 계속하여 마시는 경우로 나누어 알코올 중독을 광범위하게 정의하기도 한다.

미국정신의학회의 정신장애 분류체계인 DSM-V-TR(Diagnostic and Statistical Manual of Mental Disorders Text Revision: 정신장애 진단 및 통계편람)에서는 알코올 남용과 알코올 의존을 모두 통합하여 아래의 〈표 1-6〉의 11개 진단기준 중 2개 이상에 해당하면 알코올 사용장애로 진단되어진다.

진단의 구분은 해당되는 숫자에 따라서 구분되는데 2~3개에 해당되면 경도(mild), 4~5개에 해당되면 중등도(moderate), 6개 이상에 해당되는 경우는 중증(severe)도로 구분하고 있다.

〈표 1-6〉 알코올 중독의 진단기준(DSM-V)

임상적으로 심각한 기능손상이나 고통을 유발하는 알코올 사용의 부적응적 패턴이 다음 중 2개 이상의 방식으로 지난 12개월 이내에 나타났어야 한다.

1. 알코올을 흔히 예상했던 것보다 더 많은 양 또는 더 오랜 기간을 마신다.
2. 알코올 사용을 줄이거나 통제하려는 지속적인 노력을 기울이지만 매번 실패한다.
3. 알코올을 획득하고 사용하고 그 효과로부터 회복하는 데 많은 시간을 허비한다.
4. 알코올을 마시고 싶은 갈망이나 강렬한 욕구를 지닌다.
5. 반복적인 알코올 사용으로 인해서 직장, 학교나 가정에서의 주된 역할 의무를 수행하지 못한다.
6. 알코올의 효과에 의해서 초래되거나 악화되는 사회적 또는 대인 관계적 문제가 반복됨에도 불구하고 지속적으로 알코올을 사용한다.
7. 알코올 사용으로 인해서 중요한 사회적, 직업적 또는 여가활동이 포기되거나 감소된다.
8. 신체적 위험이 존재하는 상황에서도 반복적으로 알코올을 사용한다.
9. 알코올에 의해서 초래되거나 악화될 수 있는 지속적인 신체적 또는 심리적 문제가 있음을 알면서도 알코올 사용을 지속한다.
10. 내성(tolerance)이 다음 중 하나의 방식으로 나타난다.
    a. 중독(intoxication)이 되거나 원하는 효과를 얻기 위해서 현저하게 증가된 양의 알코올이 필요하다.
    b. 같은 양의 알코올을 지속적으로 사용함에도 현저하게 감소된 효과가 나타난다,
11. 금단(withdrawal)이 다음 중 하나의 방식으로 나타난다.
    a. 알코올의 특징적인 금단 증후군이 나타난다.
    b. 금단증상을 감소하거나 피하기 위해서 알코올(또는 관련된 물질)을 마신다.

알코올로 인해 성폭력, 가정 폭력, 가정 해체, 자살, 음주운전, 주폭(酒暴) 등의 사회적 문제가 점차 증가하면서 사회의 불안을 가중시키고 있다. 또한 우리나라는 음주문화의 특징이 알코올 문제 심화에 영향을 끼치는 측면도 있다. 제사 때 하는 음복 문화, 술에 관대한 사회 분위기, 술 잘 마시는 것을 능력으로 인정하는 인식, 술 마시고 한 실수에 대하여 관대하게 생각하는 태도, 음주는 사회생활을 하는데 필수적인 요소라는 생각 등이 알코올 문제에 영향을 미친다(이혜정, 2015). 알코올중독은 원인을 명확하게 규명하기가 어렵고 동일한 경과나 양상을 보이지 않으므로 치료도 쉽지 않다. 또한 알코올 중독은 재발하기가 쉽고 다른 질환에 비해 재발률이 높은 편이다. 재발가능성의 감소가 치료의 중요한 목적이지만, 치료된 환자의 재발률은 약 70%에 이르며 대다수의 재발 시기는 6개월 이내이다(성상경, 방양원, 함웅, 1993).

다음은 알코올의 지속적 사용 결과로 생겨난 알코올 중독의 특성[1]을 다섯 가지로 살펴볼 수 있다.

첫째, 알코올 중독은 만성적이다. 여기서 만성적이라는 의미는 알코올 중독이 되기까지 서서히 진행되어 가는 경우가 많으며, 한번 걸리면 본의 아니게 재발을 잘한다는 것을 의미한다.

둘째, 알코올 중독은 진행성이다. 음주와 관련된 문제가 음주 초기에는 심하지 않았는데 음주 기간이 길어질수록 중독 상태가 악화되어 간다. 음주를 하고 있는 동안에 심해지는 과정은 막을 수 없다. 회복을 위한 노력을 하지 않으면 중독은 점점 더 심해지게 된다.

셋째, 알코올 중독은 치명적이다. 알코올 중독은 치료하지 않으면 결국 술로 인하여 죽음이나 정신병에 이르게 된다. 알코올 중독에서 자연적으로 치료되어 회복되는 경우가 전혀 없는 것은 아니지만, 대체로 많은 중독자들이 중독의 진행 과정에서 생겨난 신체적 손상이나 사고로 인하여 사망하거나, 만취한 상태에서 법적 문제를 초래하는 경우가 많다.

넷째, 알코올 중독은 치료는 가능하지만 근본적 치유는 불가능하다. 즉, 알코올 중독의 상태에 도달하였을지라도 일단 술을 마시지 않으면 더 이상 증상이 나빠지지 않는다. 그러나 알코올 중독자 단주를 지속하다가 일정 시간이 지난 후 다시 술을 조금이라도 마시면 재발이 된다. 이는 중독이 뇌 변화로 기인한 결과이기 때문이다. 즉, 술 때문에 뇌에서 체질적 변화가 일어나 뇌가 다른 물질에는 괜찮지만 술이나 술과 유사한 물질에 대해 알레르기 현상을 일으키는 상태로 되었다는 것을 의미한다.

알코올 초기와 중기의 증상 및 특징은 다음과 같이 살펴볼 수 있다(채규만 외, 2013).

---

1) Lindstorm. L (1992). Managing Alcoholism: Matching Clients to Treatment. p49

〈표 1-7〉 알코올 초기 및 중기 이후 증상

초기 증상 및 특징	중기 이후 증상 및 특징
• 다른 사람보다 술을 자주 마심 • 술 절제에 대한 권고를 받기 시작함 • 안주 없이 술을 마시거나 식사를 거르는 일이 잦아짐 • 필름 끊김 현상(일시적 기억상실 또는 블랙아웃)을 경험함 • 술자리에 가면 처음의 결심이 무너짐 • 과민반응을 하거나 화를 참지 못함 • 술이 깨면 불안감을 느낌 • 약속을 쉽게 어기고 거짓말이 늘어남 • 관심사가 줄어듦 • 시간관념이 없어짐 • 예전과 같은 양의 술을 마셔도 취하지 않음 • 금단증상이 생김	• 술에 더욱 집착하고 해장술을 마심 • 술 이야기에 집착하거나 일부러 회피함 • 수면에 어려움을 느낌 • 몰래 술을 마심 • 기억상실이 더욱 빈번해짐 • 술병을 진열하거나 안 보이는 곳에 감춤 • 대인관계에 어려움을 느낌 • 죄책감이나 수치심이 더욱 심해지고 도덕적으로 타락함 • 술의 내성이 줄어들기 시작함 • 술이 깨면 온몸이 아프고 떨림 • 재정적 어려움이 옴 • 이유 없이 공포감에 시달리고 자의로 입원함

3) 마약 중독

마약은 아편, 코카잎(葉), 앵속에서 추출되는 모든 알칼로이드계의 물질을 가리킨다. 우리나라는 1960년대에 아편과 메사돈, 1970년대에 대마초, 1980년대에는 필로폰이 가장 심각한 문제를 일으키는 마약이었다. 현재까지도 우리나라에서 가장 많이 남용되고 있는 마약류가 필로폰이며 최근에는 코카인, 엑스터시와 같은 다양한 마약류가 유입되어 사용되고 있다(강성군 외, 2007).

우리나라는 '마약류관리에 관한 법률'을 제정하여 이 법에서 정의한 마약류는 '마약, 향정신성의약품 및 대마'를 말한다. 마약류 관리법에 의하면, 불법약물은 모두 마약류에 속한다. 약물은 합법약물과 불법 약물로 구분할 수 있는데, 알코올이나 담배, 카페인 등은 합법 약물이고 필로폰, 헤로인, 코카인, 엑스터시, 대마초 등은 불법약물이다. 마약은 양귀비, 아편, 코카잎으로부터 추출되는 알칼로이드와 해독작용을 일으킬 우려가 있는 합성화학물질은 대통령이 정한다.

마약은 중추신경계에 작용하여 뇌신경세포의 기능에 변화를 가져온다. 메스암페타민과 같은 중추신경흥분제들은 뇌간의 중앙부위에 있는 망상체(reticular formation)에서 말초신경으로부터 노에피네프린의 방출을 증가시킨다. 노에피네프린은 감정을 통제하는 신경세포에 의한 신경자극의 전달을 조절하는 신경호르몬으로, 과량 분비 시 각성 · 흥분을 일으킨다. 따라서 마약은 신체와 정신에 악영향을 미치지만, 각성제나 신경의 활동을 활성화하기 위한 약물로 쓰이기도 한다.

마약류에 중독이 되면 신체, 정신, 일상생활 등 여러 가지 고통을 겪게 된다. 마약도 알코올 중독처럼 한번 중독되면 치료가 어렵고 재중독 되는 경우가 많다. 마약을 계속 사용하면 내성이 생겨서 사용량을 늘려야 하고, 사용을 중단하면 격렬한 금단증상을 일으킨다. 즉, 마약을 사용하지 않고는 정상적인 생활을 할 수 없게 되며, 신체나 정신적으로 폐인이 되게 하는 물질이다.

금단현상은 불안, 심한 쇠약감, 불면 등 가벼운 증상으로부터 간질발작, 섬망(譫妄), 쇼크와 같은 심한 증상까지 다양하게 나타난다. 금단현상으로 인해 약의 사용을 중단하기가 더욱 어려워지며, 계속적으로 마약을 사용하는 경우 정신착란 · 과대망상과 같은 정신 이상이 일어나 정상적 생활이 불가능하다.

4. 행위중독의 이해

최근 중독에 대한 개념은 니코틴, 알코올, 마약과 같은 물질중독을 넘어 비물질중독인, 즉 행위중독의 개념으로 확산되고 있다. 다음은 행위중독으로 분류하는 인터넷 중독, 스마트미디어 중독, 도박 중독, 성 중독, 기타 중독 등을 살펴보고자 한다.

1) 인터넷 중독

오늘날 온라인망의 빠른 보급으로 인터넷을 사용하는 인구가 급격히 증가하면서 인터넷 중독자들이 늘어나고 있다. 인터넷 중독은 아직까지 명확한 진단 기준은 없으나 지나친 인터넷 이용 때문에 일상생활에서 행동이나 심리적인 문제가 발생하는 질환이다. 인터넷상으로 과도하게 게임을 하는 게임 중독도 통칭하여 인터넷 중독이라고 부른다.

2014년 한국정보문화진흥원이 실시한 인터넷 중독 실태 조사에 따르면, 전체 대상자의 6.9%가 인터넷 중독의 위험군으로 나타났으며, 그 중에서도 특히 청소년이 12.5%로 다른 연령대별 위험군보다 높았다. 인터넷 중독은 유아기부터 노인기까지 모두에게 나타날 수 있으나 청소년기에 가장 심각하게 나타난다.

단순히 인터넷을 사용하는 시간이 길다고 해서 중독이라고 할 수는 없다. 인터넷 중독도 다른 중독처럼 내성과 금단증상이 있어야 하며 일상생활에 어려움이 유발되어야 중독이라고 할 수 있다. 인터넷 접속을 안 하면 불안하고 초조하며, 강박적인 생각이 들기도 한다.

인터넷 중독의 증상은 다음과 같다(박승민 외, 2011).

(1) 금단증상

초조, 불안, 강박적인 사고, 환상이나 백일몽, 손가락의 수의적 또는 불수의적 자판을 두드림 등을 들 수 있다.

(2) 내성

인터넷을 사용하면 할수록 더욱 더 몰입하게 되고, 같은 정도의 만족을 얻기 위해서는 사용 시간을 늘려야 하는 내성이 생긴다.

(3) 일상생활 장애

가족, 대인관계, 일, 학교 등 주요 일상생활에 심각한 문제를 일으킬 수 있다. 이는 인터넷 게임을 하기 위해 다른 일을 미루거나 포기하게 되며, 수면시간도 현저히 줄어든다. 인터넷에 방해를 받으면 몹시 화를 내거나 때로는 부모에게 반항을 하며, 중요한 약속을 어기고나 공부나 직장 일을 소홀히 한다.

(4) 현실지각력 상실 및 범죄

가상과 현실을 구별하지 못하며, 가장 흔하게 나타나는 증상은 사용 시간을 정확하게 알지 못하는 것이다. 게임에 과도하게 몰입된 중독자는 현실과 가상 세계를 혼돈하여 실생활에서 범죄를 저지를 수 있다.

(5) 신체적 증상

청소년들이 공통적으로 호소는 육제적인 증상은 어깨 결림, 피로, 소화불량, 요통 등 다양하지만 게임중독은 특히 수면장애를 유발하는 경우가 대부분이다. 뿐만 아니라 거북목 증후군, 영양결핍증, 체력 저하, 긴장성 두통, 근육경질, 관절염, 기억력 감퇴, 목 디스크, 손목 결림, 요통, 위장 장애 등을 들 수 있다.

(6) 정신 병리

게임 중독에 걸리면 강박이나 심리적인 불안 상태에 빠질 수 있다. 심지어 성격이 폭력적으로 변하는 경우도 있다. 인터넷 중독은 ADHD를 비롯하여 우울증, 사회 공포증, 강박 장애, 충동통제장애 등과 같은 정신병리를 심화시키는 경향이 있는 것으로 알려져 있다.

2) 스마트 미디어 중독

우리나라는 첨단 IT산업 등과 관련하여 빠르게 발전하면서 스마트 미디어 등의 매체 분야에 강국이다. 이로 인해 새로운 행위중독이 생겨났다. 2014년 한국정보문화진흥원의 인터넷 중독 실태조사 보고서에 따르면, 청소년 및 성인의 스마트폰 중독위험군은 14.2%로 전년(11.8%) 대비 2.4% 증가하였으며, 청소년 중독위험군은 29.2%로 전년대비 3.7% 증가하여 성인의 11.3%의 2.6배에 달하였다.

우리는 지하철이나 버스, 식당이나 카페, 심지어는 길거리를 걸어가면서도, 차 안에서 운전을 하는 중에도 스마트폰을 사용한다. 마치 손에서 스마트폰이 떨어지기라도 하면 큰일이라도 날 듯이 말이다.

스마트 미디어가 휴대폰과 인터넷의 기능을 모두 가지고 있다는 점에서 이 역시 내성, 금단증상이나 일상생활의 어려움 및 충동 조절장애 등과 같은 중독의 특성을 내포하고 있다. 이에 따라 최근 스마트 미디어 중독이라는 개념이 대두되고 있다.

스마트 미디어 중독의 증상은 다음과 같다(정철호, 2014).

(1) 내성

스마트 미디어를 점점 더 많은 시간 동안 사용하여야 만족감을 느끼게 된다.

(2) 금단증상

스마트 미디어가 옆에 없으면 불안하고 초조함을 느낀다.

(3) 사용 시간과 양의 증가

스마트 미디어를 한다고 늦게까지 잠을 자지 않고 손에서 스마트 미디어 기기를 한시도 놓지 않는다.

(4) 강박적인 행동

새로운 기기가 나오면 사달라고 부모님께 떼를 쓰고, 데이터가 부족하지 않도록 wifi 지역을 항상 찾아다니는 행동을 하다.

(5) 일상생활 장애

스마트 미디어의 과다 사용으로 가정, 학교, 직장 등에서 문제가 일어난다. 예를 들어, 학업성취 저하, 다른 일들을 미루거나 포기하는 모습을 보이기도 한다.

또한, 스마트 미디어 중독으로 인해 생기는 폐해는 다음과 같다(남길우, 2014).

첫째, 신체적 변화를 들 수 있다. 뇌가 자극적인 영상을 자주 보면 관련 현상에 즉각적인 반응을 하지만, 현실상황에는 무감각, 무기력 해지는 팝콘 브레인(poporn brain) 현상이 생긴다. 또한 고개를 숙여지지 않는 상태에서 목을 앞으로 빠진 상태인 거북목 증후군이 생겨 목과 등에 통증을 일으키면서 만성피로와 불면증에 시달리게 되고 디스크에 악영향을 끼친다.

둘째, 정신적 변화가 있다. 스마트 미디어에 대한 의존 즉, 사용량이 늘어나고 강도도 높아지고, 스마트 미디어가 없으면 불안하고 초조해지며, 일상생활에서 기억해야 할 것들이 생각나지 않는 디지털 치매 현상도 일어나게 된다.

셋째, 관계에 변화가 생긴다. 스마트 미디어에 빠진 나머지 인간관계에 소홀해지면서 디지털 격리 증후군을 보일 수 있다. 또한 SNS에서 친하게 지내던 친구를 실제 만나면 말을 잇지 못하고 어색한 시간을 보내기도 한다. 가족, 친구, 연인과 있어도 각자 스마트 미디어에 열중하여 친밀한 의사소통에 방해가 된다.

3) 도박 중독

도박 중독은 지속적인 도박행위로 인해 개인적, 사회적, 직업적 측면에서 심각한 결과를 일으키며, 자신의 의지로 조절할 수 없는 상태를 말한다. 또한 반복된다는 의미에서 '병적도박'이라고도 불린다.

도박 중독은 미국정신의학회의 정신장애 분류체계인 DSM-V-TR(Diagnostic and Statistical Manual of Mental Disorders Text Revision: 정신장애 진단 및 통계편람) 에서 '물질-관련 및 중독 장애'로 분류되어 있으며, 세계보건기구(WHO)에서는 '습관 및 충동 장애'에 포함되어 있다.

도박 중독자는 도박에 대해 계속 집착을 보이며, 스스로 조절하는 능력을 상실하게 된다. 이들의 도박이 정상적으로 즐기는 도박과 다른 대표적인 특징은, 물질중독과 마찬가지로 내성과 금난 증상을 겪는다는 것이나. 그 특징으로는 도박에 대한 횟수나 배팅 액수가 증가되는 내성, 도박을 하지 않았을 때 보이는 불안감, 불면, 손 떨림과 같은 금단증상이 보인다(강성군 외, 2007).

내성이란 같은 정도의 즐거움과 흥분을 얻기 위해서는 판돈을 점점 늘려나가거나, 도박에 참여하는 횟수나 정도가 점점 커진다는 것이다. 그리고 금단 증상이 생겨서 도박을 조절하거나 줄이거나, 중지시키려고 노력하면 노력할수록 괴롭고 짜증나고 반복적으로 실패하게 된다. 잃은 돈을 만회하기 위해 또 도박을 하고, 가족이나 주변 사람들에게 도박행위를 숨기고, 거짓말을 하는 경우가 흔하다. 또한, 많은 도박 중독자들이 자신은 일정한 범위 내에서 도박을 즐기는 '사교성 도박자(social gambler)'라고 착각하는 경우가 많다.

도박 중독의 진단에 대한 미국정신의학회의 정신장애 분류체계인 DSM-V-TR(Diagnostic and Statistical Manual of Mental Disorders Text Revision: 정신장애 진단 및 통계편람)의 기준은 다음과 같다.

〈표1-8〉 도박 장애의 진단기준(DSM-V)

1. 지난 12개월 이내에 다음 9가지 중 4개 이상의 항목에 해당하는 도박행동이 지속적이고 반복적으로 나타나서 임상적으로 심각한 기능손상이나 고통이 유발되는 경우
   a. 원하는 흥분을 얻기 위해 점점 더 많은 액수의 돈을 가지고 도박을 하려는 욕구가 있다.
   b. 도박을 줄이거나 중단하려고 할 때 안절부절 못하거나 신경이 과민해진다.
   c. 도박을 통제하거나 줄이거나 중단하려는 노력이 거듭 실패로 끝난다.
   d. 자주 도박에 집착한다.
   e. 흔히 정신적인 고통을 느낄 때마다 도박을 하게 된다.(예: 무기력감, 죄책감, 불안감, 우울감)
   f. 도박으로 돈을 잃고 나서 이를 만회하기 위해 흔히 다음 날 다시 도박판으로 되돌아간다.
   g. 도박에 빠져 있는 정도를 숨기기 위해서 거짓말을 한다.
   h. 도박으로 인해 중요한 대인관계, 직업, 교육이나 진로의 기회를 위태롭게 하거나 상실한다.
   I. 도박으로 인한 절망적인 경제 상태에서 벗어나기 위해 다른 사람에게 돈을 빌린다.

진단의 구분은 해당되는 숫자에 따라서 구분되는데 4~5에 해당되면 경도(mild), 6~7개에 해당되면 중등도(moderate), 8~9개 이상에 해당되는 경우는 중증(severe)도로 구분하고 있다.

도박 중독의 경과를 크게 3단계로 나누어 보면(강성군 외, 2007), 1단계는 유혹기로 돈을 따면서 점차 도박에 빠져드는 시기이다. 2단계는 점진적 상실기로 생활이 온통 도박과 관련되어 있으며, 도박으로 돈을 잃고 또 도박할 자금을 마련하기 위해 거짓말을 하며, 결국 직장에서 쫓겨난다. 3단계는 낙담기로 큰돈을 잃고 돈을 갚을 여력이 없어지며, 심지어 공금을 횡령하는 단계까지 진행되기도 한다. 또 많은 경우 2~3년 이내에 파산 상태에 이른다. 대게 남성은 청소년기에, 여성은 다소 늦은 시기에 발생하며 만성적인 경과를 밟는다.

4) 성 중독

성 중독이라고 하면 섹스를 너무 좋아하는 사람 정도로 생각하기 쉽다. 개념이 명확하게 알려지지 않은 탓에, 섹스중독자를 정력이 엄청 강한 사람이나 변태 등으로 오인하기도 한다. 또 간혹 "자위를 너무 많이 하면 성 중독인가요?"라고 물으며 걱정하는 청소년들도 있다. 섹스의 빈도가 잦고 섹스의 횟수가 많다고 하더라도, 일상생활에 문제가 없고 자신이 조절할 수 있다면

성 중독이라고 단정할 수 없다. 반대로 섹스의 빈도와 상관없이 자신이 제어할 수 없다면 성 중독이라고 할 수 있다.

성 중독은 강박적으로 성적 행동을 추구하면서 자기 통제력을 상실하여 여러 가지 행동상의 문제를 일으키는 것을 말하며, 다른 중독 증상과 마찬가지로 혼자서는 벗어나기 어려운 중독 질환이다. 즉, 성 중독은 심한 공허감과 고독감을 느끼는 상태에서 시간과 장소와 관계없이 성적 모험을 통해 자기 존재를 확인하고자 성적인 집착을 보이는 정신 불안증이며 성욕 과잉증, 성적 강박증으로도 불린다(채규만 외,2013).

성 중독은 중독 중에서 도박 중독 같은 행위중독에 포함이 되는데, 이들 중독 질환들은 다음과 같은 몇 가지 공통적인 특징을 가지고 있다.

첫째, 스스로 조절이 되지 않는다. 성적인 충동이나 행동이 스스로 조절되지 않고 오히려 휘둘리거나 끌려 다닌다고 느낀다면 성 중독의 위험이 높으므로 스스로 사태의 심각성을 깨달아야 한다.

둘째, 부정적인 결과에도 불구하고 지속한다. '지속성(continuation despite consequences)'이란 성중독자의 중독이 너무 지나쳐서 자신의 삶에 부정적인 영향을 끼치게 하는 것임에도 불구하고 성중독자는 성적 활동을 지속적으로 추구하는 양상을 의미한다(한국학교폭력상담협회, 한국전문상담학회, 2015). 성 중독의 경우에는 불면증이나 우울증 등의 정신건강에도 문제가 발생하는 등 여러 가지 어려움이 발생한다. 일이나 학업의 능률이 떨어지고, 이 때문에 직장에서 쫓겨나는 경우도 있으며, 무분별한 성관계로 인해 성병에 걸릴 위험이 높아지고, 심지어 그 때문에 부부관계가 파탄 나는 경우도 있다. 그럼에도 불구하고 성중독자들은 자신의 문제를 외면한 채 계속해서 다른 핑계거리를 찾아 합리화하려는 경향이 있다.

셋째, 강박적인 집착이 생긴다. 강박성은 '성적 행동을 자유롭게 멈추거나 지속하는 선택을 할 수 있는 능력을 상실한 것'을 말한다(wikipedia, 2016). 성적인 주제에 대한 강박적인 집착이 심해져서 거의 하루 종일 성적인 문제로 고민하게 된다. 이는 강박적 망상(Obsession)이라고 볼 수 있는데 사람이 자신도 어찌할 수 없이 어떤 특별한 생각을 피할 수 없을 때 일어난다. 단순하게 섹스를 하고 싶다가 아니다. 오히려 섹스를 해도 괴롭고, 하지 않아도 괴로운 상태가 되는 것이다. 때로는 성관계 자체보다 누군가와 함께 있고 관계를 맺고 싶은 욕망이 성 중독의 형태로 표현되기도 한다.

패트릭 카니스(Patrick Carnes, 1989)는 성 중독 수준을 다음과 같이 구분하였다(박상규 외, 2009; 한국학교폭력상담협회, 한국전문상담학회, 2015).

(1) 중독수준 1

① 강박성 자위

고독, 분노, 공포, 불안, 지루함, 우울증 등을 극복하기 위해 하루에 4~5번 가량 자기 몸이 상하도록 자위하는 상태를 말한다. 이 강박성 자위는 신체적, 정신적, 성적 학대에 노출되는 아동기나 청소년기로부터 시작되는데, 대개는 현실의 고통을 탈출하여 잠시 쾌락을 누리기 위한 방편으로 사용된다.

② 성적 외도

성중독자 대부분은 배우자나 성교 상대자가 자기의 성적 기대를 얼마나 충족시켜 주느냐에 따라 그들을 용납하게 된다. 그러나 성적 외도 중독은 점점 습관적이 되면서 더 강렬한 것을 요구하여 성적 상대방을 타락시킨다.

③ 누드 사진, 포르노그래피, 스트립쇼

포르노나 누드쇼를 보아야만 한다는 강박관념이 직장생활이나 가족, 친구들과의 만남보다 더 중요한 비중을 차지하게 된다. 성 중독에 빠진 사람은 포르노 등에 모든 금전과 시간을 낭비하고서도 그런 것은 아무런 해가 되지 않는다고 합리화 한다.

④ 매춘

매춘부가 자기의 욕구를 해소시켜 주기 때문에 매춘부를 좋아하고 가까이 하게 된다.

⑤ 동성애

강박관념을 가진 자에게서 많이 나타나는데, 이 강박관념은 수용과 수치의 문제를 결합시킨다.

(2) 중독수준 2

타인에게 피해를 주거나 불법적 행동으로 인한 범죄 행위, 즉 노출증, 관음증, 음란전화, 기타 버스나 지하철 등 붐비는 상황에서 성추행을 하는 접촉도착증(frotteurism) 등이 나타나는 단계이다.

(3) 중독수준 3

희생자가 심각한 부정적인 결과를 경험하게 되며, 가해자는 이와 상관하여 법적으로 심각한 책임을 지게 되는 것으로 강간, 근친상간, 아동 성학대, 성폭력 등의 단계를 포함한다.

5) 일 중독

장시간 열심히 일을 한다고 해서 일 중독자는 아니다. 일 중독이란 "일이 삶에서 지배적인 비중을 차지하면서 자기 일은 물론 다른 사람들과도 병적 관계를 형성하게 되고, 또 갈수록 더 많은 일이나 더 높은 성과를 내야 만족하며, 일을 중단 했을 때 견디기 어려운 불안감과 상실감을 느끼게 되는 병적인 상황"으로 정의 할 수 있다(한국학교폭력상담협회, 한국전문상담학회, 2015). 예를 들면, 자식들의 과외비를 마련하기 위해서, 혹은 아파트의 융자금을 갚기 위해서 장시간 일하는 것은 일중독이 아니다. 그러나 일하기 위해서 친구나 가족을 등한시하거나 일을 하는 것을 하나의 도피처로 생각한다면 일 중독에 걸려 있을 가능성이 높다.

일 중독자는 일이나 성과를 통해 자신의 가치를 찾으려고 하기 때문에 삶의 다른 부분이나 다른 사람에 대한 진지한 관심을 갖거나 존중해 주지 않는다. 또한 갈수록 더 높은 성과를 내야 희열을 느낄 수 있으므로 점점 더 높은 목표를 설정해 나간다. 만일 자유시간이 주어지거나 할 일이 없어지면 어색해하거나 불안과 고독, 자기상실감, 심한 경우에는 죄의식을 느끼기도 한다.

정신없이 일을 하다보면 몸에 이상이 생겨도 알아차리지 못하게 되는데, 이것은 일을 하는 동안 일시적 흥분상태가 몸에 이상을 느끼지 못하게 만들기 때문인데 이를 마스킹 효과(masking effect)라 한다. 이것은 마치 몸에 이상이 있는 사람이 약을 먹고서 그 약효로 인해 건강하다고 느끼는 것과 같은데, 일 자체가 약과 같은 효과를 내는 것이라고 볼 수 있다.

독일의 정신과 의사인 버그(Peter Berger)는 일 중독자를 3단계로 나누었는데, 1기는 집에 와서도 일을 하는 사람, 2기는 일 중독을 자각해서 일부러 여가와 취미활동 등을 하는 사람, 3기는 어떤 일이든 환영해서 주말과 밤에도 일하고 건강에 이상이 생길 때까지 일에 매달리는 사람이다.

일 중독은 다른 중독과 달리 "일 잘하는 사람", "성실한 사람", "모범적인 사람"등으로 사회적 비난이나 징벌의 대상이 아니라 칭찬하고 포상하기 때문에 은폐되는 특수성이 있다. 따라서 일 중독을 병리 현상이라고 인정하고 근본적으로 치료하기가 힘들다(한국학교폭력상담협회, 한국전문상담학회, 2015).

(1) 일 중독자의 행위적 특성

일 중독자의 행위적 특성은 다음과 같다(한국학교폭력상담협회, 한국전문상담학회, 2015).

① 일 중독증 자체를 부인

일 중독자는 중독증 자체를 인정하지 않는다. 솔직한 느낌을 타인에게 숨길 뿐 아니라 자기에게도 숨긴다(자기기만). 그래서 삶의 전 영역에서 진실성을 잃는다. 중독증을 인정함으로써 겪는 체면 상실과 치욕스러움이 두렵기 때문이다. 나중에는 솔직히 느낄 수 있는 감각적 능력조차 상실하여 둔감하게 될 수 있다.

② 통제만능주의에 대한 환상

일 중독자는 통제만능주의에 대한 환상(illusion of control)을 갖는다. 자기통제, 자기강제가 세속적 성공을 가능하게 했다고 보고, 이를 통해 타인통제나 사회적 · 자연적 환경에 대한 통제를 정당화 한다. 사실 이것은 진정한 자아정체성을 억압하거나 축출하는 과정이다. 그에 대한 일종의 보상(대리충족)이로서 세상만물을 마음대로 조작가능하다고 보며 자신은 '뭐든지 할 수 있다'고 믿게 된다.

③ 타자에게 책임 전가

일 중독자는 피해의식(feeling of victim)이나 피해망상증(persecution mania)을 갖고 타자에게 책임을 전가한다. 어떤 사람이 누구를 비판하거나 욕을 할 때, 그 앞에서 듣는 이가 그 비판이 바로 자신을 가리켜하는 말이라고 느끼는 것, 또는 자신이 무슨 일을 하되 되는 일이 없고, 운명의 여신이 자신에게 항상 불리하게 작용할 것이라고 생각한다. 이 모든 피해망상증, 피해의식의 구체적 증상이라고 할 수 있다.

④ 강한 자기중심주의와 독선주의

일 중독자는 자기중심주의(self-centeredness)와 독선주의(self-righteousness)를 강하게 드러낸다. 자신의 태도나 행위가 항상 정당하며 모범이라고 생각하고 타인이 자기를 따라오기만 하면 된다고 믿는다. 혼자서 모든 일을 다 하려고 하고 자신 없이는 아무 일도 안 된다는 강박관념을 가진다. 심하면 자신처럼 하지 못하는 동료나 부하들을 적대시하기까지 한다. 그리고 모든 사물을 선과 악, 자기편과 다른편 등과 같이 '흑백논리'로 파악한다. 사고의 유연성이 떨어지고 미세한 뉘앙스의 차이나 다양성의 존재를 인정하려 하지 않는다. 그러나 이런 태도는 갈수록 사회로부터의 자기고립(self-isolation)을 부채질할 뿐이다.

⑤ 완벽주의적 사고와 행동

일 중독자는 완벽주의적 사고와 행동(perfectionism)을 보인다. 진정한 자기 내면과의 분리를 솔직히 인정하기를 두려워하고, 그 두려움조차 그대로 인정하며 정면 돌파하기보다는 병적인 보습으로 은폐하거나 회피하려 한다. 그 과정에서 타인으로부터 비판이나 공격을 당하지 않기 위해서라도 더욱 스스로 완벽함을 과시하고자 많은 에너지를 쓴다. 그래서 사소한 실수조차 용인하지 않는다. 자신에게 너무 철저하려하기에 타인이 접근하기 어렵고, 또 그 철저함을 타인에게도 적용하려하기에 타인이 괴롭다.

(2) 일 중독증의 증세

일반적인 일 중독자들의 증세는 다음과 같다(한국학교폭력상담협회, 한국전문상담학회, 2015).

첫째, 일 중독자들은 지나치게 일을 탐닉한다. 맡은 과업이 끝날 때까지 걱정과 초조 가운데 지내며 줄담배를 피우거나 먹지도 잠을 자지도 않고 그 일에만 열중한다. 둘째, 일 중독자들은 혼자 모든 일을 처리하고 다른 사람에게 일을 맡기지 못한다, 일 중독자들은 대부분 완벽주의자들이어서 실수를 인간의 속성으로 받아들이지를 못한다. 또한 다른 사람에게 일을 맡기고 도움을 구하는 것을 자신의 연약함이나 무능력함을 드러내는 것으로 여긴다. 일단 자기 손에서 일이 떠나고 나면 자신이 일을 통제하지 못했다는 상실감에 빠진다.

셋째, 일 중독자들은 휴식을 취하거나 즐기지 못한다. 하루 스케줄을 보면 아침 일찍부터 밤늦게까지 끊임없이 일을 하며 어떤 때는 주말이나 휴가까지도 반납을 하고 일을 한다. 그들은 즐기는 것은 시간 낭비라고 여기고 생산적인 결과를 낳지 못하는 일을 한다는 것은 무익하다고 생각하고 죄책감을 느낀다. 조용한 휴식시간에도 일에 대해 생각하거나 일과 관계된 것에 관여하고, 혼자 있거나 조용한 시간을 가지지 못한다.

넷째, 일 중독자에게 일은 의미와 목적과 자존감을 주는 안전 보장이다. 일 중독자들은 "나는 일한다. 그러므로 존재한다"라고 생각한다. 일중독자들이 겉으로 보기에는 확신에 차 있는 안정적인 것같이 보이나 실은 내면 깊은 곳에 불안과 낮은 자존감이 도사리고 있어 일을 통해 끊임없이 자신을 증명하려고 애쓴다. 일만이 자신의 삶에 의미를 부여하고 일만이 자신의 가치를 증명하는 유일한 것이라고 여긴다. 일중독자들은 일 자체의 질을 높이기보다는 자신의 낮은 자존감을 높이는 데 초점을 둔다. 그래서 어떤 일을 성취하자마자 허무와 불안감이 엄습한다.

이 외에도 행위중독에는 현대사회에서 두드러지게 나타나는 쇼핑 중독, 성형 중독, 운동 중독 등이 있다. 이는 청소년기보다 성인기에 중독 증세를 보이는 사람들이 늘어나고 있다. 행위중독은 물질중독과 유사한 점이 많다. 물질중독과 행위중독은 공통된 뇌 회로가 관여하며, 유사한 일련의 단계를 거친다. 그리고 내성과 금단이 발생할 수 있으며, 충동성이 발달 초기 단계에 중요하게 작용하고 강박성이 행동 유지에 핵심적으로 관여하는 점 등에서 유사하다.

5. 재발의 원인과 상황

재발이란 회복 중에 있는 사람들이 약물이나 알코올을 다시 사용하게 되는 것을 말하며, 약물을 끊거나 조절해서 사용해 보려고 하는 지속적인 열망이 있기는 하지만 성공하지 못하고 있는 상태를 또는 한 두번 정도만 성공하고 있는 상태를 의미한다. 약물을 비정상적으로 사용하게 되면 후유증을 동반하는 데도 불구하고 약물의 사용을 줄이거나 중단하는 데 실패한다면 중독의 재발이라고 보아야 한다.

재발은 주로 회복의 초기에 일어나고, 일찍 일어날수록 그 예후가 좋다고 한다. 치료과정에서 확실한 기초를 다져 완전히 회복되었던 후에 재발이 일어나는 사람은 재발이 되더라도, 결국 성공적으로 회복하게 된다. 이러한 사람들에게 재발은 실패가 아니라 어떻게 성공할 것인가를 배우는 과정이라고 할 수 있다(김성이, 2012).

1) 재발과 관련된 사회적 통념

재발과 관련된 사람들의 사회적 통념은 다음과 같다(김성이, 2012).

(1) 재발은 피할 수 없다.

회복중인 사람들은 재발을 나아지는 과정이라는 말을 듣는다. 그러나 사실상 금주에 성공을 한 많은 사람들은 재발의 과정을 거치지 않고 회복한다. 재발을 하지 않으면 단주시간이 훨씬 길어질 수 있다.

(2) 재발은 실패를 의미한다.

재발은 어떤 사람에게는 회복과정의 중요한 부분을 차지한다. 이들은 처음에는 자신이 중독자임을 인정하지 못하거나 고통 받지 않아서 금주를 결심하지 못한다. 하지만 몇 차례 재발을 반복하고 나면 단주나 단약을 해야겠다는 동기화가 되기도 한다.

(3) 재발은 방지할 수 없다.

재발은 방지가 가능하고 회복중인 많은 사람들이 성공적으로 재발을 방지하고 있다. 재발을 막는 것은 의지의 힘이라기보다는 재발의 원인, 위험한 순간, 재발이 일어나려는 징후가 무엇인지 알면 사전에 재발을 막을 수 있다.

2) 재발의 원인

재발을 일으키는 상황이나 태도 · 행위를 파악하여 회복에 방해되는 시점을 경고하는 재발 경보(relapse alert)를 알아차리는 것은 매우 중요하다. 재발을 일으키는 위험요소가 되는 상황이나 태도를 살펴보면 다음과 같다(김성이, 2012).

(1) 자기기만(Denial)

자기기만은 자신이 중독자임을 부인하고, 책임을 회피하고, 현명하지 못한 행동을 합리화하고 자신을 정직하게 평가하지 못한다. 또한 진실의 결과를 피하고, 자신을 방어위해 거짓말을 한다. 그러나 거짓말은 다른 사람에 대한 믿음까지고 잃게 하는 결과를 초래한다.

(2) HALT

굶주림(hunger), 분노(anger), 외로움(loneliness), 피로감(tiredness) 등 재발을 일으키는 요인이므로 사전에 미리 대비를 해야 한다. 영양가 있는 식단, 감정적인 균형, 적당한 휴식, 오락 등의 사회화가 재발을 방지하는데 도움이 된다.

(3) 부정적인 감정

분노, 자기연민, 비관, 조급함, 좌절, 등과 같은 감정들은 회복을 저해한다. 이런 감정들을 느낄 때는 신속하게 기분 전환을 시키지 않으면 재발할 확률이 높다.

(4) 비현실적 기대

약물중독의 회복에 대한 가능성을 너무 빨리 기대하면 실망과 분노를 일으켜 다시 술이나 약물을 찾게 된다. 따라서 회복 중에는 하루를 실패하지 않고 성공하는 것이 중요하다.

(5) 옛 우정 되살리기

재발에 있어 선행하는 상태는 고립이다. 회복이 잘 되어 가는 것 같은 상황에서는 예전에 술을 마시던 사람들을 멀리 하는 것이 바보 같은 생각이 들고, 너무 조심하는 것은 아닌가 하는 마음이 생긴다.

(6) 과거로의 선회

회복과정에 있는 사람들이 말로는 음주욕구가 없어졌다고 하지만 실제로 그 충동이 너무 심해서 엄청나게 술을 마시는 꿈을 꾸기도 하고 현실같은 꿈 때문에 놀라서 잠에서 깨기도 한다고 한다. 회복이 진행되면 잘하고 있다는 생각과 더불어 옛 친구들을 만나도 아무 문제가 일어나지 않을 거라는 감정이 생겨나기도 하는데 이것은 재발을 부추기는 위험한 행동이다.

(7) 추억의 회상

과거에 술 마시던 좋은 시간을 회상하면 지금의 나쁜 기억은 사라지고 멋진 날로 둔갑한다. 과거에 몰입하면 빠져나오기 힘들다. 따라서 과거의 술 마시던 일을 좋게 생각하면 스스로 브레이크를 걸어야 한다.

(8) 책임 전가

과거든 현재든 자신의 문제에 대한 책임을 다른 사람이나 환경 등에 돌린다면 자신의 인생에 대한 책임을 스스로 지려 하지 않는 것이다. 자신의 인생을 스스로 포기함으로서 중독의 행동을 하게 되는 것이다.

3) 재발을 불러일으키는 상황들

회복중인 사람들이 재발을 일으키는 상황은 그 자신이 스스로 만드는 것이 아니고 생활이 그렇게 몰고 간다. 어떤 상황은 재발까지 가지는 않아도 그 사람의 방어능력을 약화시키므로, 유일한 방어는 영원히 경계하는 것이다. 재발을 불러일으키는 위험상황들은 다음과 같다(김성이, 2012).

(1) 나쁜 때

배우자, 자녀, 사랑하는 사람의 죽음, 실직, 자연재해(화재, 홍수 등), 감기나 암과 같은 질병 등이 slip를 유발한다.

(2) 좋을 때

일반적으로 사람들은 일이 나쁘게 되어 갈 때는 경계를 하지만, 갑자기 유산을 상속받았다거나, 결혼, 취직 또는 승진을 하는 등 일이 잘되어 살 때는 조심성을 잃어 버리는 경우가 많다.

(3) 이정표(획기적인 사건)

단주 · 단약 30일, 6개월, 1년 등은 축하할 일이다. 그러나 이것들도 역시 신호가 될 수 있다. 단주 · 단약을 축하하는 것은 확신과 자만, 불안과 의시소침, 또는 자기만족을 불러일으킬 수 있다.

(4) 연휴

휴가란 누구에게나 고무적인 일이다. 그런 휴가기간에는 단주, 단약은 지지해 주는 후원자와

환경으로부터 멀리 떨어져 있기 때문에 한 잔의 술로 재발할 좋은 기회가 된다. 그러므로 휴가선거지 선정은 중요한 문제이다.

(5) 새로운 변화

새로운 직장으로 옮기거나 전에 있던 직장을 떠나면서 생기는 관계들, 업무를 바꾸거나 이사를 하는 것이 재발의 위험을 초래한다. 심리학자들도 이런 문제들을 스트레스 요인으로 꼽는다. 이론 요인들은 모두 낯선 사람에 대한 모험과 이에 따르는 불안감은 걱정을 유발한다.

(6) 지루함

초기의 회복과정이 지나가서 회복작업과 관계가 안정되면 중독자는 옳지 않은 흥분을 그리워하게 된다. 이러한 흥분이 가져다주는 쾌감을 갈망한다.

(7) 질병이나 신체적 이상

두통, 치통, 상처, 수술, 기타 신체적 고통이 있으면 음주를 하거나 약물복용을 시작하게 된다. 이것들이 재발과 관련이 있다. 걱정이나 우울증이 질별을 유발하기도 한다. 통증을 줄이기 위하여 처방된 약품이 원인이 되기도 한다. 따라서 심각한 병에 걸려 약물처방을 하거나 수술을 해야 한다면 또는 노동으로 인한 통증을 완화해야 한다면 반드시 의사에게 회복 중에 있다는 말을 해야 한다.

(8) 기타 요인들

테이블 위에 쏟아진 설탕, TV 광고에서 본 시원한 맥주 잔, 마약 주사를 놓으면서 듣던 음악, 술 마시던 시절에 부르던 노래, 마리화나를 피우면서 듣던 음악들 등이 또한 알코올이나 약물에 대한 갈망을 이끌어 낼 수 있다.

4) 재발의 신호

재발은 우연히 일어나지 않는다. 회복의 초기 과정에는 경고 체계가 들어있다. 이러한 경고신호를 알고 대비한다면 slip이 일어나기 전에 피할 수 있다. 다음의 신호들이 나타나면 즉시 방지대책을 세워야 한다(김성이, 2012).

(1) 변명이 지능적으로 되어 갈 때

당신의 잘못된 행동들– 왜 모임에 늦었는지, 일주일 내내 왜 귀가 시간이 늦어졌는지, 업무보고가 왜 지연되었는지 등–에 대해 합리화하거나 장황하게 설명한다면 재발이 일어날 찰나에 있다.

(2) 길거리에서 공황 상태

길거리뿐만 아니라 아무 장소에서나 불안, 공황장애가 일어나고, 자살충동, 강박적 행동(도박, 난잡한 성행위), 먹는 습관 등의 생활습관이 통제 불가능해지면 즉각적인 주의가 필요하다.

(3) 무책임

책임을 회피하고, 해야 할 일을 하지 않는다든가 자신이 하는 일에 관심이 없다.

(4) 규칙위반

사후관리를 위해 세워 놓은 규칙들을 지키지 않고, 약물남용 방지를 위한 처방을 망각한다. 옛날에 자주 가던 장소를 피하지 않고 소굴로 직행하며, 실수를 해도 즉각 고치려 하지 않고, 검사도 받지 않는다.

(5) 해이해짐

한 주일에 두 번 씩 후원자를 만나다가 갑자기 2주 이상 그냥 지나간다.

(6) 그릇된 사고

술집에서의 행동을 그리워하고 정말 알코올이 자신의 문제의 원인이었을까 반문한다.

(7) 자신을 학대하기

목욕하기, 양치질, 이발, 빨래, 병원가지 등을 잊어버리고 다음에는 단주 · 단약을 하는 것을 잊어버리게 된다. 위생청결에 소홀하게 된다는 것은 재발을 의미한다.

(8) 다른 약물로 대체하기

알코올은 어쩔 수 없이 끊는다고 하여도 담배나 다른 것을 대신하면 어떤가? 코카인에 중독이 되었어도 알코올 문제가 없을 수 있다. 그러니 사교적으로 술을 좀 마시는 것이 무슨 문제가 되겠는가? 또는 진정제로 중독이 되었다면, 코로 코카인을 조금 들이마시는 것이 문제가 될까?에 대한 대답은 자명하다.

(9) 부정

지금까지 설명한 행동들 중에 어느 하나에 해당되면 재발은 필연적이다. 이런 것을 받아들이지 않고 알코올 · 약물중독의 문제가 없고 단주 · 단약 중이라고 하는 것은 부정의 양식이다. 그리고 때로는 건강, 재정, 관계, 직업상의 문제들을 부정할 수 도 있다. 현실을 부정하는 것은 회복을 포기하고, 문제로부터 도망쳐서 과거로 돌아가는 것이다.

회복을 위해서 이러한 부정이 다루어져야 하며 알코올중독자라는 자신의 상태를 받아들어야 한다. 그러나 수년간 절주를 하였으며 분명히 스스로 단주라는 개인적 성장을 경험했던 알코올중독자에게 어떻게 부정이 지속적으로 작용하여 재발을 가져오게 되는가를 인식시키기는 어렵다. 부정이란 알지 못하는 사이에 오랜 기간 서서히 나타나 지속될 수 있으며 정교하고 은밀하게 이루어 질 수 있다.

익힘문제

1. 중독의 원인 중에서 심리적 요인과 사회환경적 요인에 대해 논하시오.
2. 중독으로 인한 사회적 피해를 예를 들어 논하시오.
3. 중독자를 위한 정책과 개선방안에 대해 논하시오.

참고문헌

- 강성균, 김교헌, 박상규, 서경현, 이형초, 전영민(2007) | **중독의 이해와 상담 실제** | 서울: 삼육대학교.
- 김성이(2012) | **약물중독총론** | 경기: 양서원
- 남길우(2014) | **인터넷/스마트폰 중독의 현황과 사회적 문제** | 한국중독심리학회 가을학술대회 논문집.
- 박상규. 강성군. 김교현. 서경현. 신성만. 이형초. 전영민(2009) | **중독의 이해와 상담실제.**
- 박승민, 조영미, 김동민(2011) | **청소년 인터넷 중독의 이해와 상담** | 서울: 학지사.
- 서경현, 정구철, 정선진(2016) | **중독상담전문가** | 서울: 한생미디어.
- 성상경, 방양원, 함웅(1993) | **주정중독환자들의 퇴원 후 경과에 관한 연구** | 신경전신의학, 32(5), 698-706
- 위키피디아사전(2016), wikipedia, org.
- 유수현, 천덕희, 이효순, 성준모, 이종화(2014) | **정신건강론** | 서울: 양서원.
- 이근후, 우행원, 박영숙, 연규원, 권정화(1993) | **최신정신의학** | 서울: 하나의학사.
- 이혜정(2015) | **알코올 의존의 이해** | 중독치료 및 재활 강좌 | 서울: 삼육대학교.
- 이희승(2016) | **국어대사전** | 서울: 민중서림.
- 정철호(2014) | **인터넷/스마트폰 중독의 공존질환과 병리적 문제** | 한국중독심리학회 학술대회 논문집.
- 조근호. 권도훈. 김대진. 김선민. 김한오, 노성원, 박애란, 서정석, 신성만, 신재정, 유채영, 윤명숙, 이계성, 이해국, 전영민, 전용준, 차진경, 채숙희, 최삼욱, 한우상(2011) | **중독 재활 총론** | 서울: 학지사.
- 조현섭(2015) | **우리나라 중독의 현황과 과제** | 중독치료 및 재활 강좌 | 서울: 삼육대학교.
- 채규만, 김민녀, 김민동, 김용희, 김유정, 김주현, 류명은, 위지희, 이혜정, 임자성, 장미자, 정기명(2013) | **채박사의 중독 따라잡기** | 서울: 학지사.
- 최은영, 양종국(2005) | **청소년비행 및 약물중독상담** | 서울: 학지사.
- 한국학교폭력상담협회, 한국전문상담학회(2015) | **중독의 이해와 치료** | 서울: 양서원.
- 한상철, 김혜원, 설인자, 임영식, 조아미(2003) | **청소년 문제행동** | 심리학적 접근 | 서울: 학지사.
- Lindstorm. L (1992) | Managing Alcoholism: Matching Clients to Treatment | 49-51.

제 2장

측정과 평가

제 2 장
측정과 평가

우리는 무엇인가를 하고자 한다면 이를 위하여 결정이라는 것을 해야 한다. 이러한 결정을 위해서는 이것저것 살펴보고, 물어보고, 알아보는 등 많은 과정을 거치면서 의사결정을 내리게 될 것이다.

인간은 사소한 행위부터 복잡한 과정 속의 행위들까지, 나름의 평가를 하고 반성을 하므로 인간이 하는 어떠한 행위가 의식적으로 이루어지는 것이라면, 그 행위에는 반드시 평가가 포함되어 있다(조은별, 2016)고 하였다. 평가를 위해서는 행위에 대한 다양한 접근의 측정, 검사 등이 이루어져야 함을 알 수 있다. 평가 관련 다양한 문헌에서는 평가라는 용어는 사정, 검사, 측정이라는 용어와 더불어 사용되고 있어서 개념 학습과 함께 이론적 개념을 살펴볼 필요가 있어서, 본 장에서는 측정, 검사, 평가에 대한 이론적 개념과 방법론적 접근에 대하여 다루어 보고자 한다.

---

1. 측정과 평가의 이론적 개념

1) 측정의 개념

측정(measurement)은 단순히 양적 혹은 수적 특성을 재는 것을 의미한다.
많은 연구자들이 측정을 다음과 같이 정의하였다.

측정이란 규칙에 의하여 사물이나 사건에 수를 할당하는 것이다(Stevens, 1946).

측정은 사물을 구별하는 과정이다(Hopkins, Stanley, & Hopkins, 1990).

측정은 일정한 법칙에 따라 어떤 사물이나 그 속성에 대해 수치를 부여하는 것이다(한국초등상담교육학회, 2008).

측정은 사물의 성질을 구체화하기 위하여 수를 부여하는 절차이다(성태제, 2014).

측정은 어떤 규칙에 따라 경험체계에 숫자를 부여하는 작업으로(이순묵, 2002), 경험체계는 우리가 경험하는 개인, 사물, 또는 집단들 자체의 속성 또는 그들 간의 관계를 의미한다(박영숙, 2010).

다양한 사물은 각기 다른 속성을 가지며, 독특한 특징을 지닌다고 할 수 있으므로, Thorndike (1918)는 어떠한 것이 존재한다면 그것은 양으로 존재하기 때문에 측정할 수 있다고 주장하였다. '길이가 길다', '날씨가 덥다', '능력이 높다'라는 말은 알아보고자 하는 속성이 존재하기 때문에 얼마든지 측정할 수 있다는 것이다.

측정이란 책상의 높이나 무게를 비롯하여 지능이나 적성 등과 같이 사물 또는 그 속성을 계량적으로 나타내는 것이며 검사(test)의 수단으로서 심리상담에 대한 일종의 하위개념이다. 검사란 점수 또는 다른 형태의 가치 있는 자료를 산출하기 위하여 사전에 결정된 반응 유형을 요구하는 질문 또는 과제를 의미(국립특수교육원, 2009)하므로 검사와 측정을 같은 뜻으로 해석해서는 안 된다. 왜냐하면 수량하지 않고서도 가능한 검사방법이 있기 때문이다(김남진, 2017).

2) 검사의 개념

측정의 대상은 직접 측정이 가능한 것과 직접 측정이 불가능하여 간접 측정만이 가능한 대상으로 구분된다. 예를 들어, 가시적인 길이, 무게 등은 직접 측정이 가능하지만 인간이 지니고 있는 잠재적 특성(latent trait)은 직접 측정이 불가능하므로 인간이 내면에 지니고 있는 능력, 예를 들면, 지능, 성격, 흥미, 태도, 자아개념 등은 검사라는 도구를 사용하여 측정할 수밖에 없다.

사정(assessment)은 교육적, 심리학적, 직업적 결정을 내리기 위한 양적, 질적 정보를 수집하는 과정으로 아동을 위한 교육적인 결정을 내리기 위해, 아동의 수행과 수행 방법에 대해 관찰하고 기록하고 문서화하는 과정이다. 사정에서 어떤 자료가 수집되는지에 따라 평가에서 내리는 의사결정의 유형이 달라지게 된다. 이러한 사정의 구체적인 방법으로는 검사(test), 관찰(observation), 면접(interview) 등이 있다(김남진, 김용욱, 2009).

검사를 정의할 때 '개체의 행동에 대한 표본을 얻기 위한 수단(Allen & Yen, 1979)이라고 하기도 하고 어떤 행동이나 속성을 측정할 때 사용하는 '모든 종류의 도구 기술 및 절차(Clascio, 1987)라고 하기도 한다. 검사를 보다 포괄적으로 정의하면 '개체 행동의 표본을 측정하기 위한 모든 종류의 논리, 절차 또는 도구'라고 할 수 있다(박영숙 등, 2010).

검사는 여러 형태가 있을 수 있으며, 지필검사(paper and pencil test)가 가장 일반적이고 컴퓨더를 이용한 컴퓨화 검시(computerized test)가 보편화되고 있디(성태제, 2014).

Findley(1963)는 검사의 기능을 교수적 기능, 행정적 기증, 상담적 기능으로 구분하여 제시하였다(성태제, 2010). 첫째, 교수적 기능(instructional function)은 교사들에게 교과 목표를 확인시켜 주며, 학생들과 교사들에게 송환효과를 제공하고, 학습동기를 유발하며, 시험의 예고는 복습을 위한 수단이 된다. 또한 검사를 통하여 잘못된 인지구조나 학습태도를 고칠 수도 있다. 둘째, 행정적 기능(administrative function)은 교육 프로그램, 학교 혹은 교사를 평가하고 학생들은 분류, 배치하는 데 사용된다. 선발 기능으로서 대학 입학, 입사, 그리고 자격증 부여 등을 들 수 있다. 셋째, 상담적 기능(guidance function)은 피험자의 정의적 행동 특성을 진단 · 치료하는것이다. 즉 적성검사, 흥미검사, 성격검사 등을 통하여 피험자가 지니고 있는 문제점을 발견할 수 있다. 심지어 학업성취도검사를 통해서도 피험자의 진단이 가능하다. 예를 들어 학업성취도검사 점수의 급격한 변화, 특히 급격한 하락은 피험자에게 심리적 변화가 있음을 예견하여 상담의 필요성을 제공한다. 이렇듯 검사의 기능이 다양해지면서 학생, 교사, 상담교사 등과 지역사회 구성원들이 검사에 대해 갖는 관심은 다양해지고 있다.

3) 평가의 개념

평가(evaluation)는 사전적 의미로 사물 또는 그 속성에 대한 가치판단이라고 정의한다. 평가는 실제 자료의 수집에 근거하여 가치판단을 내리는 과정(Cohen & Spencider, 2007)으로 학생의 양적 특성과 질적 특성을 파악하고 그것을 바탕으로 가치판단(value judgement)하여 교육적 결정을 내리고 교육의 방향을 제시하는 것을 의미한다(김진호, 2018). 평가를 위해서 어떤 사물이나 그 속성에 대한 가치판단을 내리려면 반드시 판단의 준거(criteria) 또는 표준(standard)이 있어야 한다.

평가는 일반적으로 더 정확한 의사결정을 하기 위해 유용한 정보를 기술, 수집, 제공하는 과정으로서, 목적 달성에 대한 측정 및 대상의 가치와 장점에 대한 체계적인 조사라고 정의된다(Stufflrbeam, 2002; 이석민, 2012).

(1) 심리평가

심리평가(psychological evaluation)는 심리검사, 면담, 행동관찰 등 여러 다른 방법에 의해 이루어진다(Goldstein & Hersen, 1990), 심리평가는 심리검사와는 다르게 다양한 방식으로 얻은 정보들–개인에 관한 사회적, 교육적, 직업적, 과거력 정보 등–을 통합하는 과정이다(AERA, APA, & NCME, 1985). 심리평가는 심리검사를 통해 개인에 대한 정보를 수집하고 이와 더불어 면담과 행동 관찰로 정보를 수집한 후 이 모든 자료와 정보들을 종합한 결과이다. 따라서 심리평가는 심리검사를 시행하고 그 결과를 해석하는데 머무르지 않고, 다양한 방식으로 자료를 수집하고 그 자료들을 바탕으로 종합적인 해석을 내리는 보다 전문적인 작업이다.

(2) 교육평가

교육평가(educational evaluation)는 교육과 관련된 모든 것의 양, 정도, 질, 가치, 장점 등을 체계적으로 측정하여 판단하는 주관적 행위로 교육목적에 대한 가치를 판단하는 행위라고 할 수 있다. 이러한 교육평가는 교육과 관련된 모든 것에 대한 의사결정을 위하여 정보를 사용하거나 수집하는 과정을 동반하여야 하고, 수집된 정보에 의하여 교육적 의사결정을 하거나 이를 도와주는 기능을 지니고 있다.

성태제(2014)는 이러한 교육평가의 목적을 다음과 같이 구분하였다.

첫째, 학습을 구체화한다. 둘째, 학업성취수준을 총평한다. 셋째, 교육의 질을 향상시킨다. 넷째, 교육과정, 교수 · 학습 프로그램, 교육자료 등을 개선한다. 다섯째, 정책 구안이나 의사결정을 위한 기초를 제공한다. 여섯째, 공공 기금의 지출을 점검한다.

교육평가는 교육을 도와주는 기능을 하는 것이 주된 목적이므로 교육대상에 긍정적 영향을 주어야 한다.

2. 측정과 평가의 방법론적 접근

1) 측정의 구성 및 방법

측정은 가능한 측정의 결과를 수량화하고자 하기 때문에 사물이나 사람의 속성을 수량화할 때 언어적 표현에 따르는 모호성과 막연성을 배제할 수 있어야 하고, 판단에 따른 실수의 근원을 감소시킬 수 있어야 한다. 사물의 특성이 언어적으로 표현될 때 측정의 주체에 따라, 그리고 측정의 대상에 따라 달라지기 마련이다.

사람이든 사물이든 측정하고자 하는 대상을 밝힌 다음, 측정하고자 하는 행위나 속성을 구체화 해야한다. 예를 들어, 측정 대상이 사람일 때 측정의 행위나 속성으로서는 키, 몸무게, 100m를 달리는 데 걸리는 시간 등이 될 수 있다. 이때 측정 단위에 수를 할당하는 기본규칙을 정한다. 길이를 잴 때 m로 한다든지, cm로 한다든지 등의 측정 단위를 선정하여야 한다.

(1) 측정 척도

변인의 특성을 측정하기 위해서는 우선 원자료(raw score)에 수 혹은 기호를 부여하여야 하는데, 수 혹은 기호를 부여하는 규칙을 측정 단위라고 한다. 사물이나 사람을 측정하고자 할 때 측정 단위를 설정하여야 하는데, 이 측정의 단위를 척도(scale)라 한다. 척도란 사물의 속성을 구체화하기 위한 측정 단위라고 할 수 있으며, 측정의 형태(type of measurement) 또는 측정의 수준(level of measurement)이라고 할 수 있다. 척도는 측정치가 갖는 수치의 의미에 따라 명명척도, 서열척도, 등간척도, 비율척도의 네 가지로 구분한다(김남진, 김용욱, 2009). 이러한 척도는 그 숫자들의 규칙에 대하여 수량척도 수준과 비수량척도 수준으로 구분할 수 있다. 수량척도 수준은 보통 비율척도(ratio scale) 수준과 등간척도(interval scale, 동간척도)에 대하여, 그리고 비수량척도는 순서척도(ordinal scale, 서열척도) 수준과 구분척도(nominal scale)도 설명된다(Stevens, 1946).

여기에서는 명명척도, 서열척도, 등간척도, 비율척도, 절대척도에 대하여 소개하였다.

① 명명척도

명명척도(nominal scale)는 사물을 구분, 분류하기 위하여 사용되는 척도(성태제, 2014)로 어떤 사물의 속성을 분류할 목적으로 숫자 혹은 기호를 부여하는 것을 의미하는 척도이다(김남진, 김용욱, 2009). 명명척도는 사물 하나에 이름을 부여하는 일대일 대응(one to one transformation)의 특징이 있다.

A 야구단에서 투수는 1번, 유격수는 7번, 외야수는 11번이라고 한다면, 1번 선수와 7번 선수가 두 선수의 기량이나 실력의 차이가 7배가 있다는 것이 아니라 단지 야구단 내에서 선수들을 구분하기 위한 명명의 목적만 있음을 알 수 있다.

또한 명명척도는 두 개 이상의 각기 다른 범주에 동시에 포함될 수 없는 비연속적 척도에 해당된다(김남진, 김용욱, 2009). 고등학생을 대상으로 한 연구에서 연구 대상의 배경 변인을 파악하기 위한 다양한 변인들 중 성별을 묻고 남자는 ①, 여자는 ②로 표시하거나, 학년을 1학년 ①, 2학년 ②, 3학년 ③으로 구분하여 표시하는 것이 명명척도이다. 여기에서는 성별은 남자와 여자 외에는 없으며, 학년은 1학년, 2학년, 3학년 외에는 없음을 알 수 있다. 남녀, 학년에 부여되어 있는 숫자는 더하거나, 빼거나, 곱하거나, 또는 나누는 것을 할 수 없다.

② 서열척도

서열척도(ordinal scale)란 사물이나 사람의 상대적 서열을 표시하기 위하여, 대상의 속성을 크기 혹은 양에 따라 파악함으로써 서열을 비교해 주는 척도이다. 서열척도는 명명척도의 특징뿐만 아니라 크고 작음 그리고 순서의 서열지움 기능, 즉 비교의 기준이 되는 어떤 특징도 동시에 갖고 있다. 예를 들면, 학생들의 성적 순서, 키 순서, 교육수준, 사회계층수준, 직업의 직급 등이 있다. 서열척도가 갖는 특성을 살펴보면, D 대학교 학생들의 성적을 내림차순으로 정리한 후 여기에 1등부터 40등의 순위를 부여했다고 하자. 1등의 성적은 99점, 2등은 98점, 3등은 95점, 4등은 90점, 5등은 87점이라고 하면, 당연히 여기서 1등 〉 2등 〉 3등 〉 4등의 관계는 성립되지만, 1등과 2등 차이는 1점, 3등과 4등의 차이는 5점이기 때문에 2등−1등 = 4등−3등의 관계는 성립될 수 없다. 서열척도는 명명척도와 마찬가지로 수학에서의 사칙연산이 모두 불가능한 특성을 갖고 있다(김남진, 김용욱, 2009).

서열척도는 서열 간의 간격이 같지 않으므로 측정 단위의 간격 간에 동간성이 유지되지 않는다. 이는 서열 간에 동간성을 유지하지 못함을 말한다. 서열척도의 다른 특징으로 서열이 증가할 때 서열을 나타내는 측정치는 감소하지 않고 계속 증가하거나, 반대로 증가하지 않고 계속 감소한다(성태제, 2014). 여기서는 단지 순서(order)에 관한 것 일뿐, 수리적 연산이 가능한 어떤 크기를 나타내는 것은 아니다. 이렇게 서열에 대한 점수만을 제공하는 측정결과를 순서척도 수준의 측정이라고 한다. 순서척도 수준에 숫자에 대해서 허용되는 수리적 연산은 숫자간의 크기 비교일 뿐 등간에서 허용되는 더하기, 빼기, 곱하기, 나누기 등을 할 수 없다.

③ 등간척도

등간척도(interval scale)는 분류와 서열의 의미를 갖는 동시에 측정 단위 사이의 등간성(等間性)이 유지되는 척도로 동간(同間)척도 라고도 한다. 등간척도는 명명척도와 서열척도의 특징뿐만 아니라, 어느 것이 다른 어느 것보다 얼마나 더 큰지 혹은 많은지를 측정할 수 있게 해준다. 구체적 예로는, 온도, 학업성취도 점수, 지능지수 등이 속한다. D 대학교 학생들의 성적이 각각 100점, 80점, 60점, 40점이라고 한다면 성적 사이에는 100점, 80점, 60점, 40점의 분류 기능, 100점 〉 80점 〉 60점 〉 40점의 서열 기능을 갖고 있다. 또한 100점과 80점 차이 그리고 60점과 40점의 차이는 각각 20점으로 동일하다. 즉 100−80 = 60−40의 관계가 성립되는데, 이것은 수치들 사이의 거리가 양적으로 동일함을 의미한다. 또한 80점을 받은 학생은 40점을 받은 학생에 비해 성적이 두 배 높은 것이 사실이다. 이것은 통계적인 의미에 한정된 것으로 80점은 40점×2이라는 것일 뿐, 실질적인 지식의 정도가 두 배임을 의미하지는 않는다. 따라서 곱하기와 나누기를 할 수 있어 평균과 표준편차를 구할 수는 있으나, 해석함에 있어서는 별다른 의미가 없다. 시험 점수가 0점이라는 것은 시험 문제에 한해 학생이 바르게 답한 것이 아무 것도 없음을 의미할 뿐, 수업 내용에 대한 지식이 전혀 없다는 것을 의미하지는 않는다. 그러므로 등간척도에서는 영의 의미에 유의해야한다. 숫자 영은 수학적 의미에서와 같이 진짜 아무 것도 없음을 뜻하는 절대영점(absolute zero)과 단순히 어떤 상태를 다른 상태와 비교하기 위하여 사용되는 상대영점(relative zero)의 두 가지로 구분될 수 있다. 따라서 등간척도는 절대영점이 아닌 상대영점의 의미를 갖는 척도라고 할 수 있다. 척도의 종류를 구분함에 있어서는 곱하기 혹은 나누기의 개념이 성립된다고 생각되면, 다음은 변인에서 영이 갖는 의미를 고려해야 할 것이고, 등간척도는 명명척도와 서열척도의 모든 속성을 갖는 동시에 간격의 등간성을 갖고 있으나 절대영점은 없는 척도라고 할 수 있다(김남진, 김용욱, 2009).

등간척도는 경험체계 내에서 사물 또는 속성 크기에 대한 수량적 계산을 통한 해석을 가능하게 해 주기 때문에 수량척도 수준의 측정, 수량적 측정 또는 양적 측정이라고 한다. 수량척도 수준에서 측정된 자료는 수량자료(quantitative data)라고 한다(Young, 1981).

④ 비율척도

비율척도(ratio scale)란 절대영점과 가상적 단위를 지니고 있으며, 동일한 간격에 동일한 수적 차이를 부여하는 척도를 말한다. 또한 분류와 서열, 등간의 의미와 함께 절대영점의 특성을 모두 갖는 척도이다. 따라서 비율척도는 명명척도, 서열척도, 등간척도의 특성을 모두 포함하고 있는 척도로, 측정치들은 사칙연산이 가능하다. 예를 들어, 무게, 길이 등을 들 수 있다. 무게와 길이가 0이란 뜻은 아무 것도 존재하지 않으므로 절대영점을 의미한다.

사람의 키를 잴 때의 cm 등의 척도가 사용될 경우, 하니의 키가 200cm이고 대한이의 키가 150cm라면 200과 150의 비율은 4:3이 된다. 그런데 이 비율은 척도를 cm자에서 m자로 바꾸더라도 변하지 않는다. 즉 200cm와 150cm는 두 사물이 가지는 속성 수준의 비율을 알려주는 측정 결과이므로 비율 척도 수준의 측정이라고 말한다.

등간척도인지 비율척도인지를 구분하기 위하여 덧셈법칙과 곱셈법칙을 적용하여 덧셈법칙만 성립하면 등간척도, 두 법칙이 성립하면 비율척도가 된다. 예를 들어, 학생들의 학업점수에 두 법칙을 적용하였을 때, 50점은 25점에 25점만큼의 점수가 더해진 것으로 덧셈법칙은 적용되나, 50점은 25점의 두 배의 점수라는 곱셈법칙은 적용되지 않는다. 즉, 학업점수 50점을 받은 학생이 25점을 받은 학생이 지닌 능력의 두 배가 되지 않는다는 것을 의미한다. 그러므로 학업점수는 등간척도가 된다(성태제, 2014)

⑤ 절대척도

절대척도(absolute scale)는 절대영점(absolute zero, true zero)과 절대단위(absolute unit)을 지닌다. 예를 들어, 사람 수와 자동차 수를 들 수 있다. 사람 수를 나타내는 측정 단위로서 0일 때 이는 한 사람도 없을 나타내는 절대영점이며, 1,2. 그리고 3은 절대적인 단위로서 협약하지 않아도 모두가 공감하는 측정 단위를 말한다(성태제, 2014)

〈표 2-1〉 척도에 따른 주요 특성

척도	비연속적 척도		연속적 척도	
	명명척도	서열척도	등간척도	비율척도
특징	분류	분류순서(대소)	분류 순서(대소) 간격 상대영점	분류 순서(대소) 간격 절대영점
사칙연산	불가	불가	+, −, (×, ÷)주)	+, −, ×, ÷
주요 통계량	빈도, 비율, 최빈값	백분위, 사분위, 중앙값	평균, 표준편차	모든 통계량
예	성별, 종교, 거주지역	석차, 최종학력	온도, IQ	체중, 신장

*(김남진, 김용욱, 2009, 재인용)

주) 등간척도에서의 곱셈과 나눗셈에 대한 괄호가 의미하는 바는, 통계적으로 곱셈과 나눗셈이 가능하기는 하지만 원칙적으로 곱셈과 나눗셈은 의미가 없음을 나타내기 위함이다.

(2) 변인

변인(variable)이란 관찰 대상의 특성 혹은 사건의 속성으로 정의될 수 있으며, '변수'와 동일한 용어로 사용된다. 변인은 분류의 기준에 따라 여러 가지로 나누어진다(정대연, 1997; 김남진, 김용욱, 2009, 재인용)

〈표 2-2〉 변인의 구분 및 내용

변인의 구분
① 척도: 명명, 서열, 등간, 비율 변인
② 측정치의 연속성: 연속, 비연속적 변인
③ 범주의 특성: 양적, 질적 변인
④ 인과관계: 독립, 종속, 매개, 선행변인

첫째, 한 변인을 구성하고 있는 범주가 어떤 척도로 측정되었느냐에 따라 분류할 수 있다. 이 기준에 의하면 명명척도를 측정한 변인은 명명변인(nominal variable), 서열척도로 측정된 변인은 서열변인(ordinal variable), 등간척도로 측정된 변인은 등간변인(interval variable), 비율척도로 측정된 변인은 비율변인(ratio variable)이라고 한다.

둘째, 측정치의 값이 연속적이냐 아니면 비연속적이냐에 따라 연속적 척도와 비연속적 척도로 나눌 수 있다. 연속적 척도로 측정된 변인은 연속적 변인(continuous variable), 비연속적 척도로 측정된 변인은 비연속적 변인(discontinuous variable)이라고 한다.

셋째, 변인들의 범주들의 속성에 따라 질적 변인(qualitative variable)과 양적 변인(quantitative variable)으로 나눌 수 있다. 질적 변인이란 변인을 구성하고 있는 범주들이 크기나 양의 순서대로 배열될 수 없고 단지 종류의 분류로만 배열될 수 있는 변인들을 말한다. 성별, 근무하는 학교, 지역 등이 이에 속한다. 양적 변인이란 변인들의 범주들간에 크기나 양에 있어서 크고 작음, 혹은 많고 적음의 관계가 성립되는 변인을 말한다. 나이, 최종학력, 경력 등이 해당된다.

넷째, 여러 변인의 관계 속에서 각 변인이 차지하고 있는 위치에 따라 독립변인(independent variable), 종속변인(dependent variable), 매개변인(intervening variable), 선행변인(antecedent variable)으로 나누어진다. 이 경우 각 변인들은 서로 독립적인 위치에 있는 것이 아니라 모든 변인이 하나의 인과관계의 틀 속에 있으며, 각 변인이 차지하고 있는 위치도 인과관계 안에서 위치를 뜻한다.

독립변인이란 변인들 간의 관계에 있어서 어떤 변인에 영향을 주거나 예언해 주는 변인으로 '자극변인' 또는 '투입변인'이라고 할 수 있다. 선행변인보다는 시간적으로 이후에, 그리고 매개변인과 종속변인보다는 이전에 발생한다. 그러나 종속변인에 영향을 주는 변인은 하나만 존재할 수도 있지만 실질적으로는 수없이 많이 존재하는 것이 사실이다. 따라서 연구를 수행함에 있어서 독립변인으로 가정한 변인의 영향력을 정확히 파악하기 위해서는 종속변인에 영향을 줄 것으로 추정되는 다 변인들을 통제할 필요가 있다. 이와 같이 종속변인에 영향을 미칠 수 있는 요인들을 제거할 목적으로 선정된 변인들을 통제변인(control variable)이라고 한다.

시간적으로 선행변인, 독립변인, 매개변인보다 뒤에 위치하는 종속변인은 인과관계에 있어 원인에 따른 결과에 해당하는 것으로, 독립변인의 영향을 받는 변인이다. 따라서 연구자가 특정 사건 혹은 현상에 있어 연구자가 독립변인을 정확히 선정했다면, 종속변인은 독립변인의 제시 혹은 제거, 그리고 빈도 및 강도의 정도에 따라 각기 다른 결과를 보이게 된다.

매개변인은 독립변인과 마찬가지로 종속변인에 영향을 주는 변인인 동시에 한편으로는 독립변인의 영향을 받는 변인으로 잡음변인(nuisance variable), 혼재변인(confounding variable), 외생변인(extraneous variable), 관련변인(concomtant variable)이라고도 한다. 즉 매개변인은 이론적으로는 관찰된 현상에 영향을 미치기는 하지만 관찰, 측정, 조작될 수 없는 개념적 요인을 지칭한다(김병성, 1997). 따라서 시간적으로는 독립변인과 종속변인의 사이에 존재한다.

선행변인이란 독립변인보다 먼저 발생한 상황으로 독립변인에 영향을 주는 변인을 의미한다. 그러나 단순히 독립변인에 영향을 미치는 변인이라고 해서 모두 선행변인이 되는 것은 아니며 다음의 조건을 갖추어야 한다(정대연, 1997). 첫째, 선행변인, 독립변인, 그리고 종속변인이 서로 연관이 있어야 한다. 둘째, 선행변인이 통제되어도 독립변인과 종속변인의 관계가 유지되어야 한다. 셋째, 독립변인이 통제되면 선행변인과 종속변인 간에는 아무런 관계가 없어야 한다.

2) 검사의 구성 및 방법

(1) 검사의 종류

검사는 인간의 잠재적 특성을 측정하는 도구로서 측정 내용에 따라 매우 다양하다. 인간의 잠재적 특성은 인지적 행동 특성, 정의적 행동 특성, 심동적 행동 특성으로 구분할 수 있다. 인지적 영역은 인간의 지적 능력과 관련된 영역으로 지능검사, 학업적성검사, 학업성취도검사가 있다. 지능검사는 지적 기본능력을 측정하는 검사로 대표적 지능검사로는 Binet검사와 Wechsler 검사가 있다. 학업적성검사는 미래의 학업을 얼마나 성공적으로 할 수 있는지를 예언하는 검사로 SAT, TOEFL 등이 있다. 학업성취도검사는 개인의 지식, 기술 등의 현재 성취 정도를 측정하기 위한 검사로서 가르친 내용을 얼마만큼 알고 있는지를 측정하는 검사로 학교현장에서 제작되어 실시되는 검사의 대부분을 차지한다.

정의적 행동 특성을 측정하는 검사는 정의적 행동 특성이 다양하기 때문에 수많은 검사들이 제작되었다. 예를 들어, 성격검사, 흥미검사, 불안도검사, 직업적성검사, 어떤 사건이나 사물에 대한 느낌을 묻는 검사 등이 있다.

심동적 행동은 가시적 인간 행동에 대한 것으로 일반적으로 점검표나 채점표에 의하여 측정된다. 심동적 행동을 측정하는 예로 무용 실기라든지 피겨스케이팅 등 어떤 행위의 숙련도를 측정하는 검사들이 있다. 이와 같이 행위의 완성도를 측정하는 검사를 수행검사(performance test)라 한다(성태제, 2014).

검사는 여러 가지로 구분할 수 있다. 실시 방법에 따라 개인검사와 집단검사로 나눌 수 있고, 실시 및 채점절차의 표준화 여부에 따라 표준화검사와 비표준화검사로 나누기도 하며, 검사의 해석 및 사용 목적에 따라 규준참조검사와 영역참조검사로 나누기도 한다. 검사의 해석 및 사용 목적은 상대평가를 목적으로 하는 경우와 절대평가를 하기 위한 경우 분류된다(이순묵, 2005). 개인의 점수를 해석하기 위해서 비슷한 또래에 있는 다른 사람들의 점수와 비교하는 것이 상대평가의 특징이라면, 절대적인 기준 점수에 비교해서 해석하는 것이 절대평가의 특징이다. 검사 이론에서 상대평가 목적의 검사는 규준참조검사로, 절대평가 목적의 검사는 영역참조검사로 부른다(박영숙 등, 2010, 재인용)

① 상대평가의 목적에 따른 분류

규준참조검사(norm–referenced test)는 검사를 받은 또래 집단의 점수 분포인 규준(norm)에 대상자의 점수를 비교함으로써 또래 집단 내 대상자의 상대적 위치에 대한 정보를 제공받는 검사이다(이승희, 2010). 상대평가를 하려면 검사를 적용받는 대상자 집단의 점수 분포가 있어야 하고, 개인의 점수를 그 분포에 비추어 상대적 위치를 파악해야 한다(박영숙 등, 2010). 이때 대상자의 모집단을 실제로 구할 수 있으면 이상적이겠지만 현실적으로는 표본을 구하게 된다. 즉 모집단에서 취한 전형적인 표준에서의 점수 분포를 규준(norm)이라고 하고 그 분포를 표로 나타낸 것을 규준표라고 한다.

영역참조검사(domain–referenced test)는 개인 간 비교 평가를 위한 척도가 아니라 개인들이 알아야하는 영역(예, 국어)에서 무엇을 알고 있으며(예, 문법, 어휘), 무엇을 할 수 있는지(예, 쓰기, 말하기)에 대한 평가의 척도이다. 또는 어떤 심리적 개념(예, 성실성)의 영역(전체 범위)을 재는 잣대에서 개인이 어느 위치에 있는지를 평가하기 위한 척도이다. 규준참조검사에서는 개인을 응답자 모집단에 비교하여 상대적 위치를 평가하는 반면 영역참조검사에서는 개인이 알고 있거나 행동하는 것을 해당 영역에 비교하여 영역 상의 위치 또는 절대적 위치를 평가하는 것이다. 이러한 기능의 검사는 교육학에서는 준거참조검사(criterion–referenced test)라는 이름으로 사용되었고, 그 후로 내용참조검사, 목표참조검사라는 명칭이 소개되기도 하였다. 영역참조검사에서는 많은 경우, 개인을 몇 개의 유한한 범주로 분류하거나, 등급화 또는 진단을 하게 된다. 영역참조검사에서 범주나 등급의 수효는 통상적으로 2개일 수도 있고, 다수일 수도 있다. 합격/불합격의 판정에는 2개의 범주가, 환자에게 심각함/증상 진행중/건강이라고 할 때는 3개 범주가, 인터넷 중독검사에서 건강/자기관리요망/상담 중/치료요양이라는 진단을 내리면 4개의 범주가 사용되고 있는 것이다. 이러한 영역참조검사에서는 검사를 적용받는 개체들 간의 상대적 비교는 의미가 없고, 영역 내 척도에 비추어 각 개체의 위치를 절대적으로 평가하는 것이 목적이다. 범주를 가르기 위해서 범주 사이에 가름점수, 분할점수 또는 경계선 점수를 설정하는데 모두 기준점수(criterion score)와 같은 의미이다. 예를 들어 인터넷 중독을 측정하는 규준 참조 방식검사를 만든다고 하자. 이때 전국의 사용자들에게서 전형적인 표본을 뽑아 규준을 만들고 그에 따라 개인의 중독 수준이 규준집단에 비추어 어느 정도에 위치한다는 정보를 제공하는 것이 목적일 수 있다. 이형초 등(2007)의 성인용 인터넷 중독 척도에서는 관련 영역을 4개의 진단용 범주로 나누고 각 범주 간 경계가 되는 기준 점수를 설정하고, 그 기준에 따라 개인을 어떤 범주라고 진단하고 있다. 여기에서 전자는 규준참조방식이고, 후자는 영역참조

방식이다(박영숙 등, 2010)

〈표 2-3〉 성인용 인터넷 중독 척도(자가평가용)에서의 분류기준(이형초 등, 2007)

범주	점수범위	기준점수	설명
일반사용자군	0-42	-	인터넷을 흥미, 욕구, 목적에 맞게 사용, 사용시간 조절 가능, 인터넷 사용으로 인한 정서, 행동, 직업, 대인관계에 별다른 영향 받지 않음
자기관리요망군	43-53	43	목적 이외 사용시간 증가, 문제발생 가능성 있으나 현재는 뚜렷한 문제없음. 인터넷을 사용 못할 경우 궁금, 답답, 짜증 경험, 꼭 필요치 않아도 인터넷 접속. 혼자 지내는 시간의 대부분을 인터넷으로 해결하는 경향
전문상담요망군	54-66	54	현실의 대인관계가 현저히 감소. 사이버세계가 대인관계의 중심. 인터넷 과다사용으로 일상생활에 문제 발생. 인터넷 사용 못하는 상황 회피. 인터넷을 사용 못하면 불안, 초조, 짜증, 분노, 수면부족, 피로감, 금전적 소비 증가. 인터넷 사용을 축소/은폐 시도. 최소한의 사회생활은 하지만 사용 이전에 비해 뚜렷한 생활 변화
집중치료요망군	67점 이상	67	인터넷 사용을 조절할 수 없는 상태에 이름. 식음 전폐, 씻지도 않음. 며칠씩 외박. 현실과 사이버 세상을 구분 못함. 인터넷을 못하면 심각한 불안, 초조, 짜증 분노, 폭력적 말과 행동, 가족갈등과 대인관계 문제 빈번. 학교 및 직장에서 퇴출. 인터넷이 생활중심, 가족이나 주변인들 간에 사회적 역할 못함

*(이형조 등, 2007 : 박영숙 등 2010, 재인용)

② 검사 시간에 따른 분류

검사의 사용 목적 이외에 다른 기준으로 검사 시간에 의해 검사를 속도검사와 역량검사로 구분한다. 속도검사(speed test)는 제한된 시간에 얼마나 빨리 정확하게 문제의 답을 맞히는가를 측정하는 검사로서 충분한 검사 시간이 부여되지 않는다. 역량검사(power test)는 충분한 검사 시간이 부여되어 피험자가 지니고 있는 능력을 최대한 발휘하게 하여 피험자의 능력을 추정하는 검사이다. 일반적으로 학업성취도검사는 역량검사의 형태를 취한다(성태제, 2014)

(2) 검사의 방법

검사는 어떤 목적을 위해 특정 집단에게 사용된다. 그 검사의 사용이 원래의 목적에 맞는 정도를 타당도라고 한다. 검사의 타당도를 확보하기 위해서는 검사의 관행에 일정한 표준을 정한다. 검사의 표준은 검사의 관행 즉, 제작, 실시, 채점, 해석 등 검사 관련의 전 과정에 걸쳐서 지켜야 할 필요사항이다.

표준화 검사의 질적 수준을 평가하기 위해서는 다음과 같은 항목들이 제시되어야 한다(AERA, APA & NCME, 1999).

〈표 2-4〉표준화 검사를 평가하기 위한 항목

1	• 검사 목적, 구성 개념 및 검사 규모 • 검사의 목적 • 검사 대상 모집단 • 차원 및 문항 수
2	• 규준, 기준점수, 변환점수 • 규준수효, 기준점수의 수효 • 규준 제작 또는 기준점수 설정 연도 • 제작 또는 기준점수 설정 후 경과기간 • 변환점수 산출의 논리 • 복수의 양식일 경우 검사동등화의 절차
3	• 표본 • 표본 크기 • 표집방식
4	• 측정의 양호도 • 문항 수준에서의 정보 • 신뢰도와 측정의 오차 • 타당도
5	• 실시 및 채점절차의 구체화
6	• 검사의 실시 및 해석을 하는 사람의 자격 명시
7	• 검사의 과학적 기초 및 논리를 지지하는 내용 및 증거

*(박영숙 등 2010, 재인용)

3) 평가의 기능 및 방법

(1) 심리평가의 기능 및 방법

박영숙 등(2010)은 심리평가의 기능으로 대상자의 이해, 중재 계획 설정, 중개 결과의 평가로 구분하였다. 첫째, 대상자의 이해이다. 중재가 효율적으로 이루어지기 위해서는 대상자에 대한 적절한 이해를 바탕으로 적절한 중재 목표가 설정되어야 한다. 이를 위하여 개인의 지적 능력, 적성, 인지적 특징, 성격, 대인관계방식, 문제해결방식이나 적응 방식 등 다양한 측면들을 평가할 수 있어야 한다. 또한 평가에 의해 개인의 강점과 약점 등을 확인함으로써 개인에게 적절한 중재 목표를 설정할 수 있게 된다. 이러한 평가는 개인에 대한 보다 정확하고 객관적인 이해가 가능하게 한다.

둘째, 중재 계획 설정하기이다. 평가는 적절한 중재 계획을 세울 수 있 근거를 마련해준다는 기능이 있다. 중재 계획은 목표를 세우로 중재 유형을 선택하며 중재 전략을 세우는 일련의 과정으로서 중재에 앞서서 진행된다. 평가는 중재를 준비하는 이러한 과정에서 적절한 판단을 내릴 수 있도록 정보를 제공해주게 된다.

셋째, 평가의 또 다른 기능은 중재 결과를 평가해준다는 것이다. 중재 종결 시 목표로 삼았던 중재 효과가 나타났는지, 기대했던 긍정적 변화가 일어났는지 평가해보는 작업은 중요하. 이를 위해 중재시작 단계에서 시행했던 평가 결과와 중재 중간이나 종결 단계에서 시행했던 결과를 비교해봄으로써 중재 효과를 밝혀볼 수 있다. 심리평가는 심리검사뿐만 아니라 행동관찰, 면담 그 외 지식과 이론을 연결하는 통합적이 과정(Newmark, 1996)이다.

심리평가는 문제의 원인을 찾고 문제 해결에 도움을 주고자 하는데 목적이 있으므로, 검사를 통해 나타난 결과의 자료, 면담자와 피면담자 사이에서 언어를 통해 수집된 자료, 행동을 관찰하면서 얻은 행동 관찰 자료가 종합된 결과이다.

심리평가의 진행 단계들을 살펴보면 다음과 같다(박영숙 등, 2010)

첫 번째 단계는 심리평가를 통해 해답을 제공해야 할 문제가 어떤 것인지를 정확하게 파악하고 그 문제 해결에 도움을 줄 수 있는 검사를 선택하는 단계이다.

두 번째 단계에서는 선택된 검사를 표준 절차에 따라 시행한다.

세 번째 단계에서는 검사를 마친 다음 면담을 통해 정보들을 수집한다. 이때는 검사를 시행하면서나 면담을 통해서 행동 관찰을 하게 된다.

네 번째 단계에서는 검사, 관찰, 면담, 기타 방법 등에 의해 얻어진 정보와 자료들을 연결하여, 종합하는 과정을 거친 후 평가 보고서를 작성한다.

다섯 번째 단계에서는 평가 보고서에 관하여 의사소통한다. 대상자에게 평가 결과를 이해할 수 있도록 설명한다.

(2) 교육평가의 기능 및 방법

교육평가는 지속적으로 종합적이므로 교육이 시작되기 전과 교육이 진행되는 과정, 교육이 끝난 후에 평가가 이루어져야 한다. 이런 의미에서 진단평가, 형성평가, 총괄평가로 구분한다(성태제, 2014)

진단평가(diagnostic evaluation)는 학습이 시작되기 전에 학생이 소유하고 있는 특성을 체계적으로 관찰, 측정하여 진단하는 평가로서 사전 학습 정도, 적성, 흥미, 동기, 지능 등을 분석한다.

형성평가(formative evaluation)는 교수·학습이 진행되는 과정에서 아동의 진전을 점검하고 필요한 경우 교과과정이나 수업방법을 개선시키기 위해 실시하는 평가(한국교육평가학회, 2005, 이승희, 2010)이다.

총괄평가(summative evaluation)는 교수학습의 효과와 관련해서 학습이 끝난 다음에 교육목표의 달성 여부를 종합적으로 판정하는 평가이다.

익힘문제

1. 측정의 정의와 평가의 정의를 구분하여 설명해봅시다.
2. 측정의 척도에 대하여 설명하여 봅시다.
3. 평가의 기능에 대하여 알아봅시다.

참고문헌

- 김남진, 김용욱 (2009) | **(특수)교육연구방법론** | 서울: 청목출판사.
- 김병성 (2001) | **교육연구방법** | 서울: 학지사.
- 박영숙, 박기환, 오현숙, 하은혜, 최윤경, 이순묵, 김은주 (2010)
  | **아동, 청소년, 성인대상 최신 심리평가** | 서울: 하나출판사.
- 성태제 (2014) | **교육평가의 기초 제2판** | 서울: 학지사.
- 이순묵 (2005) | **지능측정의 미래 교육심리연구** | 19(1), 263–289.
- 이승희 (2010) | **특수교육평가 제 2판** | 서울: 학지사.
- 이준우 (2013)
  | **초 · 중등 예비교사들과 현장교원들의 측정 및 평가 관련 개념에 대한 이해–인지–공감 정도 분석. 박사학위논문**
  | 경상대학교 대학원.
- 이형초, 최윤경, 이순묵, 반재천, 이순영 (2007)
  | **성인 인터넷 중독 진단척도 개발 및 타당화 연구. 한국심리학회지: 임상** | 26(3), 765–791.
- 정대연 (1997) | **기초 사회통계학**. | 서울: 백산서당.
- Allen, M. J., & Yen, W. M. (1979). Introduction to measurement theory. Monterey, CA: Brooks/Cole publishing.
- American Educational Research Association, American Psychological Association, & National Council on Measurement in Education. (AERA, APA, & NCME, 1985). Standards for Educational and Psychological Testing. Washington D. C.: Author.
- Cascio, W. F. (1987). Applied psychology in personnel management(3rd ed.). NJ: Prentice–Hall.
- Cohen, L. G., & Spenciner, L. J. (2007). Assessment of children and youth with special needs(3rd ed.). Boston, MA: Allyn and Bacon.
- Findley, W. G. (1963). Purpose of school testing programs and their efficient development. In W. G. Findley(Ed.), Sixty second yearbook of the national society for the study of education, part Ⅱ. Chicago: University of Chicago Press.
- Goldstein, G., & Hersen, M. (1990). Handbook of psychological assessment (Eds.) New York: Pergamon Press.
- Hopkins, K. D., & Stanley, J. C. (1981). Educational and psychological measurement and education(6th ed.). Engelwood Cliffs, NJ: Printice Hall.
- Hopkins, K. D., Stanley, J. C., & Hopkins, B. R. (1990). Educational and psychological measurement and education. Boston: Allyn & Bacon.
- Mehrens, W. A., & Lehmann, I. J. (1969). Standardized tests in education. NY: Holt, Rinehart & Winston.
- Newmark, C. S. (1996). Major psychological assessment instrument (2nd ed.). Boston, MA: Allyn and Bacon.
- Stevens, S. S. (1946). On the theory of scales of measurement. Science, 103, 667–680.

- Stufflebeam D. L., Madaus, G., & Kellaghan, T.(2002). Evaluation models: viewpoints on educational and human services evaluation. Kluwer academic publisher.
- Thorndike, E. L. (1918). The nature, purpose and general methods of measurements of educational products. In G. M. Whipple(Ed.), The measurement of educational products, seventeenth yearbook of the national society for the study of education, part Ⅱ, 16–24. Bloomington, IL: Public School Co.
- Young, F. W. (1981). Quantitative analysis of qualitative data. Psychometrika, 46, 357–388

제 3장

중독 측정과 평가의 개관

제 3 장
중독 측정과 평가의 개관

본 장에서는 각 영역별 중독에 대한 측정 및 평가 방법을 살펴본다.

---

1. 중독측정과 평가의 단계

중독(addiction)이란 용어는 '무언가에 사로잡히다' 혹은 '노예가 되다'는 의미의 라틴어 'addicere'에서 유래하였다. 다시 말해서 중독은 일상생활이 곤란할 정도로 특정 물질이나 행위에 집착하는 것을 의미한다. 중독은 니코틴, 알코올, 약물 등의 물질과 인터넷, 쇼핑 등의 행위에 발생할 수 있다. 중독으로 인한 부정적 영향은 개인의 학업과 직장생활의 곤란, 대인관계 및 사회성 기술 결함, 신체적 손상, 가족관계 단절 등 다양하다. 중독을 예방하고 치료하기 위해서는 중독 측정과 평가가 정확하게 이루어져야 한다. 중독 측정과 평가를 위한 단계는 선별, 진단, 결과 상담으로 제시할 수 있다.

1) 선별

가장 첫 단계는 중독의 위험에 있는 사람을 발견하는 선별이다. 선별(screening)은 중독의 위험에 있거나 중독의 가능성이 높은 사람을 대상으로 실시하는 간단한 검사라고 할 수 있다. 전문적인 검사가 필요한지의 여부를 밝히는 것이 선별의 목적에 해당된다. 중독문제를 보이는 사람이나 그 사람의 가족들을 대상으로 실시할 수 있다. 단순히 중독 문제의 유무를 확인하는 것을 넘어 중독 문제와 관련된 과거력이나 기타 정신장애에 대한 유무 역시 파악해야 한다.

선별 도구는 대개 간편한 체크리스트 형식으로 이루어져 있지만 특정 중독 문제 및 기타 장애의 존재를 확인할 수 있도록 설계되었다. 선별 과정에서 중독 위험 수준이 높을 경우에는 반드시 병원에서 전문적인 상담을 통해 중독판별 및 치료를 받을 수 있도록 해야 한다. 많이 사용되고 있는 선별 도구로 알코올 중독 문제를 밝히는 알코올 중독 자가점진(CAGE), 알코올 사용장애 선별 검사(Alcohol Use Disorder Identification Test; AUDIT), 인터넷 중독 진단 질문지(Internet Addiction Diagnostic Questionnaire; IADQ), 도박중독 판별을 위한 간단 선별 질문(Brief Biosocial Gambling Screen; BBGS)등이 있다.

(1) CAGE

4문항으로 구성되었고, 2점 척도로 되어 있다. 2점 이상 알코올 남용, 3점 이상 알코올 의존으로 평가된다(박병강, 2000).

〈표 1〉 CAGE

문항	점수
음주량을 줄이거나 끊어야 한다고 느낀 적이 있습니까?	1(예), 0(아니요)
음주 때문에 사람들로부터 비난을 받은 적이 있습니까?	1(예), 0(아니요)
음주 때문에 죄책감을 느낀 적이 있습니까?	1(예), 0(아니요)
숙취를 제거하기 위해 아침에 일어나서 해장술을 마신 적이 있습니까?	1(예), 0(아니요)

(2) AUDIT

본 검사는 알코올 사용장애 및 위험음주자를 선별할 수 있는 도구로 〈표 2〉에 제시된 10문항으로 구성되어 있다.

〈표2〉 한국형 AUDIT

질문	0	1	2	3	4
술은 얼마나 자주 마십니까?	전혀 안 마심	한달에 한번 미만	한달에 2-4회	일주일에 2-3회	일주일에 4회 이상
2평소 술을 마시는 날 몇 잔 정도 마십니까?	01-02잔	03-04잔	05-06잔	07-09장	10잔 이상
3한번 술을 마실 때 6잔 이상 마시는 음주는 얼마나 자주 하십니까?	전혀 없다	한달에 한번 미만	한달에 한 번	일주일에 한 번	매일 같이
4지난 1년간 술을 한 번 마시기 시작하면 멈출 수 없었던 때가 얼마나 자주 있습니까?	전혀 없다	한달에 한번 미만	한달에 한 번	일주일에 한 번	매일 같이
5지난 1년간 당신은 평소 할 수 있었던 일을 음주 때문에 실패한 적이 얼마나 자주 있습니까?	전혀 없다	한달에 한번 미만	한달에 한 번	일주일에 한 번	매일 같이
6지난 1년간 술을 마신 다음 날 아침에 일을 나가기 위해 다시 해장술이 필요했던 적이 얼마나 자주 있었습니까?	전혀 없다	한달에 한번 미만	한달에 한 번	일주일에 한 번	매일 같이
7지난 1년간 음주 후에 죄책감이 들거나 후회를 한 적이 얼마나 자주 있었습니까?	전혀 없다	한달에 한번 미만	한달에 한 번	일주일에 한 번	매일 같이
8지난 1년간 음주 때문에 전날 밤에 있었던 일이 기억나지 않았던 적이 얼마나 자주 있었습니까?	전혀 없다	한달에 한번 미만	한달에 한 번	일주일에 한 번	매일 같이
9음주로 인해 자신이나 다른 사람이 다친 적이 있었습니까?	없었다.		있지만, 지난 1년간에는 없었다.		지난 1년내에 있었다.
10친척이나 친구 또는 의사가 당신이 술 마시는 것을 걱정하거나 술 끊기를 권한 적이 있습니까?	없었다.		있지만, 지난 1년간에는 없었다.		지난 1년내에 있었다.
합계					

본 검사는 세계보건기구(WHO)에서 개발하였다. 〈표 2〉를 통해 1~3번 문항은 해로운 음주,

4~6번 문항은 해로운 음주, 7~10번 문항은 위험한 음주에 관한 내용임을 볼수 있다. 1~8번 문항은 5점 척도, 9~10번 문항은 3점 척도로 되어 있다. 검사는 내담자가 직접 작성하거나 내담자의 가족이 작성할 수 있다. 검사 결과, 8점 이상은 위험음주자로 20점 이상은 알코올중독의 가능성이 높은 것으로 간주한다.

(3) IADQ

본 검사는 Young(1998)에 의해 개발된 최초의 인터넷 중독 선별 척도이다. 지난 6개월 동안의 생활을 돌아보고 8개의 문항 중에서 5개 이상이 해당된다면 인터넷 의존도가 높으며 중독의 위험이 있는 것으로 간주한다. 문항에 나오는 인터넷 사용은 직업이나 학업과는 무관한 인터넷 사용에 대한 것이어야 한다.

〈표 3〉 IADQ

1. 항상 인터넷에 대해 생각하십니까?(지난 온라인 활동을 회상하거나 앞으로 할 온라인 활동을 생각하는지)?
2. 만족을 얻기 위해 인터넷 사용 시간을 늘려야 할 필요성을 느낍니까?
3. 인터넷 사용을 조절하거나 줄이거나 끊으려고 반복적으로 노력하지만 실패했습니까?
4. 인터넷 사용을 줄이거나 끊으려는 시도를 할 때, 안절부절 못하거나, 불안정하거나, 우울해지거나, 짜증이 납니까?
5. 처음에 의도했던 것보다 더 오래 인터넷을 사용하게 됩니까?
6. 인터넷 때문에 중요한 인간관계나 직업, 교육, 경력상의 기회가 위협받거나 위험에 처한 적이 있습니까?
7. 인터넷에 빠진 정도를 숨기기 위해 가족이나 주변 사람들에게 거짓말을 한 적이 있습니까?
8. 문제를 피하거나 불쾌한 기분(예: 무기력감, 죄책감, 불쾌감, 불안, 우울 등)에서 벗어나기 위한 벙법으로 인터넷을 사용합니까?

(4) BBGS

본 검사는 3문항으로 이루어진 간편한 척도이다. 3문항 중에서 1문항이라도 해당이 되면 과도한 도박자로서 의심이 되며, 3문항 모두 해당이 되면 도박중독일 가능성이 상당히 높다.

구체적인 내용은 아래의 〈표 4〉에 제시되었다.

〈표 4〉 BBGS

BBGS 질문

1. Withdrawal: During the past 12 months, have you become restless, irritable or anxious when trying to stop/cut down on gambling?
(금단: 지난 1년동안, 도박을 끊으려고 했을 때 불안, 초조, 짜증을 느낀 적이 있나요?)
2. Deception: During the past 12 months, have you tried to keep your family or friends from knowing how much you gambled?
(거짓말: 지난 1년 동안, 당신이 얼마나 많이 도박을 했는지 숨기려고 한 적이 있었습니까?)
3. Need Money: During the past 12 months, did you have such financial trouble that you had to get help with living expenses from family, friends, or welfare?
(돈 필요함: 지난 1년 동안, 가족, 친구 또는 복지기관으로부터 도움이나 생활비를 받아야 할 정도로 재정적 문제가 있었습니까?)

출처: http://gjclover.tistory.com/288 [도박중독치유 전문 블로그: 한국도박문제관리센터 광주센터]

2) 진단

진단은 정보를 수집하는 총체적 과정을 의미한다. 중독평가와 측정 과정에서 진단은 선별에서 걸러진 내담자, 즉 중독의 위험이 높은 내담자를 대상으로 다양한 방법을 통해 중독을 확정하고 그 정도를 파악한다.

중독 유무와 그 정도를 파악하기 위한 방법으로 주로 검사, 관찰, 면담이 있다.

검사는 각 중독과 관련된 검사 도구를 통해서 이루어지며 내담자가 직접 작성하거나 내담자의 가족이 작성하기도 한다. 중독 검사 도구는 신뢰도와 타당도를 고려하여 실시한다. 중독 외에 다른 장애나 질환을 중복으로 가질 수 있으므로 그에 따른 여부도 밝힐 수 있어야 한다. 관찰은 중독문제를 전문가가 직접 눈으로 확인하게 위해서 내담자의 생활환경에 개입하여 이루어진다. 관찰 기록법은 일화 기록법, 빈도 기록법, 강도 기록법, 지속시간 기록법, 등이 있다. 면담은 내담자 혹은 내담자의 가족을 대상으로 이루어진다. 내담자의 출생 및 성장 과정, 내담자의 중독 발생 여부, 내담자의 중독문제 때문에 발생하는 가족구성원의 피해 등을 파악한다. 중독문제의 진단에서 면담은 구조화된 면담, 비 구조화된 면담, 반 구조화된 면담으로 나눈다. 구조화된 면담은 미리 질문 목록이 정해져 있고 질문 목록의 순서에 따라 진행한다. 질문 목록에 없는 내용은 다루지 않으며, 비 구조화된 면담은 질문 목록 없이 내담자와 전문가가 자유로운 분위기에서 진행한다. 반 구조화된 면담은 질문 목록이 있지만 면담 분위기에 따라 질문 순서를 바꾸거나 생략하기도 한다. 중독을 측정하기 위한 검사는 중독 영역에 따라 다양한 검사 도구가 있다. 대표적으로 정신장애의 통계적 편람 5판(DSM-5)이 있으며, 각 중독 영역별로 표준화된 검사 도구를 활용한다. 약물중독의 경우에는 혈액 검사, 소변 검사 같은 신체검사도 병행한다.

본 장에서는 대표적으로 스마트폰 중독의 표준화 검사인 스마트폰 중독 자가진단척도 성인용과 청소년용, 병적도박검사를 제시하고 다면적 성격검사를 소개한다.

(1) 성인용 스마트폰 중독 자가진단척도

본 검사는 한국정보화진흥원(2011)에서 개발 및 표준화하였다. 중독의 주요 특성인 일상생활장애(5문항), 금단(4문항), 내성(4문항), 가상세계지향(2문항)에 관한 15문항, 4점 척도로 이루어져 있다. 구체적인 내용은 〈표 5〉와 같다.

번호	항목	전혀 그렇지 않다	그렇지 않다	그렇다	매우 그렇다
1	스마트폰의 지나친 사용으로 학업성적이나 업무능률이 떨어진다.	1	2	3	4
2	스마트폰을 사용하지 못하면 온 세상을 잃은 거 같다.	1	2	3	4
3	스마트폰을 사용할 때, 그만해야지 하면서 계속한다.	1	2	3	4
4	스마트폰이 없어도 불안하지 않다.	1	2	3	4
5	수시로 스마트폰을 사용하다가 지적을 받은 적이 있다.	1	2	3	4
6	가족이나 친구들과 함께 있는 것보다 스마트폰을 사용하고 있는 것이 더 즐겁다.	1	2	3	4
7	스마트폰 사용시간을 줄이려고 해보았지만 실패한다.	1	2	3	4
8	스마트폰을 사용할 수 없게 된다면 견디기 힘들 것이다.	1	2	3	4
9	스마트폰을 너무 자주 또는 오래한다고 가족이나 친구들로부터 불평을 들은 적이 있다.	1	2	3	4
10	스마트폰 사용에 많은 시간을 보내지 않는다.	1	2	3	4
11	스마트폰이 옆에 없으면, 하루 종일 일(또는 공부)이 손에 안잡힌다.	1	2	3	4
12	스마트폰을 사용하느라 지금 하고 있는 일(공부)에 집중이 안 된 적이 있다.	1	2	3	4
13	스마트폰 사용에 많은 시간을 보내는 것이 습관화되었다.	1	2	3	4
14	스마트폰이 없으면 안절부절 못하고 초조해진다.	1	2	3	4
15	스마트폰 사용이 지금 하고 있는 일(공부)에 방해가 되지 않는다.	1	2	3	4

본 검사의 결과는 총점에 따라 3가지 유형으로 분류한다.

39점 이하는 일반 사용자군, 40점~43점은 잠재적 위험 사용자군, 44점 이상은 고위험 사용자군에 해당이 된다.

(2) 청소년용 스마트폰 중독 자가진단척도

본 검사는 한국정보화진흥원(2011)에서 청소년기에 해당되는 중고등학생을 대상으로 스마트폰 중독을 진단하기 위해 개발 및 표준화하였다. 〈표 6〉에 제시되어 있다. 성인용척도와 마찬가지로 총점에 따라 3가지 유형으로 분류된다. 41점 이하는 일반 사용자군, 42점~44점은 잠재적 위험 사용자군, 45점 이상은 고위험 사용자군으로 분류된다.

〈표 6〉 청소년용 스마트폰 중독 자가진단척도

번호	항목	전혀 그렇지 않다	그렇지 않다	그렇다	매우 그렇다
1	스마트폰의 지나친 사용으로 학교성적이 떨어졌다.	1	2	3	4
2	가족이나 친구들과 함께 있는 것보다 스마트폰을 사용하고 있는 것이 더 즐겁다.	1	2	3	4
3	스마트폰을 사용할 수 없게 된다면 견디기 힘들 것이다.	1	2	3	4
4	스마트폰 사용시간을 줄이려고 해 보았지만 실패한다.	1	2	3	4
5	스마트폰 사용으로 계획한 일(공부,숙제는 학원수강 등)을 하기 어렵다.	1	2	3	4
6	스마트폰을 사용하지 못하면 온 세상을 다 잃은 거 같은 느낌이 든다.	1	2	3	4
7	스마트폰이 없으면 안절부절 못하고 초조해진다.	1	2	3	4
8	스마트폰 사용시간을 스스로 조절할 수 있다.	1	2	3	4
9	수시로 스마트폰을 사용하다가 지적을 받은 적이 있다.	1	2	3	4
10	스마트폰이 없어도 불안하지 않다.	1	2	3	4
11	스마트폰을 사용할 때 '그만해야지' 라고 생각은 하면서도 계속한다.	1	2	3	4
12	스마트폰을 너무 자주 또는 너무 오래한다고 가족이나 친구들로부터 불평을 들은 적이 있다.	1	2	3	4
13	스마트폰 사용이 지 하고 있는 공부에 방해가 되지 않는다.	1	2	3	4
14	스마트폰을 사용할 수 없을 때 패닉상태에 빠진다.	1	2	3	4
15	스마트폰 사용에 많은 시긴을 보내는 것이 습관화 되었다.	1	2	3	4

〈표 7〉 K-SOGS

1. 당신은 이제까지 살아오면서 다음의 돈을 건 내기나 게임을 어느 정도나 하셨습니까(평균적으로)? 아래의 해당하는 칸에 표시하세요.
   ① 화투나 트럼프(카드) 등을 이용하 돈 내기(하우스 이용)
   전혀 없음( ), 주 1회 이하( ), 주 2회 이상( )
   ② 경마, 경륜, 경정, 투견 및 기타 동물 등의 시합에 돈 걸기
   전혀 없음( ), 주 1회 이하( ), 주 2회 이상( )
   ③ 스포츠(야구, 축구 등)에 돈 걸기
   전혀 없음( ), 주 1회 이하( ), 주 2회 이상( )
   ④ 주사위(2개의 주사위 놀이도 포함)로 하는 내기
   전혀 없음( ), 주 1회 이하( ), 주 2회 이상( )
   ⑤ 카지노 가기
   전혀 없음( ), 주 1회 이하( ), 주 2회 이상( )
   ⑥ 복권 사기(로또 포함)
   전혀 없음( ), 주 1회 이하( ), 주 2회 이상( )
   ⑦ 주식이나 채권 시장에 참여하기
   전혀 없음( ), 주 1회 이하( ), 주 2회 이상( )
   ⑧ 빙고게임에 참여함
   전혀 없음( ), 주 1회 이하( ), 주 2회 이상( )
   ⑨ 성인오락실, 슬롯머신, 포커게임, 기타 기계를 이용한 도박
   전혀 없음( ), 주 1회 이하( ), 주 2회 이상( ))
   ⑩ 볼링, 당구, 골프, 장기, 바둑 등 기술을 이용한 돈 내기
   전혀 없음( ), 주 1회 이하( ), 주 2회 이상( )

2. 당신의 돈을 건 내기나 게임 중, 하루 최대의 판돈은 얼마였습니까?
   ① 돈을 건 적이 없다 ② 천원에서 만원 사이 ③ 만원에서 십만원 사이
   ④ 십만원에서 백만원 사이 ⑤ 백만원에서 천만원 사이 ⑥ 천만원 이상

3. 당신의 부모님에게 도박문제가 있(었)습니까?
   ① 부모님 모두 심하게 도박을 하신(셨)다 ② 아버지가 너무 많이 도박을 하신(셨)다
   ③ 어머니가 도박을 너무 많이 하신(셨)다 ④ 두 분 다 도박을 하시지 않는다

4. 당신이 도박을 하는 경우, 잃은 돈을 되찾기 위해 얼마나 자주 도박을 하게 됩니까?
   ① 그런 적이 없다 ② 잃었을 때 가끔 ③ 잃었을 때 대부분④ 잃었을 때마다 매번

5. 내기에서 실제로는 그렇지 않은데 돈을 땄다고 이야기한 적이 있습니까?
   ① 그런 적이 없다(또는 도박을 한 적이 없다)
   ② 그런 적이 있다. 하지만 잃은 경우에 비해 반을 넘지 않는다.
   ③ 거의 대부분 그럴 때가 많다.

6. 당신은 돈을 걸거나 내기를 하는 데 있어 그것이 문제라고 느껴 본 경험이 있습니까?
   ① 아니요 ② 과거에는 그러했지만 지금은 그렇지 않다 ③ 그렇다

7. 당신은 의도했던 것 보다 내기나 게임에 시간이나 돈을 더 쓴 적이 있습니까?
   예( ) 아니요( )

8. 도박으로 인해 사람들에게 비난을 받거나 평판이 나빠진 적이 있습니까?
   예( ) 아니요( )

9. 자신의 도박을 하는 방식이나 도박 때문에 벌어진 여러 일들로 죄책감을 느낀 적이 있습니까?
예( )　　　　　　아니요( )

10. 도박을 중단해 보려고 했지만 잘 되지 않은 적이 있습니까?
예( )　　　　　　아니요( )

11. 당신은 배우자나 자녀 또는 다른 중요한 사람들에게 도박한다는 사실이 들통날까 봐 복권, 베팅 전표, 도박관련 자료, 도박할 돈 등을 숨긴 적이 있습니까?
예( )　　　　　　아니요( )

12. 당신은 돈 쓰는 문제와 관련하여 배우자 등 좋아하는 사람들과 다툰 적이 있습니까?
예( )　　　　　　아니요( )

13. (12번에서 '예'인 경우) 돈 문제로 인한 다툼이 주로 당신의 도박 때문이었습니까?
예( )　　　　　　아니요( )

14. 도박 때문에 누군가로부터 돈을 빌린 후 갚지 못한 적이 있습니까?
예( )　　　　　　아니요( )

15. 도박으로 인해 직장(학교)에서 일(공부)할 시간을 빼앗긴 적이 있습니까?
예( )　　　　　　아니요( )

16. 도박할 돈이나 도박 빚을 갚기 위해 돈을 어디에서 구했는지 각각의 항목에 예, 아니오로 표시해 주세요
① 살림할 돈(생활비)　② 배우자　③ 친척(부모, 형제), 친구
④ 은행, 금융회사, 신용조합　⑤ 신용카드(현금서비스)　⑥ 사채업자(고리대금업자)
⑦ 주식, 채권, 기타 유가증권 등을 해약함　⑧ 자신이나 가족의 물건, 동산, 부동산 등을 팔아서
⑨ 부도수표를 발행함　⑩ 사설도박업자(카지노업자)에게 신용으로 빌림

(3) 한국형 South Oaks 병적 도박 검사(K-SOGS)

본 검사는 병적으로 도박에 집착할 만큼 심각한 도박중독를 평가하기 위한 도구이다. 총 16 문항으로 이루어져 있으며 위의 〈표 7〉에 제시되었다.

1~3번 문항까지는 채점을 하지 않고 4~6번 문항의 경우, 1번 항목에 응답하면 점수가 부여되지 않고 2번 이상의 항목에 응답할 경우 1점을 부여한다. 7~11번, 13~15번 문항은 '예'라고 대답하면 1점을 부여한다. 12번 문항은 채점하지 않는다. 16번 문항의 경우 1~9까지만 '예'라고 대답한 경우 각각 1점을 주며 10번 문항은 채점하지 않는다.

결과의 해석으로 총점이 5점 이상이 되면 병적 도박일 가능성이 높은 내담자에 해당이 된다. 3~4점일 경우 문제성 도박자로 도박으로 인해 일상생활에 어려움을 일으킬 가능성이 높으며, 2점 이하는 사교성 도박자로 정상에 해당된다.

(4) 미네소타 다면적 인성 검사(Minnesota Multiphasic Personality Inventory; MMPI)

본 검사는 중독 자체를 측정하는 것이 아닌 중독자의 성격을 평가하기 위한 검사 도구이다. 많은 중독자들이 성격 문제, 정신병리 등의 어려움을 보이고 있으며 이로 인해 중독발생에 영향을 받거나 중독이 더욱 심해질 수 있다(남상준, 2014; 박수빈, 2012; 박채진, 서석진, 도명애, 2017). 따라서 본 검사 도구를 통해 중독자의 성격 및 정서 문제를 평가함으로 중독 진단에 정보를 제공하는데 도움이 될 수 있게 한다.

본 검사는 550문항의 원형검사와 383문항의 단축형검사가 있으며 우울증, 편집증, 강박증, 내향성, 외향성 등을 평가할 수 있다.

3) 결과 상담

본 과정은 중독측정과 평가에서 마지막 단계이다. 앞에서 살펴본 대로 여러 검사도구와 관찰, 면담 등을 통해 중독문제가 있음이 판별되고, 내담자의 정확한 상태에 대한 평가가 이루어진 후, 결과 상담을 통해서 내담자의 치료와 관련된 후속 방향이 제시된다. 즉 전문가는 내담자의 현재 상태에 대한 상세한 설명과 함께 중독 유무를 정확하게 제시해야 한다. 그리고 내담자가 가진 중독 문제 뿐 아니라, 중복되는 문제가 있으면 그에 따른 정확한 상태를 밝힌다. 단순히 중독유무와 중복문제를 드러내는 것에만 치중하는 것이 아닌 앞으로 어떤 치료와 교육이 요구되며 가정 및 학교, 직장 등에서 어떻게 행동할 것인 지, 내담자와 관련된 사람들과 전문가와의 협력 방안, 중독치료를 위한 기관 소개 등이 제시되어야 한다. 중독치료에는 약물치료, 심리치료, 행동치료 등이 있는데 본 저서의 마지막 장에서 이에 대해 자세하게 다룰 예정이다.

참고문헌

- 남상준 (2014) | **청소년 스마트폰 중독과 정서행동문제와의 관계** | 전북대학교 교육대학원 석사학위논문.
- 박병강 (2000) | **알코올리즘 선별 검사 도구들의 진단 효율 비교** | 충남대학교 대학원 석사학위논문.
- 박채진, 서석진, 도명애 (2017) | **초 · 중 · 고등학생의 스마트폰 중독 국내연구의 동향 : 스마트폰 중독의 원인과 결과 요인을 중심으로** | 정서행동장애연구 | 33(3), 271-296.
- http://gjclover.tistory.com/288 [도박중독치유 전문 블로그: 한국도박문제관리센터 광주센터]

제 4장

중독 측정과 평가

인터넷 중독의 측정과 평가

제 4 장

인터넷 중독의 측정과 평가

1. 인터넷 중독의 정의

인터넷 중독(Internet Addiction)이란 정보이용자가 지나치게 컴퓨터에 접속하여 일상생활에 심각한 사회적, 정신적, 육체적 및 금전적 지장을 받고 있는 상태라고 정의(김성범, 2005 재인용)된다. 즉 지나친 인터넷 사용으로 인하여 의존성과 금단 증상 등이 나타나 사회적, 정신적, 육체적 및 금전적 지장을 받고 있는 상태를 말한다(김성범, 2005). 인터넷 중독은 현재 정신과 진단체계내의 한 장애로서 공식적으로 인정받고 있지는 못한 상태(김성범, 2005)이다. 일부에서는 이러한 현상을 독립적인 장애로 보는 것을 반대하고 다른 질환, 즉 충동조절장애, 강박장애, 우울증의 한 증상(김성범, 2005)으로 보기도 한다.

인터넷 중독 장애(Internet Addiction Disorder)라는 용어를 최초로 언급한 Goldberg 등(1996)은, 인터넷 중독은 병리적이고 강박적인 과도한 인터넷 사용을 일컬었으나, 나중에 '병리적 컴퓨터 사용(Pathological Computer Use)'이라는 좀 더 포괄적인 개념을 사용(오창홍, 2016)했다. Young(1996)은 미국정신의학회의 정신질환진단 및 통계 편람 DSM-IV(Diagnostic and Statistical Manual of Mental Disorders)의 '병적도박'의 진단기준을 준거로 다음과 같이 설명하고 있다(오창홍, 2016). 인터넷을 지속적으로 사용하고자 하는 강박적인 사고와 의존현상, 그리고 인터넷을 사용하지 않을 때 나타나는 금단현상, 또한 인터넷을 사용했던 시간보다 더 많이 사용해야만 만족이 생기는 내성현상 등을 인터넷 중독으로 정의(오창홍, 2016)하였다. Griffits(1999)는 중독은 약물이외에도 도박, TV 및 컴퓨터게임, 운동 등의 행위중독이 있다고 하면서 인터넷 중독은 행위중독에 포함(오창홍, 2016)되는 것이라 설명하였다. 또한, 2013년에 개정된 DSM-V에는 Conditions for Further Study(추후 연구가 고려되어야할 사항)으로 표기하여 Internet Gaming Disorder(인터넷 게임 장애)로 제안하였다. 또한 인터넷 중독이라는 용어 보다는 과도한 컴퓨터의 사용(송명준 외, 2000), 인터넷 과다사용(박성길, 김창대, 2003; 김민정, 2010)이라는 용어를 사용하고 있고 일상생활이나 학업에 지장을 초래할 정도로 부적응적으로 사용하는 것으로 정의하고 있다(홍경희, 2002; 박성길, 김창대, 2003).

인터넷 중독의 유사한 다른 명칭으로는 '사이버 중독', '인터넷의 과다사용', '인터넷증후군'(Internet Syndrome), '인터넷의존'(Internet Dependence), '인터넷관련질환'(Internet-related Disorders), '인터넷 남용'(Internet Abuse), '웨바홀리즘'(Webaholism), '가상 중독'(Virtual Addiction), '병리적 인터넷사용'(Pathological Internet Use), '기술적 중독'(Technological Addiction), '컴퓨터 중독'(Computer Addiction) 등으로 사용되고 있으며 아직까지 학술적으로 정의된 용어가 없는 실정(오창홍, 2016)이다.

한국정보화진흥원(2015)이 실시한 2014년 인터넷 중독 실태 조사에서 사용한 개념을 바탕으로 인터넷 중독이란 자기통제가 불가능한 상태에서 인터넷을 지나치게 사용 하여 내성과 금단 현상이 발생하고 이로 인해 일상생활에 지장을 받고 있는 상태라고 정의하였으며, 인터넷 중독 과정의 구조모형(김청택, 김동일, 박중규, 이수진, 2002)은 그림 1과 같다(오창홍, 2016).

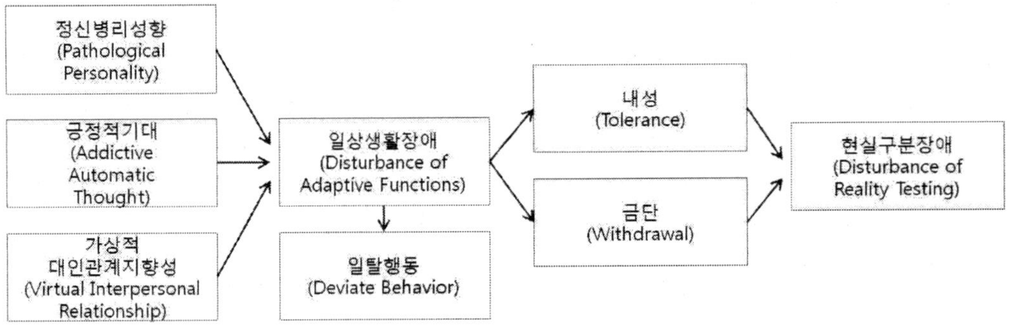

그림 1. 인터넷 중독 과정의 구조모형(김청택 외 3, 2002).

인터넷 중독은 인터넷의 과도한 사용을 충동조절의 장애 기능적 부적응 문제에 초점을 두고 치료가 필요한 질병으로 이해하는 관점의 정의를 살펴보면 다음과 같다. 인터넷중독장애(Internet addiction disorder: IAD)의 단어를 처음으로 언급한, Goldberg 등은 물질남용장애의 진단 기준에 근거하여 인터넷 중독의 진단의 기준을 설명(Goldberg 등, 1996)하였다. 이 기준들에는 아래의 요소들이 포함된다.

1) 내성 : 인터넷을 점점 더 많이 사용해야 만족을 느끼게 되는 내성,

2) 금단 현상: 인터넷 사용을 중단하거나 줄이면 초조하거나 불안해지고 또는 인터넷 사용에 대한 강박 사고나 환상과 같은 증상이 함께 나타날 수 있는 금단현상,

3) 사회적 영역의 장애: 인터넷 사용으로 인해 사회적 직업적 영역에서 활동의 장애가 발생하는 경우가 포함.

Young은 병적도박장애 진단 기준을 적용하여 개의 기준 중 개 이상에 해당되는 사용자를 인

터넷' 의존자로 정의하였는데 그 기준은 다음의 표 1과 같다(Young, 1996).

〈표1〉 Young 표 의 인터넷 중독진단의 기준

①	접속하지 않았을 때도 접속했을 때의 경험에 대한 생각에서 벗어나지 못한다.
②	만족을 얻기 위해서 더 많은 시간을 인터넷 사용에 쓰려고 한다.
③	인터넷 사용을 중단하려고 했지만 실패한다.
④	인터넷 사용을 중단하면 불안하고 짜증나며 우울감을 느끼게 된다.
⑤	처음 계획했던 것보다 인터넷을 더 오래 사용하게 된다.
⑥	인터넷 사용으로 인하여 대인관계 직업 학업 경력 등 중요한 영역에서 문제가 발생한 적이 있다.
⑦	인터넷 사용에 대해 가족이나 다른 사람에게 숨기게 된다.
⑧	현실의 여러 가지 어려움을 피하거나 불쾌감을 줄이기 위해 인터넷을 사용한다.

상기의 진단기준에 따른다면 인터넷 중독이란 약물이나 알코올 도박에 중독되는 것과 같이 인터넷에 중독되는 심리적 장애로서 이해할 수 있다. 즉 인터넷에 반복적으로 접속하지 않았을 때 불안감과 초조감 같은 정서장애 이로 인한 금단현상과 내성의 발달과 반복적인 접속으로 인해 학업 직무상의 소홀과 같은 현실생활에서의 어려움의 발생으로 정의될 수 있다.

2. 인터넷 중독의 특성

임상심리학자 Young은 DSM-IV의 병적도박(APA, 1994)의 진단기준을 원용하여 인터넷에 대한 강박적인 사고, 내성과 금단, 의도한 것 이상의 과도한 인터넷 사용, 지속적인 욕구, 다른 활동에서의 흥미감소, 과도한 인터넷 사용으로 인한 부정적인 결과에 대한 무시를 보이는 것을 인터넷 중독으로 정의(김종원, 2002)하였다. 그는 또한 다른 물질 의존적인 중독들과 마찬가지로 인터넷 중독의 경우에도 학업이나 사회적, 직업적, 경제적 생활이 명백히 방해를 받는다고 주장하였다(김성범, 2005).

1) 인터넷 중독의 하위영역

인터넷 중독에는 적어도 세 가지의 하위유형이 있다. 즉, 과도한 게임, 성적 집착, 사회화(즉, e메일 또는 문자메시지)이다. 이 하위유형들은 모두 다음의 네 가지 구성요소를 공유한다. (1) 시간에 대한 감각이 없어지거나 기초적인 욕구들을 무시하는 것과 관련되는 과도한 인터넷의 사용, (2) 컴퓨터를 할 수 없을 때에 분노, 긴장, 우울과 같은 기분을 포함하는 금단 현상, (3) 더 좋은 컴퓨터 장비, 더 많은 소프트웨어를 구입하거나 컴퓨터 사용 시간을 늘리고자 하는 욕구를 포함하는 내성, (4) 논쟁, 거짓말, 저조한 학업 또는 직업성과, 사회적 고립, 피로감과 같은 부정적 결과이다.

2) 인터넷 중독의 증상

① 강박적 사용과 집착

- 다른 일을 하거나, 일상생활에서도 인터넷에 접속할 생각을 하며, 본인의 넷에 접속중이지 못할때, 새로운 일이 인터넷에서 발생한 듯한 강박감을 느낀다. 그리고 일상시간의 큰 비중을 차지하는 시간을 인터넷 사용에 보내며 처음에 생각한 것보다 더 오래 인터넷을 사용하는 경향을 나타낸다(한국정보화진흥원, 2014).

② 내성과 금단현상

- 만족하기 위해서 점점 더 많은 시간을 인터넷 사용에 보내며 머무는 시간이 길어짐에 따라 현실의 효율성이 떨어지게 된다(한국정보화진흥원, 2014). 더 큰 만족을 위해 더 자극적인 것을 찾게 되며 인터넷을 하지 않으면 불안 우울 초조감을 느끼기도 한다(한국정보화진흥원, 2014).

③ 일상생활에서의 장애

- 인터넷을 시작하면 그만두기가 어렵기 때문에 중요업무 여가활동 학업 인간관계 등을 미루거나 포기하기 시작한다. 인터넷을 사용을 줄이거나 조절의 시도하지만 실패하게 된다(한국정보화진흥원, 2014). 또한 인터넷으로 인한 수면시간이 줄어들고 신체건강상태의 저하 등이 나타나고 인터넷을 하기 위해 거짓말을 하게 되고 방해를 받으면 화내거나 반항하기도 한다(한국정보화진흥원, 2014). 학업이나 일의 능률이나 현저하게 떨어지고 직장과 학교에 나가는 것을 중단하는 일도 생긴다(한국정보화진흥원, 2014). 또래 친구와의 활동을 하지않고, 취미 등에 관심이 없어지며 가족과 보내는 시간 또한 줄어들고 갈등이 증가하게 된다. 이러한 행동이 지속됨에 따라서 인터넷 사용과 관련된 비도덕 행위를 저지르는 등의 일탈행동이나 인터넷을 사용하지 않을 때에도 하고 있는 듯 한 환상을 느끼거나 소리를 듣는 등의 현실구분 장애가 나타날 수도 있다(한국정보화진흥원, 2014).

3. 인터넷 중독의 원인

인터넷 중독의 주된 원인을 살펴보면, 현실세계에서의 대인 관계의 실패, 좌절, 우울감 등을 꼽을 수 있다(김성범, 2005). 이로 인해 강박적으로 인터넷 사용에 집착하게 되는 것이다. 인터넷 중독은 근본적으로 의사소통의 장애이며 인터넷은 현실 세계에서의 의사소통의 비효율성, 혹은 실패를 경험하는 사람들에게 가장 강력한 보상수단이라고 볼 수 있다(김성범, 2005).

인터넷 중독 연구의 선구자인 Young은 인터넷 중독자들이 온라인상에서 얻게 되는 강한 유대감에 의한 사회적 지지, 성적인 만족, 새로운 인격창출을 통해서 자신을 새로운 사람으로 변형시키고 이를 통해서 현실에서 충족되지 않은 욕구를 해소하려 한다고 하였다(김성범, 2005). 또한 숨은 성격의 발현, 인식과 영향력 등이 중독의 원인이라고 말한다. 여기서 말하는 인식과 영향력이란 게임 등을 통해 약자는 강자가 될 수 있고, 겁쟁이는 용감한 사람이 될 수 있는 사람들의 인식과 영향력을 획득할 수 있다는 것을 말한다(김성범, 2005).

중독을 유발하는 인터넷 고유의 특성으로는 접근용이성, 시 · 공간적 한계를 극복할 수 있다는 점, 그리고 의사소통이 문자에 기반하고 있다는 점을 들 수 있다(김성범, 2005). 온라인을 통하여 사람들은 이전에 알고 지내던 사람뿐만 아니라, 자신이 알지 못하던 사람들과도 만날 수 있게 되었다(김성범, 2005). 또한 인터넷 공간은 현실의 잣대인 성별, 연령, 나이 등 인구통계학적 변인이 사라진 평등한 공간, 더 나아가서는 자신을 위조할 수 있는 공간(김성범, 2005)이다. 따라서 개인은 현실에서는 만족시킬 수 없었던 자신의 욕구를 표현하고 획득하게 됨으로써 현실과의 경계를 허물어뜨리게 되고, 병리적으로 인터넷에 집착하게 되는 것으로 보인다(김성범, 2005).

1) 인터넷 중독의 원인

① 사회환경적 요인

- 스트레스의 증가와 인터넷 사용에 대한 무분별한 긍정적 기대 가족단위의 여가문화의 부재 등을 생각해볼 수 있다(한국정보화진흥원, 2011).
- 2009년도 인터넷 실태조사 결과에서도 부분으로 확인된 바와 같이 인터넷 중독에는 핵가족 맞벌이 부부의 증가 입시위주의 교육환경 놀이문화 대안활동 부재 등과 같은 사회 환경적 요인 작용하였다(한국정보화진흥원, 2011).
- 입시위주의 사회적 스트레스는 청소년들에게 인터넷 중독으로 이끄는 중독의 기저의 원인

이 된다. 뿐만 아니라 부모의 권위적 양육방식 부모와 자녀간의 역기능적 의사소통 부모의 이중적 생활태도 원만치 못한 가정환경과 맞벌이 가구의 확산에 따른 청소년의 혼자 있는 시간 증가 등이 인터넷 중독 요인으로 작용하고 있다(한국정보화진흥원, 2011).

② 인터넷 요인

– 익명성 현실에서 표현하기 어려웠던 욕구나 억압되었던 충동을 해소할 수 있는 하나의 분출구 역할

– 심리적인 부담감 없이 가상생활을 즐길 수 있다는 특징

– 예 인터넷의 익명성 다양한 정체감의 형성 및 탐색의 경험 대인관계 형성의 용이함 현실로부터의 탈출 통제감의 경험 즐거움 등의 특성은 인터넷을 사용하는 사람들로 해방감을 제공한다(한국정보화진흥원, 2011).

③ 심리적 요인

– 자기통제력 인터넷에 대한 긍정적인 인식 충동성 외로움 등(이형초, 2001) 청소년의 인터넷 게임 중독 행동과 관련된 요인

④ 가정환경 요인

– 부모와의 역기능적인 의사소통 인터넷에 대한 부모의 감독 통제 생활 수준 사용시간 게임을 이용하는 정도 등이 인터넷 중독에 영향을 미칠 수 있다(이시형, 이세용, 김은정, 오승근, 2000).

– 이를 요약 정리하면 아래의 〈그림 2〉와 같이 나타낼 수 있다

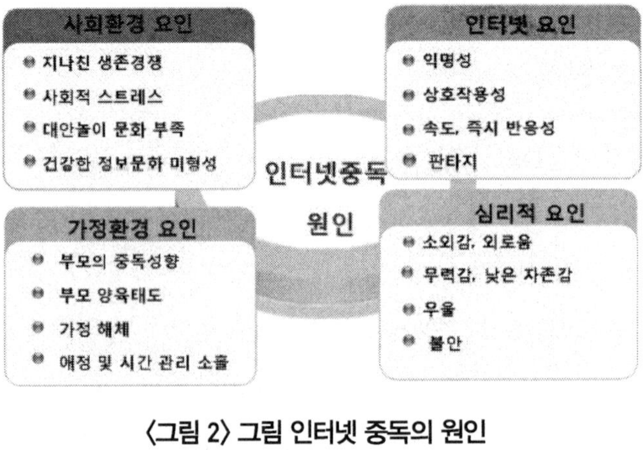

〈그림 2〉 그림 인터넷 중독의 원인

⑤ 기타 원인

가) 불안 또는 우울증

인터넷 중독은 불안이나 우울증의 증상일수 있다. 압도되고, 외롭고, 지루하며, 스트레스나 우울한 느낌으로부터 벗어나기 위해 소셜미디어를 사용할수 있다. 이것은 주의를 딴데로 돌리고 기분을 좋게하는데는 도움이 되지만, 이런식으로 느낄때마다 인터넷 또는 소셜미디어를 사용하도록 행동 학습을 생성한다.

나) 고립과 소외감

인터넷 중독은 고립과 소외감의 증상일수 있다. 청소년기에는 가족과의 관계가 끊어지는것이 일반적이다. 소셜미디어는 그룹에 속하는 느낌 및 친구와 연결되는 간단한 벙법을 제공한다. 어떤 아이들은, 같은 나이대의 동료들로부터 고립되거나, 다른사람들과 있을때 편하지 않으면, 인터넷이 소외감없이 혼자 있을수 있는 자신만의 공간을 제공한다고 생각한다.

다) 수줍음 또는 사회적 불안

소셜미디어는 수줍음 또는 사회적 불안의 증상일수 있다. 수줍은 십대는 실제 환경에서 친구들과 관계를 맺는데 어려움을 겪다. 소셜미디어를 사용하면 더 쉽게 새로운 친구를 사귈수 있다. 실제 친구들보다 인터넷을 통해 사귄 친구들과 더 개방적으로 행동하고 자신감을 가질수 있다.

라) 뇌 화학물질

일부 연구는 소셜미디어의 사용이 뇌에 영향을 미친다고 제안한다. 특히 그들은 도파민과 같은 뇌의 화학 물질이 흡연이나 음주와 비슷한 방식으로 활성화된다는 점을 지적한다. 또 다른 중요한 호르몬은 우리가 키스하고, 포옹하거나 엄마와 자녀 사이의 유대감을 만들때 뇌에 방출되는 옥시토신이다. 소셜미디어에 무언가를 게시할때도 방출된다. 10분간의 소셜미디어 사용은 옥시토신 수치를 최대 13%까지 증가시키며, 이는 사람들이 결혼식날에 느끼는것과 동등한다. 측위 신경핵은 특히 활동적인 영역인데, 뇌의 보상 회로의 일부로 청소년기에 특히 민감한다. 청소년들이 "좋아요"가 많은 자신의 사진이나 게시글을 볼때 보상 시스템이 활성화되어 기쁨과 만족감을 느끼게 된다.

마) 자기애와 사회 이미지

사람들은 대화의 30～40%를 자기 자신에 대해 이야기한다. 그러나, 소셜미디어에서 이 비율은 80%로 증가한다. 소셜미디어는 자존심을 증가시키는 활동을 좋아하는 사람들에게 이상적인 환경이다. 한 연구에 따르면 인터넷이나 소셜미디어의 중독성있는 사용과 자기애적 성격 사이에 관계가 있음이 밝혀졌다. 즉, 인터넷 사용이 자존심을 자극하고, 자기 평가를 하며, 부정적인 자기 평가를 억제하는 방법으로 작용한다. 자애적 특성을 가진 사람들은 자신의 이상적인 이미지를 확인해야할 필요성을 충족시키기 위해 소셜미디어를 과도하게 사용한다. 이것은 다른 연구에서 발견된 나르시시즘과 개인적인 성취, 식이요법, 운동에 대한 프로파일 업데이트의 관계와 일치한다.

바) 덜 까다로운 커뮤니케이션

오프라인에서 사회화 하려면 더 큰 정서 및 신체적 개입이 필요한다. 소셜미디어 및 인스턴트 메시징 서비스는 신체언어, 표정, 운율 등을 제거하므로 잘못 이해되기가 쉽다. 의견을 수정할 시간이 주어지며, 자제력이 높아지기 때문에 자연스럽기 보다는 다소 계산된 방식으로 상호작용을 하게된다. 또한, 실제와는 다르게 자존감과 자신감을 향상시키는 방향으로 자신을 소개할 수도 있다.

2) 인터넷 중동의 원인의 특성과 이해

인터넷 중독의 원인을 Young(1996)은 익명성(Anonymity), 편리성(Convenience), 현실 탈출(Escape)이라는 사이버 공간의 특성과 접근가능성(Accessibility), 통제감(Control), 흥미감(Excitement) 등의 사용자의 경험적 특성이 인터넷 몰입을 유도한다는 ACE모델을 제시하고 있다(오창홍, 2016).

① 사이버공간의 특성

가) 익명성

익명성이란 사이버 공간에서 자신의 신분을 드러내지 않고도 자신의 생각들을 표현 할 수 있고, 현실에서 얻을 수 없는 개인적인 정보를 쉽게 제공 받을 수 있는데, 이것이 매우 긍정적 강화물이 되어 인터넷에 빠져들게 하는 것이다(오창홍, 2016). 익명성은 현실에서 불만이 많을수록 자존감이 낮을수록 이상적 자기 상(自己像)을 만들어 자신의 욕구를 표출한다(오창홍, 2016).

나) 편리성

편리성 측면에서 보면, 우리나라 인터넷 이용자는 4,112만명, 인터넷 이용률 83.6%, 만6세 이상 인구의 78.6%가 스마트기기를 보유(한국인터넷진흥원, 2015)하여 시간과 공간의 제약을 받지 않고 인터넷에 접근하여 사용하고 있다.

다) 현실도피

인터넷은 현실세계와는 다른 도피처를 제공해 줌으로써 현실의 문제를 잊어버리게 하고 마음의 안식처를 제공해주는데 이것을 현실탈출(Escape)이라 한다(오창홍, 2016). 특히 중독자는 인터넷을 하는 동안에는 만족감을 느끼지만 현실로 돌아왔을 때는 달라진 것이 없고 문제들이 여전히 남아 중독자들에게는 또 다른 스트레스가 되고 이것을 해소하기 위하여 또 다시 인터넷을 사용하게 되고 이것이 결국은 중독으로 이어지고 있다(오창홍, 2016).

② 사용자경험의 특성

가) 접근가능성

접근가능성(accessibility)이란 네트워크 환경이 발달되어짐에 따라 인터넷 접근이 쉬워져서 컴퓨터만 있으면 인터넷에 접속 할 수 있다(오창홍, 2016). 우리나라는 초고속 인터넷 망 구축과 손안의 PC라는 스마트 폰 등의 급속한 보급으로 언제 어디서나 인터넷에 접속하여 강박적으로 인터넷을 사용한다(오창홍, 2016).

나) 통제감

통제감(control)은 인터넷상에서 가상현실을 제어할 수 있는 것을 의미한다(오창홍, 2016). 인터넷 게임 등은 단순히 수동적으로 반응하는 것이 아니라 자신이 직접 정보를 선택하여 원하는 것을 마음대로 할 수 있는 환경은 인터넷에 빠져드는 요인으로 작용하게 된다(손연기, 2002).

다) 흥미감

흥미감(exciting)이란 인터넷을 하면 할수록 조금씩 더 어려워지는 특성 때문에 끊임없이 무언가에 도전하게 만들고, 매번 새로운 상대와 만날 수 있는(김종기, 2013)등 흥미를 유발한다. 또한 60초마다 인터넷상에서는, 새로운 블로그 포스팅 15,000개, 유튜브에 올라오는 새로운 동영상 600개, 페이스 북에 올라오는글 8만개와 이에 대한 댓글 10만개(한국정보화진흥원, 2015) 등 사이버 공간에서의 다양한 내용들이 흥미감을 더해준다.

4. 인터넷 중독 검사도구

1) IAT(Internet Addiction Test)

IAD 진단용 설문지에는 물질 의존용 진단 설문지 문항들뿐 아니라 인터넷 중독과 관련한 새로운 문항들도 포함되어 있다. 일반적으로 가장 많이 쓰이는 진단용 설문지는 Young의 인터넷 중독 진단(Internet Addiction Test, IAT)(Young, 1998)이다. IAT는 다음의 여러 연구를 통해 타당성이 입증되었다(Barke, Nyenhuis, & Kroner-Herwig, 2012; Bernardi & Pallanti,

2009; Chong, Isa, Hashim, Pillai, & Harbajan Singh, 2012; Ghamari, Mohammadbeigi, Mohammadsalehi, & Hashiani, 2011; Jelenchick, Becker, & Moreno, 2012; Korkeila, Kaarlas, Jaaskelainen, Vahlberg, & Taiminen, 2009; Widyanto & McMurran, 2004).

그러나 건국대병원 정신의학과 하지현 교수는 지난 2006년 9월부터 2011년 10월까지 건국대병원 '인터넷 중독 클리닉'을 방문했던 62명의 환자를 대상으로 연구를 진행한 '영의 인터넷 테스트의 유용성' 논문을 통해 이같이 지적했다(국민일보, 2014). 하 교수는 논문을 통해 IAT 점수가 인터넷 중독자의 일평균 인터넷 접속시간이나 임상적 중증도와 상관관계가 없다고 주장했다(국민일보, 2014). 하 교수는 "연구결과 IAT는 오히려 게임에 잠시 빠져있는 사람이 높은 점수가 나오고 중증 인터넷 중독환자는 자신의 중독성향을 부정하기에 점수가 낮게 나오는 경향이 있다"며 "자가보고검사를 통한 진단은 임상적으로 볼 때 문제가 있다"고 지적했다(국민일보, 2014).

인터넷이나 게임에 잠시 몰입해 있는 사람은 스스로 지나치게 인터넷에 빠져든다고 느끼면서 이에 대한 두려움이나 불안감으로 인해 상대적으로 높은 점수가 나온다는 것이다(국민일보, 2014). 따라서 인터넷 중독 유병률이나 게임 중독 환자 수에 대한 결과를 해석할 때 보다 더 신중할 필요가 있다.

Internet Addiction Test (IAT)

The Internet Addiction Test (IAT) is the first Validated measure of Internet Addiction described in the **IAT Manual** to measure Internet use in terms of mild, moderate, to several levels of addiction.

For more information on using the IAT and building an Internet Addiction treatment program in your practice, visit **RestoreRecovery.net** for our comprehensive workbook and training programs.

Based upon the following five-point likert scale, select the response that best represents the frequency of the behavior described in the following 20-item questionnaire.

0 = Not Applicable
1 = Rarely
2 = Occasionally
3 = Frequently
4 = Often
5 = Always

1. __How often do you find that you stay online longer than you intended?
2. __How often do you neglect household chores to spend more time online?
3. __How often do you prefer the excitement of the Internet to intimacy with your partner?
4. __How often do you form new relationships with fellow online users?
5. __How often do others in your life complain to you about the amount of time you spend online?
6. __How often do your grades or school work suffer because of the amount of time you spend online?
7. __How often do you check your e-mail before something else that you need to do?
8. __How often does your job performance or productivity suffer because of the Internet?
9. __How often do you become defensive or secretive when anyone asks you what you do online?
10. __How often do you block out disturbing thoughts about your life with soothing thoughts of the Internet?
11. __How often do you find yourself anticipating when you will go online again?
12. __How often do you fear that life without the Internet would be boring, empty, and joyless?
13. __How often do you snap, yell, or act annoyed if someone bothers you while you are online?
14. __How often do you lose sleep due to late-night log-ins?
15. __How often do you feel preoccupied with the Internet when off-line, or fantasize about being online?
16. __How often do you find yourself saying "just a few more minutes" when online?
17. __How often do you try to cut down the amount of time you spend online and fail?
18. __How often do you try to hide how long you've been online?
19. __How often do you choose to spend more time online over going out with others?
20. __How often do you feel depressed, moody, or nervous when you are off-line, which goes away once you are back online?

After all the questions have been answered, add the numbers for each response to obtain a final score. The higher the score, the greater the level of addiction and creation of problems resultant from such Internet usage. The severity impairment index is as follows:

NONE 0 – 30 points

MILD 31- 49 points: You are an average online user. You may surf the Web a bit too long at times, but you have control over your usage.

MODERATE 50 -79 points: You are experiencing occasional or frequent problems because of the Internet. You should consider their full impact on your life.

SEVERE 80 – 100 points: Your Internet usage is causing significant problems in your life. You should evaluate the impact of the Internet on your life and address the problems directly caused by your Internet usage.

2) 한국형 인터넷 중독 자가진단척도(K-척도)

인터넷 중독 경향성(proneness to internet addiction)을 측정할 수 있는 척도로서 한국정보화진흥원이 개발한 것이다(한국정보화진흥원, 2011). 이 척도는 대상별, 응답자유형별로 각각 세분화 되어있다. 인터넷 중독과 공존하는 질환에 대해서도 대상별로 구분하여 척도가 개발되어 있으며, 인터넷 이용습관에 대한 간편검사도 한국정보화 진흥원에 의해 개발되어 배포되어 있다. 상세한 검사방법 및 채점방법, 해석법은 하단에 자세히 첨부하였다.

인터넷 중독 진단척도

K-척도 개발현황(한국정보화진흥원 '12년 활용 기준)

<table>
<tr><th>진단종류</th><th>대상</th><th colspan="2">진단지명</th><th>문항수</th><th>비고</th></tr>
<tr><td rowspan="7">[K–척도]
인터넷중독 진단</td><td>유아동</td><td colspan="2">유아동 관찰자진단 ※실태조사 활용</td><td>15문항</td><td rowspan="5">'11년
고도화</td></tr>
<tr><td rowspan="2">청소년</td><td colspan="2">청소년 자가진단 ※실태조사 활용</td><td>15문항</td></tr>
<tr><td colspan="2">청소년 관찰자진단</td><td>15문항</td></tr>
<tr><td rowspan="2">성 인</td><td colspan="2">성인 자가진단 ※실태조사 활용</td><td>15문항</td></tr>
<tr><td colspan="2">성인 관찰자진단</td><td>15문항</td></tr>
<tr><td>군장병</td><td colspan="2">군장병 자가진단</td><td>61문항</td><td>'06년</td></tr>
<tr><td>상담자</td><td colspan="2">접수면접진단지 I , II</td><td>–</td><td>'07년</td></tr>
<tr><td rowspan="3">인터넷중독
공존질환 진단
※ 인터넷중독 진단 후
선택 영역</td><td>유 아</td><td colspan="2">가. 부모–자녀 관계 (24문항)
나. 자폐성범주 장애 (12문항)
다. 공격성 (9문항)
라. 주의력결핍–과잉행동장애 (18문항)</td><td>63문항</td><td rowspan="3">'11년개발</td></tr>
<tr><td>청소년</td><td>가. 불안
나. 우울
다. 충동성
라. 공격성</td><td>각 8문항</td><td>32문항</td></tr>
<tr><td>성 인</td><td>가. 불안
나. 우울
다. 충동성
라. 공격성</td><td>각 8문항</td><td>32문항</td></tr>
<tr><td rowspan="3">[K–척도]
인터넷 이용습관 진단
※ 초 · 중 · 고
전수조사용</td><td rowspan="3">청소년</td><td>A 유형</td><td rowspan="3">각 20문항 및
타당도 척도 10문항</td><td rowspan="3">각 30문항</td><td rowspan="3">'09년</td></tr>
<tr><td>B 유형</td></tr>
<tr><td>C 유형</td></tr>
</table>

※ K–척도 : 한국형 인터넷중독 척도

※ 한국정보화진흥원 인터넷중독대응센터 홈페이지(www.iapc.or.kr): 온라인검사 및 진단지 다운로드 가능

유아동 인터넷중독 관찰자 척도

• 대상자 : 연령 세 • 성별 (남, 여) • 성명

• 관찰자 : 대상자와의 관계 • 연령 세 • 성명

번호	항 목	전혀 그렇지 않다	그렇지 않다	그렇다	매우 그렇다
1	식사나 휴식 없이 화장실도 가지 않고 인터넷을 한다.				
2	인터넷을 하다가 그만 두면 또 하고 싶어서 조를 때가 많다.				
3	인터넷을 못하게 되면 초조하고 안절부절 못해 한다.				
4	인터넷을 하고 있을 때만, 흥미진진해 보이고 생생해 보인다.				
5	인터넷을 안 할 때, 다른 것에 집중하지 못하고, 불안해 보인다.				
6	다른 할 일이 있을 때도 인터넷을 사용한다.				
7	인터넷을 못하게 되면 지루하고 재미없어 한다.				
8	인터넷을 하는 시간이 하루 중 가장 편안해 보인다.				
9	과다한 인터넷 사용으로 인해 공부에 집중하지 못하고 산만함을 보인다.				
10	게임에서 빨간 피가 튀는 장면을 볼 때에 무덤덤하게 반응한다.				
11	인터넷 사용으로 인해 불규칙한 생활을 하는 것 같다.				
12	정해진 사용을 하겠다고 약속하지만 대부분은 약속을 지키지 않는다.				
13	인터넷을 오래 하느라 아이 체중이 변화한 것 같다.				
14	인터넷을 하지 못하게 하면 화를 내거나 짜증을 부린다.				
15	정해진 사용 시간을 잘 지킨다.				

한국정보화진흥원 인터넷중독대응센터(iapc.or.kr) 상담대표전화 1599-0075

유아동 인터넷중독 관찰자 척도

<table>
<tr><td rowspan="2">채점방법</td><td>1단계
문항별</td><td>전혀 그렇지 않다 : 1점, 그렇지 않다 : 2점, 그렇다 : 3점, 매우 그렇다 : 4점
※ 단, 문항 15번은 다음과 같이 역채점 실시
〈전혀 그렇지 않다 : 4점, 그렇지 않다 : 3점, 그렇다 : 2점, 매우 그렇다 : 1점〉</td></tr>
<tr><td>2단계
총점 및
요인별</td><td>총 점 ▶ ① 1~15번 합계
요인별 ▶ ② 1요인(1,6,9,11,13번) 합계
③ 3요인(5,7,3,14번) 합계
④ 4요인(10,12,15,2번) 합계</td></tr>
<tr><td rowspan="3">고위험
사용자군</td><td>유아동</td><td>총 점 ▶ ① 44점 이상
요인별 ▶ ② 1요인 14점 이상 ③ 3요인 12점 이상 ④ 4요인 14점 이상</td></tr>
<tr><td colspan="2">판 정 ▶ ①에 해당하거나, ②~④ 모두 해당되는 경우</td></tr>
<tr><td colspan="2">인터넷 사용으로 인하여 일상생활에서 심각한 장애를 보이면서 내성 및 금단 현상이 나타난다. 대인관계는 사이버 공간에서 대부분 이루어지며, off라인에서 만남보다는 on라인에서 만남을 더 편하게 여긴다. 대개 자신이 인터넷 중독이라고 느끼며, 학업이나 집중활동에 곤란을 겪는다. 또한 심리적으로 불안정감 및 우울한 기분을 느끼는 경우가 흔하며, 성격적으로 충동성, 공격성도 높은 편이다. 현실세계에서 대인관계에 문제를 겪거나, 외로움을 느끼는 경우도 많다.
▷ 인터넷중독 성향이 매우 높으므로 관련 기관의 전문적인 지원과 도움이 요청된다.</td></tr>
<tr><td rowspan="3">잠재적
위험
사용자군</td><td>유아동</td><td>총 점 ▶ ① 42점 이상~44점 이하
요인별 ▶ ② 1요인 14점 이상 ③ 3요인 12점 이상 ④ 4요인 13점 이상</td></tr>
<tr><td colspan="2">판 정 ▶ ①~④ 중 한 가지라도 해당되는 경우</td></tr>
<tr><td colspan="2">고위험 사용자에 비해 보다 경미한 수준이지만, 일상생활에서 장애를 보이며, 인터넷 사용시간이 늘어나고 집착을 하게 된다. 학업에 어려움이 나타날 수 있으며, 심리적 불안정감을 보이지만 절반 정도의 학생은 자신이 아무 문제가 없다고 느낀다. 대체로 계획적이지 못하고 자기조절에 어려움을 보이며, 자신감도 낮은 경향이 있다.
▷ 인터넷 과다사용의 위험을 깨닫고 스스로 조절하고 계획적으로 사용하도록 노력하며, 이를 위한 보호자의 지원이 요구된다. 인터넷중독에 대한 주의가 요망되며, 학교 및 유치원 등 관련 기관에서 제공하는 건전한 인터넷 활용 지침을 따른다.</td></tr>
<tr><td rowspan="3">일반
사용자군</td><td>유아동</td><td>총 점 ▶ ① 39점 이하
요인별 ▶ ② 1요인 12점 이하 ③ 3요인 10점 이하 ④ 4요인 12점 이하</td></tr>
<tr><td colspan="2">판 정 ▶ ①~④ 모두 해당되는 경우</td></tr>
<tr><td colspan="2">대부분 인터넷중독 문제가 없다고 느낀다. 심리적 정서문제나 성격적 특성에서도 특이한 문제를 보이지 않으며, 자기행동을 잘 관리한다고 생각한다. 주변 사람들과의 대인관계에서도 충분한 지원을 얻을 수 있다고 느끼며, 심각한 외로움이나 곤란함을 느끼지 않는다.
▷ 인터넷을 건전하게 활용하기 위한 보호자의 지속적인 점검이 요구된다.</td></tr>
</table>

한국정보화진흥원 인터넷중독대응센터(iapc.or.kr) 상담대표전화 1599-0075

청소년 인터넷중독 자가진단 척도

번호	항 목	전혀 그렇지 않다	그렇지 않다	그렇다	매우 그렇다
1	인터넷 사용으로 건강이 이전보다 나빠진 것 같다.				
2	오프라인에서보다 온라인에서 나를 인정해 주는 사람이 더 많다.				
3	인터넷을 하지 못하면 생활이 지루하고 재미가 없다.				
4	인터넷을 하다가 그만 두면 또 하고 싶다.				
5	인터넷을 너무 사용해서 머리가 아프다.				
6	실제에서 보다 인터넷에서 만난 사람들을 더 잘 이해하게 된다.				
7	인터넷을 하지 못하면 안절부절못하고 초조해 진다.				
8	인터넷 사용 시간을 줄이려고 해보았지만 실패한다.				
9	인터넷을 하다가 계획한 일들을 제대로 못한 적이 있다.				
10	인터넷을 하지 못해도 불안하지 않다.				
11	인터넷 사용을 줄여야 한다는 생각이 끊임없이 들곤 한다.				
12	인터넷 사용시간을 속이려고 한 적이 있다.				
13	인터넷을 하고 있지 않을 때는 인터넷이 생각나지 않는다.				
14	주위 사람들이 내가 인터넷을 너무 많이 한다고 지적한다.				
15	인터넷 때문에 돈을 더 많이 쓰게 된다.				

한국정보화진흥원 인터넷중독대응센터(iapc.or.kr) 상담대표전화 1599-0075

청소년 인터넷중독 자가진단 척도

구분		내용
채점방법	1단계 문항별	**전혀 그렇지 않다 : 1점, 그렇지 않다 : 2점, 그렇다 : 3점, 매우 그렇다 : 4점** ※ 단, 문항 10번, 13번은 다음과 같이 역채점 실시 〈전혀 그렇지 않다 : 4점, 그렇지 않다 : 3점, 그렇다 : 2점, 매우 그렇다 : 1점〉
	2단계 총점 및 요인별	**총 점** ▶ ① 1~15번 합계 **요인별** ▶ ② 1요인(1,5,9,12,15번) 합계 ③ 3요인(3,7,10,13번) 합계 ④ 4요인(4,8,11,14번) 합계
고위험 사용자군	중고교생	**총 점** ▶ ① 44점 이상 **요인별** ▶ ② 1요인 15점 이상 ③ 3요인 13점 이상 ④ 4요인 14점 이상
	초등학생	**총 점** ▶ ① 42점 이상 **요인별** ▶ ② 1요인 14점 이상 ③ 3요인 13점 이상 ④ 4요인 13점 이상
	판 정 ▶ ①에 해당하거나, ②~④ 모두 해당되는 경우	
	인터넷 사용으로 인하여 일상생활에서 심각한 장애를 보이면서 내성 및 금단 현상이 나타난다. 대인관계는 사이버 공간에서 대부분 이루어지며, off라인에서 만남보다는 on라인에서 만남을 더 편하게 여긴다. 인터넷 접속시간은 중 · 고생의 경우 1일 약 4시간 이상, 초등생 약 3시간 이상이며, 중 · 고생은 수면시간도 5시간 내외로 줄어든다. 대개 자신이 인터넷 중독이라고 느끼며, 학업에 곤란을 겪는다. 또한 심리적으로 불안정감 및 우울한 기분을 느끼는 경우가 흔하며, 성격적으로 충동성, 공격성도 높은 편이다. 현실세계에서 대인관계에 문제를 겪거나, 외로움을 느끼는 경우도 많다. ▷ 인터넷중독 성향이 매우 높으므로 관련 기관의 전문적인 지원과 도움이 요청된다.	
잠재적 위험 사용자군	중고교생	**총 점** ▶ ① 41점 이상~43점 이하 **요인별** ▶ ② 1요인 14점 이상 ③ 3요인 12점 이상 ④ 4요인 12점 이상
	초등학생	**총 점** ▶ ① 39점 이상~41점 이하 **요인별** ▶ ② 1요인 13점 이상 ③ 3요인 12점 이상 ④ 4요인 12점 이상
	판 정 ▶ ①~④ 중 한 가지라도 해당되는 경우	
	고위험 사용자에 비해 보다 경미한 수준이지만, 일상생활에서 장애를 보이며, 인터넷 사용시간이 늘어나고 집착을 하게 된다. 학업에 어려움이 나타날 수 있으며, 심리적 불안정감을 보이지만 절반 정도의 학생은 자신이 아무 문제가 없다고 느낀다. 대체로 중 · 고생은 1일 약 3시간 정도, 초등생은 2시간 정도의 접속시간을 보이며, 다분히 계획적이지 못하고 자기조절에 어려움을 보이며, 자신감도 낮은 경향이 있다. ▷ 인터넷 과다사용의 위험을 깨닫고 스스로 조절하고 계획적으로 사용하도록 노력한다.인터넷 중독에 대한 주의가 요망되며, 학교 및 관련 기관에서 제공하는 건전한 인터넷 활용 지침을 따른다.	
일반 사용자군	중고교생	**총 점** ▶ ① 40점 이하 **요인별** ▶ ② 1요인 13점 이하 ③ 3요인 11점 이하 ④ 4요인 11점 이하
	초등학생	**총 점** ▶ ① 38점 이하 **요인별** ▶ ② 1요인 12점 이하 ③ 3요인 11점 이하 ④ 4요인 11점 이하
	판 정 ▶ ①~④ 모두 해당되는 경우	
	중 · 고생의 경우 1일 약 2시간, 초등생 약 1시간 정도의 접속시간을 보이며, 대부분 인터넷중독 문제가 없다고 느낀다. 심리적 정서문제나 성격적 특성에서도 특이한 문제를 보이지 않으며, 자기행동을 잘 관리한다고 생각한다. 주변 사람들과의 대인관계에서도 충분한 지원을 얻을 수 있다고 느끼며, 심각한 외로움이나 곤란함을 느끼지 않는다. ▷ 인터넷의 건전한 활용에 대하여 자기 점검을 지속적으로 수행한다.	

한국정보화진흥원 인터넷중독대응센터(iapc.or.kr) 상담대표전화 1599-0075

청소년 인터넷중독 관찰자 척도

• 대상자 : 연령 세 • 성별 (남, 여) • 성명

• 관찰자 : 대상자와의 관계 • 연령 세 • 성명

번호	항 목	전혀 그렇지 않다	그렇지 않다	그렇다	매우 그렇다
1	인터넷문제로 가족들과 자주 싸운다.				
2	평소와는 달리, 인터넷을 할 때만, 할 말을 다하고 자신감이 있어 보인다.				
3	인터넷에 빠진 이후로, 폭력(언어적, 신체적)적으로 변했다.				
4	하루에 4시간 이상 움직이지 않고 한 곳에서 인터넷을 한다.				
5	식사나 휴식 없이 화장실도 가지 않고 인터넷을 한다.				
6	인터넷 사용으로 인해 주변 사람들의 시선이나 반응에 무관심하다.				
7	인터넷 하는데 건드리면 화내거나 짜증을 낸다.				
8	하루 이상을 밤을 새우면서 인터넷을 한다.				
9	인터넷사용으로 학교 성적이 떨어졌다				
10	인터넷 하는데 건드려도 화내거나 짜증내지 않는다.				
11	밤새워서 인터넷을 하지는 않는다.				
12	인터넷사용 때문에 피곤해서 수업시간에 잔다. (혹은 잔다고 한다.)				
13	인터넷을 안 할 때, 다른 것에 집중하지 못하고, 불안해 보인다.				
14	점점 더 많은 시간동안 인터넷을 사용한다.				
15	인터넷 사용으로 인해 약속을 지키지 않고 거짓말을 자주 한다.				

한국정보화진흥원 인터넷중독대응센터(iapc.or.kr) 상담대표전화 1599-0075

청소년 인터넷중독 관찰자 척도

구분		내용
채점방법	1단계 문항별	전혀 그렇지 않다 : 1점, 그렇지 않다 : 2점, 그렇다 : 3점, 매우 그렇다 : 4점 ※ 단, 문항 10번, 13번은 다음과 같이 역채점 실시 〈전혀 그렇지 않다 : 4점, 그렇지 않다 : 3점, 그렇다 : 2점, 매우 그렇다 : 1점〉
	2단계 총점 및 요인별	**총 점** ▶ ① 1~15번 합계 **요인별** ▶ ② 1요인(1,5,9,12,15번) 합계 ③ 3요인(3,7,10,13번) 합계 ④ 4요인(4,8,11,14번) 합계
고위험 사용자군	중고교생	**총 점** ▶ ① 44점 이상 **요인별** ▶ ② 1요인 15점 이상 ③ 3요인 13점 이상 ④ 4요인 14점 이상
	초등학생	**총 점** ▶ ① 42점 이상 **요인별** ▶ ② 1요인 14점 이상 ③ 3요인 13점 이상 ④ 4요인 13점 이상
	판 정 ▶ ①에 해당하거나, ②~④ 모두 해당되는 경우	
	인터넷 사용으로 인하여 일상생활에서 심각한 장애를 보이면서 내성 및 금단 현상이 나타난다. 대인관계는 사이버 공간에서 대부분 이루어지며, off라인에서 만남보다는 on라인에서 만남을 더 편하게 여긴다. 인터넷 접속시간은 중 · 고생의 경우 1일 약 4시간 이상, 초등생 약 3시간 이상이며, 중 · 고생은 수면시간도 5시간 내외로 줄어든다. 대개 자신이 인터넷 중독이라고 느끼며, 학업에 곤란을 겪는다. 또한 심리적으로 불안정감 및 우울한 기분을 느끼는 경우가 흔하며, 성격적으로 충동성, 공격성도 높은 편이다. 현실세계에서 대인관계에 문제를 겪거나, 외로움을 느끼는 경우도 많다. ▷ 인터넷중독 성향이 매우 높으므로 관련 기관의 전문적인 지원과 도움이 요청된다.	
잠재적 위험 사용자군	중고교생	**총 점** ▶ ① 41점 이상~43점 이하 **요인별** ▶ ② 1요인 14점 이상 ③ 3요인 12점 이상 ④ 4요인 12점 이상
	초등학생	**총 점** ▶ ① 39점 이상~41점 이하 **요인별** ▶ ② 1요인 13점 이상 ③ 3요인 12점 이상 ④ 4요인 12점 이상
	판 정 ▶ ①~④ 중 한 가지라도 해당되는 경우	
	고위험 사용자에 비해 보다 경미한 수준이지만, 일상생활에서 장애를 보이며, 인터넷 사용시간이 늘어나고 집착을 하게 된다. 학업에 어려움이 나타날 수 있으며, 심리적 불안정감을 보이지만 절반 정도의 학생은 자신이 아무 문제가 없다고 느낀다. 대체로 중 · 고생은 1일 약 3시간 정도, 초등생은 2시간 정도의 접속시간을 보이며, 다분히 계획적이지 못하고 자기조절에 어려움을 보이며, 자신감도 낮은 경향이 있다. ▷ 인터넷 과다사용의 위험을 깨닫고 스스로 조절하고 계획적으로 사용하도록 노력한다.인터넷 중독에 대한 주의가 요망되며, 학교 및 관련 기관에서 제공하는 건전한 인터넷 활용 지침을 따른다.	
일반 사용자군	중고교생	**총 점** ▶ ① 40점 이하 **요인별** ▶ ② 1요인 13점 이하 ③ 3요인 11점 이하 ④ 4요인 11점 이하
	초등학생	**총 점** ▶ ① 38점 이하 **요인별** ▶ ② 1요인 12점 이하 ③ 3요인 11점 이하 ④ 4요인 11점 이하
	판 정 ▶ ①~④ 모두 해당되는 경우	
	중 · 고생의 경우 1일 약 2시간, 초등생 약 1시간 정도의 접속시간을 보이며, 대부분 인터넷중독 문제가 없다고 느낀다. 심리적 정서문제나 성격적 특성에서도 특이한 문제를 보이지 않으며, 자기행동을 잘 관리한다고 생각한다. 주변 사람들과의 대인관계에서도 충분한 지원을 얻을 수 있다고 느끼며, 심각한 외로움이나 곤란함을 느끼지 않는다. ▷ 인터넷의 건전한 활용에 대하여 자기 점검을 지속적으로 수행한다.	

한국정보화진흥원 인터넷중독대응센터(iapc.or.kr) 상담대표전화 1599-0075

성인 인터넷중독 자가진단 척도

- 년 월 일
- 연령 세
- 성별 (남, 여)
- 성명

번호	항 목	전혀 그렇지 않다	그렇지 않다	그렇다	매우 그렇다
1	인터넷 사용으로 인해 학교 성적(업무 실적)이 떨어졌다.				
2	인터넷을 하는 동안 더욱 자신감이 생긴다.				
3	인터넷을 하지 못하면 무슨 일이 있어났는지 궁금해서 다른 일을 할 수가 없다.				
4	"그만 해야지" 하면서도 번번이 인터넷을 계속하게 된다.				
5	인터넷 사용 때문에 피곤해서 수업(업무)시간에 잔다.				
6	인터넷을 하다가 계획한 일을 제대로 못한 적이 있다.				
7	인터넷을 하면 기분이 좋아지고 쉽게 흥분한다.				
8	인터넷을 할 때 마음대로 되지 않으면 짜증이 난다.				
9	인터넷 사용 시간을 스스로 조절 할 수 있다.				
10	피곤할 만큼 인터넷을 하지 않는다.				
11	인터넷을 하지 못하면 안절부절 못하고 초조해진다.				
12	일단 인터넷을 시작하면 처음에 마음먹었던 것보다 오랜 시간 인터넷을 하게 된다.				
13	인터넷을 하더라도 계획한 일들을 제대로 한다.				
14	인터넷을 하지 못해도 불안하지 않다.				
15	인터넷 사용을 줄여야 한다는 생각을 끊임없이 한다.				

한국정보화진흥원 인터넷중독대응센터(iapc.or.kr) 상담대표전화 1599-0075

성인 인터넷중독 자가진단 척도

<table>
<tr><td rowspan="2">채점방법</td><td>1단계
문항별</td><td>전혀 그렇지 않다 : 1점, 그렇지 않다 : 2점, 그렇다 : 3점, 매우 그렇다 : 4점
※ 단, 문항 9번, 10번, 13번, 14번은 다음과 같이 역채점 실시
〈전혀 그렇지 않다 : 4점, 그렇지 않다 : 3점, 그렇다 : 2점, 매우 그렇다 : 1점〉</td></tr>
<tr><td>2단계
총점 및
요인별</td><td>총 점 ▶ ① 1~15번 합계
요인별 ▶ ② 1요인(1,5,6,10,13번) 합계
③ 3요인(3,8,11,14번) 합계
④ 4요인(4,9,12,15번) 합계</td></tr>
<tr><td rowspan="3">고위험
사용자군</td><td colspan="2">총 점 ▶ ① 42점 이상
요인별 ▶ ② 1요인 14점 이상 ③ 3요인 12점 이상 ④ 4요인 13점 이상</td></tr>
<tr><td colspan="2">판 정 ▶ ①에 해당하거나, ②~④ 모두 해당되는 경우</td></tr>
<tr><td colspan="2">인터넷 사용으로 인하여 일상생활에서 심각한 장애를 보이면서 내성 및 금단 현상이 나타난다. 인터넷으로 이루어지는 대인관계가 대부분이며, 비도덕적 행위와 막연한 긍정적 기대가 있고 일상생활에서도 인터넷에 접속하고 있는듯한 착각을 하기도 한다. 현실 생활에서도 습관적으로 사용하게 되며 인터넷 없이는 한 순간도 견디기 힘들다고 느낀다. 따라서, 인터넷 사용으로 인하여 학업이나 업무, 대인관계를 제대로 수행할 수 없으며 자신이 인터넷 중독이라고 느낀다. 또한, 심리적으로 불안정감 및 대인관계 곤란감, 우울한 기분 등이 흔하며, 성격적으로 자기 조절에 심각한 어려움을 보이며 무계획적인 충동성도 높은 편이다. 현실세계에서 사회적 관계에 문제가 있으며, 외로움을 느끼는 경우도 많다.
▷ 인터넷 중독 경향성이 매우 높으므로 관련 기관의 전문적 지원과 도움이 요청된다.</td></tr>
<tr><td rowspan="3">잠재적
위험
사용자군</td><td colspan="2">총 점 ▶ ① 39점 이상~41점 이하
요인별 ▶ ② 1요인 13점 이상</td></tr>
<tr><td colspan="2">판 정 ▶ ①~② 중 한 가지라도 해당되는 경우</td></tr>
<tr><td colspan="2">고위험사용자군에 비해 경미한 수준이지만 일상생활에서 장애를 보이며, 필요이상으로 인터넷 사용시간이 늘어나고 집착을 하게 된다. 학업과 업무 등에 어려움이 나타날 수 있으며, 심리적 불안정감을 보이지만 절반 정도는 자신이 아무 문제가 없다고 느낀다. 다분히 계획적이지 못하고 자기조절에 어려움을 보이며 자신감도 낮게 된다.
▷ 인터넷 과다 사용의 위험을 깨닫고 스스로 조절하고 계획적인 사용을 하도록 노력한다. 인터넷 중독에 대한 주의가 요망된다</td></tr>
<tr><td rowspan="3">일반
사용자군</td><td colspan="2">총 점 ▶ ① 38점 이하
요인별 ▶ ② 1요인 12점 이하 ③ 3요인 11점 이하 ④ 4요인 12점 이하</td></tr>
<tr><td colspan="2">판 정 ▶ ①~④ 모두 해당되거나 고위험 및 잠재적위험군에 속하지 않는 경우</td></tr>
<tr><td colspan="2">대부분이 인터넷 중독문제가 없다고 느낀다. 심리적 정서문제나 성격적 특성에서도 특이한 문제를 보이지 않으며, 자기행동을 관리한다고 생각한다. 주변 사람들과의 대인관계에서도 자신이 충분한 지원을 얻을 수 있다고 느끼며, 심각한 외로움이나 곤란감을 느끼지 않는다.
▷ 때때로 인터넷의 건전한 활용에 대하여 자기 점검을 지속적으로 수행한다.</td></tr>
</table>

한국정보화진흥원 인터넷중독대응센터(iapc.or.kr) 상담대표전화 1599-0075

성인 인터넷중독 관찰자 척도

• 대상자 : 연령　　세　　• 성별 (남, 여)　　• 성명

• 관찰자 : 대상자와의 관계　　• 연령　　세　　• 성명

번호	문 항	전혀 그렇지 않다	그렇지 않다	그렇다	매우 그렇다
1	누가 봐도 인터넷에 중독된 것을 단번에 알 수 있다.				
2	인터넷을 사용하더라도 주변 사람들의 시선이나 반응에 무관심 하지 않다.				
3	인터넷 때문에 폭력(언어적, 신체적)을 휘두른다.				
4	하루에 12시간 이상 움직이지 않고 한 곳에서 인터넷을 한다.				
5	식사나 휴식 없이 화장실도 가지 않고 인터넷을 한다.				
6	인터넷 하느라 주변사람들에게 무관심하다.				
7	인터넷 때문에 폭력(언어적, 신체적)을 휘두르지 않는다.				
8	인터넷을 하느라 학교나 회사를 무단으로 빠진다.				
9	인터넷 하느라 연락 없이 하루 이상 외박을 한다.				
10	인터넷을 하는데 건드리면 화낸다.				
11	인터넷을 하느라 학교나 회사를 무단으로 빠지지 않는다.				
12	인터넷을 하는 장소에서 잠을 자고 끼니를 때운다.				
13	인터넷을 하느라 눈빛이 흐릿하고 멍하다.				
14	하루 이상 밤을 새우면서 인터넷을 한다.				
15	인터넷을 하느라 씻거나 머리를 감지 않고 이틀 이상을 보낸다.				

한국정보화진흥원 인터넷중독대응센터(iapc.or.kr) 상담대표전화 1599-0075

성인 인터넷중독 관찰자 척도

<table>
<tr><td rowspan="2">채점방법</td><td>1단계
문항별</td><td>전혀 그렇지 않다 : 1점, 그렇지 않다 : 2점, 그렇다 : 3점, 매우 그렇다 : 4점
※ 단, 문항 2번, 7번, 11번은 다음과 같이 역채점 실시
〈전혀 그렇지 않다 : 4점, 그렇지 않다 : 3점, 그렇다 : 2점, 매우 그렇다 : 1점〉</td></tr>
<tr><td>2단계
총점 및
요인별</td><td>총 점 ▶ ① 1~15번 합계
요인별 ▶ ② 1요인(1,5,9,12,15번) 합계
③ 3요인(3,7,10,13번) 합계
④ 4요인(4,8,11,14번) 합계</td></tr>
<tr><td rowspan="3">고위험
사용자군</td><td colspan="2">총 점 ▶ ① 39점 이상
요인별 ▶ ② 1요인 14점 이상 ③ 3요인 11점 이상 ④ 4요인 11점 이상</td></tr>
<tr><td colspan="2">판 정 ▶ ①에 해당하거나, ②~④ 모두 해당되는 경우</td></tr>
<tr><td colspan="2">인터넷 사용을 자기의 의도대로 적절하게 조절할 수 없는 상태에 이른 경우로, 대부분의 시간을 인터넷에서 보낸다. 식음을 전폐하고 씻지도 않고 인터넷에 몰두하고 며칠씩 외박을 하기도 하며, 심지어 현실과 사이버 세상을 구분하지 못하고 혼란을 경험한다. 인터넷을 하지 못하게 되면 심각한 불안, 초조, 짜증, 분노를 경험하고 폭력적인 말과 행동을 보이는 등, 감정 조절에 어려움이 있다. 가족갈등이나 대인관계 문제가 빈번하게 발생하고 학사경고를 받거나 직장에서 쫓겨나는 등, 사회생활에 뚜렷한 장애가 있다. 현실생활 보다는 인터넷이 생활의 중심이 되어, 가족이나 주변사람들을 전혀 고려하지 않고 사회적인 역할을 수행하지 못하며 하루 종일 인터넷에 빠져 있는 상태로 전문적인 치료가 시급한 단계이다.
▷ 치료적 접근 : <u>집중치료 요망</u>
전문 치료기관에서 인터넷 병적 사용에 대한 집중적인 치료가 필요합니다.</td></tr>
<tr><td rowspan="3">잠재적
위험
사용자군</td><td colspan="2">총 점 ▶ ① 37점 이상~38점 이상
요인별 ▶ ② 1요인 13점 이상</td></tr>
<tr><td colspan="2">판 정 ▶ ①~② 중 한 가지라도 해당되는 경우</td></tr>
<tr><td colspan="2">목적 외에 인터넷 사용시간이 늘어나기 시작하면서 잠재적인 문제가 발생할 수 있는 가능성을 지니고 있기는 하나 현재 뚜렷한 문제없이 일상생활을 유지하는 경우로, 인터넷을 사용할 수 없는 상황에서 궁금함, 답답함, 약간의 짜증을 경험한다. 꼭 필요하지 않아도 습관적으로 인터넷에 접속하여 수시로 메일/방명록을 확인하고 속도가 느리면 기다리지 못하고 재접속하거나 반복 클릭을 하는 등 인내심이 부족해진다. 인터넷을 사용하느라 업무에 지장을 초래할 정도는 아니지만 다소간의 문제가 발생될 수 있다(예: 해야 할 일을 미루게 되어 늦어지거나 퇴근 후 남아서 일을 하게 되는 등). 혼자 보내는 시간의 대부분을 인터넷을 통해 해결하려는 경향성을 보이게 된다. 인터넷이 생활의 중요한 부분을 차지하는 단계이다.
▷ 치료적접근 : <u>관리 요망</u>
건강한 인터넷 사용과 사회적, 직업적 기능 수행을 위해 효율적인 시간관리가 필요합니다.</td></tr>
<tr><td rowspan="3">일반
사용자군</td><td colspan="2">총 점 ▶ ① 36점 이하
요인별 ▶ ② 1요인 12점 이하 ③ 3요인 10점 이하 ④ 4요인 10점 이하</td></tr>
<tr><td colspan="2">판 정 ▶ ①~④ 모두 해당되거나 고위험 및 잠재적위험군에 속하지 않는 경우</td></tr>
<tr><td colspan="2">인터넷을 자신의 흥미와 욕구, 목적에 맞게 사용하는 경우로, 인터넷 사용 시간을 적절하게 조절할 수 있다. 원하는 목적을 이루고 나면 지체하지 않고 인터넷 접속을 종료한다. 필요에 의해서 인터넷에 접속하고 당장 인터넷을 사용할 수 없어도, 그다지 불편감을 느끼지 않고 참고 기다릴 수 있으며, 인터넷 사용으로 인한 정서, 행동, 직업, 대인관계에 별다른 영향을 받지 않는 건전한 사용자들이 속하는 유형이다.
▷ 치료적 접근 : <u>불필요</u></td></tr>
</table>

한국정보화진흥원 인터넷중독대응센터(iapc.or.kr) 상담대표전화 1599-0075

청소년 인터넷중독 자가진단 척도

- 년 월 일
- 학교 학년
- 성별 (남, 여)
- 성명

번호	문 항	전혀 그렇지 않다	그렇지 않다	그렇다	매우 그렇다
1	인터넷 사용으로 건강이 이전보다 나빠진 것 같다.				
2	오프라인에서보다 온라인에서 나를 인정해 주는 사람이 더 많다.				
3	인터넷을 하지 못하면 생활이 지루하고 재미가 없다.				
4	인터넷을 하다가 그만 두면 또 하고 싶다.				
5	인터넷을 너무 사용해서 머리가 아프다.				
6	실제에서 보다 인터넷에서 만난 사람들을 더 잘 이해하게 된다.				
7	인터넷을 하지 못하면 안절부절못하고 초조해 진다.				
8	인터넷 사용 시간을 줄이려고 해보았지만 실패한다.				
9	인터넷을 하다가 계획한 일들을 제대로 못한 적이 있다.				
10	인터넷을 하지 못해도 불안하지 않다.				
11	인터넷 사용을 줄여야 한다는 생각이 끊임없이 들곤 한다.				
12	인터넷 사용시간을 속이려고 한 적이 있다.				
13	인터넷을 하고 있지 않을 때는 인터넷이 생각나지 않는다.				
14	주위 사람들이 내가 인터넷을 너무 많이 한다고 지적한다.				
15	인터넷 때문에 돈을 더 많이 쓰게 된다.				

한국정보화진흥원 인터넷중독대응센터(iapc.or.kr) 상담대표전화 1599-0075

청소년 인터넷중독 자가진단 척도

<table>
<tr><td rowspan="2">채점방법</td><td>1단계
문항별</td><td>전혀 그렇지 않다 : 1점, 그렇지 않다 : 2점, 그렇다 : 3점, 매우 그렇다 : 4점
※ 단, 문항 10번, 13번은 다음과 같이 역채점 실시
〈전혀 그렇지 않다 : 4점, 그렇지 않다 : 3점, 그렇다 : 2점, 매우 그렇다 : 1점〉</td></tr>
<tr><td>2단계
총점 및
요인별</td><td>총 점 ▶ ① 1~15번 합계
요인별 ▶ ② 1요인(1,5,9,12,15번) 합계
③ 3요인(3,7,10,13번) 합계
④ 4요인(4,8,11,14번) 합계</td></tr>
<tr><td rowspan="4">고위험
사용자군</td><td>중고교생</td><td>총 점 ▶ ① 44점 이상
요인별 ▶ ② 1요인 15점 이상 ③ 3요인 13점 이상 ④ 4요인 14점 이상</td></tr>
<tr><td>초등학생</td><td>총 점 ▶ ① 42점 이상
요인별 ▶ ② 1요인 14점 이상 ③ 3요인 13점 이상 ④ 4요인 13점 이상</td></tr>
<tr><td colspan="2">판 정 ▶ ①에 해당하거나, ②~④ 모두 해당되는 경우</td></tr>
<tr><td colspan="2">인터넷 사용으로 인하여 일상생활에서 심각한 장애를 보이면서 내성 및 금단 현상이 나타난다. 대인관계는 사이버 공간에서 대부분 이루어지며, off라인에서 만남보다는 on라인에서 만남을 더 편하게 여긴다. 인터넷 접속시간은 중 · 고생의 경우 1일 약 4시간 이상, 초등생 약 3시간 이상이며, 중 · 고생은 수면시간도 5시간 내외로 줄어든다. 대개 자신이 인터넷 중독이라고 느끼며, 학업에 곤란을 겪는다. 또한 심리적으로 불안정감 및 우울한 기분을 느끼는 경우가 흔하며, 성격적으로 충동성, 공격성도 높은 편이다. 현실세계에서 대인관계에 문제를 겪거나, 외로움을 느끼는 경우도 많다.
▷ 인터넷중독 성향이 매우 높으므로 관련 기관의 전문적인 지원과 도움이 요청된다.</td></tr>
<tr><td rowspan="4">잠재적
위험
사용자군</td><td>중고교생</td><td>총 점 ▶ ① 41점 이상~43점 이하
요인별 ▶ ② 1요인 14점 이상 ③ 3요인 12점 이상 ④ 4요인 12점 이상</td></tr>
<tr><td>초등학생</td><td>총 점 ▶ ① 39점 이상~41점 이하
요인별 ▶ ② 1요인 13점 이상 ③ 3요인 12점 이상 ④ 4요인 12점 이상</td></tr>
<tr><td colspan="2">판 정 ▶ ①~④ 중 한 가지라도 해당되는 경우</td></tr>
<tr><td colspan="2">고위험 사용자에 비해 보다 경미한 수준이지만, 일상생활에서 장애를 보이며, 인터넷 사용시간이 늘어나고 집착을 하게 된다. 학업에 어려움이 나타날 수 있으며, 심리적 불안정감을 보이지만 절반 정도의 학생은 자신이 아무 문제가 없다고 느낀다. 대체로 중 · 고생은 1일 약 3시간 정도, 초등생은 2시간 정도의 접속시간을 보이며, 다분히 계획적이지 못하고 자기조절에 어려움을 보이며, 자신감도 낮은 경향이 있다.
▷ 인터넷 과다사용의 위험을 깨닫고 스스로 조절하고 계획적으로 사용하도록 노력한다.인터넷 중독에 대한 주의가 요망되며, 학교 및 관련 기관에서 제공하는 건전한 인터넷 활용 지침을 따른다.</td></tr>
<tr><td rowspan="4">일반
사용자군</td><td>중고교생</td><td>총 점 ▶ ① 40점 이하
요인별 ▶ ② 1요인 13점 이하 ③ 3요인 11점 이하 ④ 4요인 11점 이하</td></tr>
<tr><td>초등학생</td><td>총 점 ▶ ① 38점 이하
요인별 ▶ ② 1요인 12점 이하 ③ 3요인 11점 이하 ④ 4요인 11점 이하</td></tr>
<tr><td colspan="2">판 정 ▶ ①~④ 모두 해당되는 경우</td></tr>
<tr><td colspan="2">중 · 고생의 경우 1일 약 2시간, 초등생 약 1시간 정도의 접속시간을 보이며, 대부분 인터넷중독 문제가 없다고 느낀다. 심리적 정서문제나 성격적 특성에서도 특이한 문제를 보이지 않으며, 자기행동을 잘 관리한다고 생각한다. 주변 사람들과의 대인관계에서도 충분한 지원을 얻을 수 있다고 느끼며, 심각한 외로움이나 곤란함을 느끼지 않는다.
▷ 인터넷의 건전한 활용에 대하여 자기 점검을 지속적으로 수행한다.</td></tr>
</table>

한국정보화진흥원 인터넷중독대응센터(iapc.or.kr) 상담대표전화 1599-0075

3) 기타

기타 다른 평가지는 강박적 인터넷 사용 등급(Compulsive Internet Use Scale, CIUS)(Meerkerk, Van Den Eijnden, Vermulst, & Garretsen, 2009), 문제성 인터넷 사용 진단서(Problematic Internet Use Questionnaire, PIUQ)(Demetrovics, Szeredi, Razsa, 2008), 인터넷 관련 문제 등급(Internet-Related Problem Sxale, IRPS)(Widyanto, Griggiths, & Brunsden, 2011)이 있다.

5. DSM-5 진단 및 임상 기준

IAD를 DSM-5에 포함시키기 위해 필수적인 네 가지 진단 기준이 제시되었다(Block, 2008). (1) 시간에 대한 감각이 없어지거나 기초적인 욕구들을 무시하는 것과 관련되는 과도한 인터넷의 사용, (2) 컴퓨터를 할 수 없을 때에 분노, 긴장, 우울과 같은 기분을 포함하는 금단 현상, (3) 더 좋은 컴퓨터 장비, 더 많은 소프트웨어를 구입하거나 컴퓨터 사용 시간을 늘리고자하 자는 욕구를 포함하는 내성, (4) 논쟁, 거짓말, 저조한 학업 또는 직업 성과, 사회적 고립, 피로감과 같은 부정적 결과들이 이에 해당된다.

IAD에 대한 진단 기준을 만들고, 일반 인구를 대상으로 그에 대한 타당도와 신뢰도를 평가하기 위해서 주요 연구가 진행되었다(Tao et al., 2010). 진단 기준은 증상 기준(IAD의 일곱 가지 임상적 증상), 임상적으로 중요한 장애 기준(기능적, 사회심리학적 장애), 경과 기준(최소한 매일 여섯 시간의 불필요한 인터넷 사용이 적어도 3개월 이상 지속), 그리고 배제 기준(정신병적 장애로 인한 의존성의 배제)으로 구성되었다. IAD를 2013년 DSM-5에 포함시키려는 움직임이 있었지만 아직까지는 장애로 인정받지 못하고 있다. 그러나 인터넷 게임 장애는 이후의 포함 여부를 더욱 고려하고 이에 대한 연구를 장려하기 위해 DSM-5 부록에 포함되었다.

참고문헌

- 국민일보 (2014) http://news.naver.com/main/read.nhn?mode=LSD&mid=sec&sid1=001&oid=143&aid=0002129427
- 김민정, 이지은(2010), 노인소비자교육관련 인터넷사이트 내용분석, 소비자정책교육연구/6(2), 41-81.
- 김성범(2005), 문학치료를 통한 인터넷 중독의 중재, 경북대학교 대학원 석사학위논문.
- 김종기, 김상희(2013), 온라인 환경에서 프라이버시 행동의도에 미치는 영향, 정보화정책/20(3), 63-85,
- 김종원(2002), 중.고등학생의 자기통제력, 사회환경적 요인 및 인터넷. 게임 중독과의 관계, 경남대학교 교육대학원 석사학위논문.
- 김청택. 김동일. 박중규. 이수진(2002), 한국인터넷 중독 진단 척도 개발연구. 정보통신연구진흥원,
- 네이버 용어사전 http://terms.naver.com/item.php?d1id=7&docid=5911
- 박성길, 김창대(2003), 청소년 인터넷 과다사용의 위험요소 분석, 청소년상담연구/11(1), 84-95,
- 손연기, 이명진(2002). 정보문화지수의 개발필요성과 측정방법의 탐색, 정보화정책/9(3), 61-78,
- 송명준(2000), 인터넷 중독자의 온라인 및 면대면 커뮤티케이션 만족도 연구, 고려대학교 대학원 석사학위논문.
- 오창홍(2016), 인터넷 중독 청소년을 위한 숲 체험 프로그램의 개발과 효과, 제주대학교 대학원 박사학위논문.
- 이시형, 이세용, 김은정, 오승근(2000). 청소년의 인터넷 중독과 자녀 교육. 서울: 삼성생명 사회정신건강연구소.
- 한국인터넷진흥원(2015), 2015년 모바일인터넷이용실태조사, 한국인터넷진흥원.
- 한국정보화진흥원(2011), 국가정보화백서, 한국정보화진흥원.
- 한국정보화진흥원(2015), 국가정보화백서, 한국정보화진흥원.
- 한국정보화진흥원(2014), 인터넷중독상담센터(IAPC) 상담기록을 이용한 인터넷중독자 특성 분석 및 상담기록 표준화 연구, 한국정보화진흥원.
- 홍경희(2002), 중학생들의 인터넷 과다사용과 가정환경과의 연관성에 대한 연구, 부산대학교 교육대학원 석사학위논문.
- Barke A, Nyenhuis N, Kröner-Herwig B(2012). The German version of the internet addiction test: a validation study. Cyberpsychol Behav Soc Netw. 2012 Oct;15(10):534-42.
- Bernardi S, Pallanti S(2009). Internet addiction: a descriptive clinical study focusing on comorbidities and dissociative symptoms. Compr Psychiatry. 2009 Nov-Dec;50(6):510-6.
- Block J(2008). Issues for DSM-V: internet addiction. Am J Psychiatry. Mar;165(3):306-7.
- Byun et al. (2009). Internet Addiction: Metasynthesis of 1996 - 2006 Quantitative Research.
- Demetrovics Z, Szeredi B, Rózsa S(2008). The three-factor model of Internet addiction: the development of the Problematic Internet Use Questionnaire. Behav Res Methods.. May;40(2):563-74.
- Ng Chong Guan, MBBS, MPM, Saramah Mohammed Isa, MD, Aili Hanim Hashim(2012). Validity of the Malay Version of the Internet Addiction Test A Study on a Group of Medical Students in Malaysia. CyberPsychology & Behavior. April 2009, 12(2): 203-207.
- Fioravanti G, Dèttore D, Casale S(2012). Adolescent Internet addiction: testing the association between self-esteem, the perception of Internet attributes, and preference for online social interactions. Cyberpsychol Behav Soc Netw. Jun;15(6):318-23
- Ghamari F, Mohammadbeigi A, Mohammadsalehi N, Hashiani AA(2011). Internet addiction and modeling

its risk factors in medical students, iran. Indian J Psychol Med. 2011 Jul;33(2):158-62.

- Goldberg L A, Goldberg P W, Phillips C A, Sorkin G B, (1996). Constructing Computer Virus Phylogenies, Lecture Notes in Computer Science/-(1075), 253-270, SPRINGER VERLAG KG
- Griffiths, M.D. (1999). Internet addiction: Fact or fiction? The Psychologist: Bulletin of the British Psychological Society, 12, 246-250.
- Jelenchick LA, Becker T, Moreno MA(2012). Assessing the psychometric properties of the Internet Addiction Test (IAT) in US college students. Psychiatry Res. Apr 30;196(2-3):296-301.
- Korkeila J, Kaarlas S, Jääskeläinen M, Vahlberg T, Taiminen T(2010). Attached to the web--harmful use of the Internet and its correlates. Eur Psychiatry. May;25(4):236-41.
- Lin MP, Ko HC, Wu JY(2011). Prevalence and psychosocial risk factors associated with internet addiction in a nationally representative sample of college students in Taiwan. Cyberpsychol Behav Soc Netw. Dec;14(12):741-6.
- Liu, Kuo,(2007). A Study of Internet Addiction through the Lens of the Interpersonal Theory. CyberPsychology & Behavior 10(6):799-804
- Meerkerk GJ, Van Den Eijnden RJ, Vermulst AA, Garretsen HF(2009). The Compulsive Internet Use Scale (CIUS): some psychometric properties. Cyberpsychol Behav. Feb;12(1):1-6.
- Mehroof M, Griffiths MD(2010). Online gaming addiction: the role of sensation seeking, self-control, neuroticism, aggression, state anxiety, and trait anxiety. Cyberpsychol Behav Soc Netw. Jun;13(3):313-6.
- Mottram AJ, Fleming MJ(2009). Extraversion, impulsivity, and online group membership as predictors of problematic internet use. Cyberpsychol Behav. 2009 Jun;12(3):319-321.
- Stieger S, Burger C(2010). Implicit and explicit self-esteem in the context of internet addiction. Cyberpsychol Behav Soc Netw. Dec;13(6):681-8.
- Tao R, Huang X, Wang J, Zhang H, Zhang Y, Li M(2010). Proposed diagnostic criteria for internet addiction. Addiction. 2010 Mar;105(3):556-64.
- Tosun L P. Lajunen T(2009). Why do young adults develop a passion for Internet activities? The associations among personality, revealing "true self" on the Internet, and passion for the Internet. Cyberpsychology & Behavior 12 (4) 401-406.
- Widyanto L, Griffiths MD, Brunsden V(2011). A psychometric comparison of the Internet Addiction Test, the Internet-Related Problem Scale, and self-diagnosis. Cyberpsychol Behav Soc Netw. 2011 Mar;14(3):141-9.
- Widyanto L, McMurran M(2004). The psychometric properties of the internet addiction test. Cyberpsychol Behav. Aug;7(4):443-50.
- Yen CF, Ko CH, Yen JY, Chang YP, Cheng CP(2009). Multi-dimensional discriminative factors for Internet addiction among adolescents regarding gender and age. Psychiatry Clin Neurosci. 2009 Jun;63(3):357-64.
- Yen JY, Ko CH, Yen CF, Wu HY, Yang MJ(2007). The comorbid psychiatric symptoms of Internet addiction: attention deficit and hyperactivity disorder (ADHD), depression, social phobia, and hostility. J Adolesc Health. Jul;41(1):93-8.
- Young, K. S. (1996). Internet Addiction: The Emergence of a New Clinical Disorder. CyberPsychology & Behavior, 1, 237-244.
- Young, K. S. (1997), "Relationship between Depression and Pathological Internet Use", Paper presented at the Annual Meeting of the American Psychological Association, Chicago, IL, August,

제 5장

중독 측정과 평가

스마트폰 중독 측정과 평가

제 5 장
스마트폰 중독 측정과 평가

강영배(대구한의대학교 청소년교육상담학과)

1. 스마트폰 중독의 개념 및 특성[1)]

2000년대 후반 이후 아동 및 청소년들 사이에 스마트폰이 급속하게 보급됨과 더불어 그로 인해 파생되는 부정적인 상태를 정의하기 위한 다양한 시도가 이루어져 왔다. 이때 대부분 정의들은 기존에 널리 사용되던 인터넷 중독의 개념을 변형하는 형태로 이루어져 왔는데, 그 이유는 사용도구가 컴퓨터에서 스마트폰으로 바뀌었을 뿐 문제 증상이 유사했기 때문이라고 볼 수 있다. 이 때 과도한 스마트폰 사용으로 인한 부정적 문제 상태를 과몰입, 과의존 그리고 중독 등 다양한 용어로 규정하였으나, 현재 정부(미래창조과학부 등)의 공식 통계자료에서는 '과의존'이란 용어가 주로 사용된다.

현재까지 아동 및 청소년 중독에 관한 여러 연구자들의 정의를 살펴보고자 한다. 먼저, 한국정보화진흥원(2011)은 스마트폰 중독이란 스마트폰의 과도한 사용으로 신체적, 심리적, 사회적인 면에서 부적응이나 일탈을 경험하게 만들며, 스마트폰 사용에 지나치게 집착하게 되고 의존하게 되어 자신의 만족을 위해 스마트폰을 더 많이 사용하게 되며 스마트폰을 사용하지 않으면 불안한 상태라고 정의하였다. 그리고 신광우 외(2011)는 스마트폰 중독을 정의함에 있어 인터넷 중독의 개념에 스마트폰을 대입하려고 하는 경향을 비판하면서, 스마트폰중독을 스마트폰의 과도한 사용으로 일상생활을 제대로 수행하지 못해 문제를 일으키는 '일상생활장애', 현실에서보다 가상공간에서 관계를 더 편하게 생각하는 '가상적 대인관계 지향성', 스마트폰을 이전보다 더 많이 사용해야 만족을 느끼게 되는 '내성', 그리고 스마트폰 사용이 중단되거나 감소하면 초조와 불안 또는 강박적 증상이 일어나는 '금단'이라는 4가지 차원으로 개념을 구성하여 설명하고 있다.

한편, 천예빈(2013)은 스마트폰 중독을 스마트폰 사용과 관련된 과도한 집착이나 충동적인

1) 본 절의 내용은 대구한의대학교출판부(2017), 『청소년 중독 상담』에 수록된 내용 가운데 필자가 집필한 제5장 「스마트폰 중독의 실태와 이해」(p. 75-86)의 내용을 토대로 수정, 보완하였음을 밝혀둡니다.

행동을 보이고, 이로 인해 사회적 기능에 장애를 일으키며 경우에 따라서는 우울증, 사회적 고립, 충동 조절 장애와 약물 남용 등의 문제를 일으키는 상태로 정의한다. 그리고 김병년(2013)은 스마트폰 중독이란 스마트폰의 다양한 기능에 대한 지나친 사용과 몰입으로 스스로 통제력을 상실해 일상생활에 장애를 초래하고, 이에 의존성이 높아져 사용하지 못할 때 심각한 심리적 불안함을 느끼는 상태를 의미하며, 현실 세계보다 가상공간에서의 대인관계 형성을 편안하게 느끼면서 이를 추구하게 되는 상태로 정의하고 있다.

국책 연구기관인 한국정보화진흥원에서 아동 및 청소년의 스마트폰 과의존을 예방 및 해소하기 위하여 설치한 스마트쉼센터 홈페이지의 자료[2]에 따르면, 스마트폰 중독이란 스마트폰을 과다하게 사용하여 스마트폰 사용에 따라 금단과 내성을 지니고 있으며, 이로 인해 일상생활 장애가 유발되는 상태로 정의하고 있다. 스마트폰중독의 특성으로는 내성, 금단, 일상생활장애, 가상세계 지향성 등을 들 수 있다.

첫째, 내성(스마트폰을 점점 더 많은 시간 동안 사용하게 되어 나중에는 많이 사용해도 만족감이 없는 상태)으로, 스마트폰 사용시간을 줄이려고 해 보았지만 실패하거나, 스마트폰 사용에 많은 시간을 보내는 것이 습관화되어 있으며 '그만해야지'라고 생각하면서도 계속해서 사용하는 상태를 말한다.

둘째, 금단(스마트폰을 과다하게 사용하여 스마트폰이 없으면 불안하고 초조함을 느끼는 현상)으로, 스마트폰을 사용할 수 없으면 안절부절못하고 초조하여 견디기 힘들거나, 스마트폰이 없으면 일 또는 공부에 집중하기가 어려운 증상을 나타낸다.

셋째, 일상생활장애(스마트폰을 과다하게 사용하기 때문에 가정, 학교, 직장 등에서 문제를 일으키는 상태)로, 스마트폰의 지나친 사용으로 학교성적이나 업무능률이 떨어지거나, 스마트폰을 자주 또는 오래 한다고 가족이나 친구, 주변 사람들로부터 지적을 받는 일이 많아지는 상태를 말한다.

넷째, 가상세계 지향성(직접 현실에서 만나서 관계를 맺기보다는 스마트폰을 활용해서 관계를 맺는 것이 편한 상태)으로, 스마트폰을 사용하지 못하면 온 세상을 잃을 것 같다는 생각이 든다거나, 가족이나 친구들과 함께 있는 것보다 스마트폰을 사용하는 것이 더 즐겁다고 느끼는 상태를 말한다.

2) 출처 : http://www.iapc.or.kr/site/summainfo/showGuideSmartMediaDetail.do

미래창조과학부[3]에서는 스마트폰 과의존을 과도한 스마트폰 이용으로 스마트폰에 대한 현저성이 증가하고, 이용 조절력이 감소하여 문제의 결과를 경험하는 상태라고 정의하고 있다. 이때 현저성(Salience)이란 개인의 삶에서 스마트폰을 이용하는 생활패턴이 다른 행태보다 두드러지고 가장 중요한 활동이 되는 것을 말한다. 그리고 이용 조절력(self-control failure)이란 이용자의 주관적 목표 대비 스마트폰 이용에 대한 자율적 조절능력이 떨어지는 것을 말한다. 문제적 결과(serious consequences)란 스마트폰 이용으로 인해 신체적, 심리적, 사회적으로 부정적인 결과를 경험함에도 불구하고 스마트폰을 지속적으로 이용하는 것을 말한다. 이때 과의존 상태를 고위험군, 잠재적위험군, 일반 사용자군 으로 분류한다. 고위험사용자군은 앞에서 말한 현저성, 조절실패, 문제적 결과 특성을 모두 나타내는 집단을 말한다. 그리고 잠재적 위험 사용자군이란 현저성, 조절 실패, 문제적 결과 중 1~2가지 특성을 보이는 집단을 말한다. 아동 및 청소년의 스마트폰 과의존 상태를 측정하기 위해 개발된 척도에 관해서는 제3절에서 자세하게 설명하도록 하겠다.

〈표1〉 스마트폰 과의존 유형

유형	개념	특징
SNS	문자, 대화, 게시글(댓글)에 과도하게 집착	• 채팅을 통한 일회성 만남을 즐김 • 신분을 조작, 은폐"
게임	게임으로 자기 통제력을 잃고 집착하여 사용	• 게임레벨을 높이는 과정에서 과다 소비 (비용, 시간) • 게임 속의 공격성, 폭력성을 현실에서 적용
음란물	음란물을 보는데 강박적으로 몰입	• PC, 스마트폰을 몰래 사용하고 주변에 은폐 • 왜곡된 성의식 및 성 비행의 원인이 될 수 있음
도박	충동적, 지속적, 반복적으로 도박에 집착	• 도박에 빠진 상황을 숨기기 위한 거짓말 • 도박자금 마련을 위해 불법행위
검색	불필요한 자료수집과 정보검색에 지나치게 몰두	• 특정한 목적 없이 검색하여 시간 통제 불가 • 흥미로운 정보를 검색하려는 집착증세 보임

출처 : 관계부처 협동(2016). 스마트폰 인터넷 바른 사용 지원 종합계획(안)(2016-2018년)

3) 출처 : http://www.iapc.or.kr/site/summainfo/showGuideSmartMediaDetail.do

마지막으로 행동중독의 하위유형으로 도박장애, 인터넷 게임장애 이외에 인터넷 중독, 성행위중독, 운동중독, 쇼핑중독, SNS중독, 음식중독 등이 존재하지만, 많은 경우 어느 정도의 '과도한 행동'이 진정한 중독으로 간주될 수 있는지에 대해서는 논쟁이 지속되고 있다(Rosenberg & Feder, 2014). Grffiths(2005)은 행동중독의 개념을 6가지 핵심요인(현저성, 기분조절, 내성, 금단, 갈등, 재발)으로 기술하면서, 어떤 행동이 6가지 기준을 충족한다면 중독으로 정의할 수 있다고 정의하였다.

〈표2〉 Griffiths(2005)의 행동중독 6요인

요인	특징
현저성(salience)	특정 행동이 개인의 생활에서 가장 중요한 부분이 되며, 개인의 사고, 감정, 행동을 전반적으로 지배함
기분 조절 (mood modification)	특정 행동에 관여함으로써 얻어지는 결과로 개인이 보고하는 주관적인 경험을 의미함
내성(tolerance)	물질중독과 마찬가지로, 이전과 같은 효과를 보기 위해 특정 행동의 빈도의 증가 가 일어나는 과정
금단(withdrawal)	특정 행동이 중단되거나 갑자기 그 빈도가 감소하였을 때 극도의 기분 변화와 같은 심리적 반응과 메스꺼움, 두통, 불면증 등의 생리적 반응 등이 나타나는 신체적 반응 모두를 의미함
갈등(conflict)	대인관계, 학업 및 직업적 장면, 사회활동 및 여가활동과 같이 특정 행동에 몰두 하는 개인을 둘러싼 환경과의 문제 또는 내적 갈등과 같은 개인 내적 문제를 의미함
재발(relapse)	특정 행동의 초기 양상으로 반복적으로 되돌아가는 현상과 수년간의 조절 이후에 중독의 정도가 가장 극심한 양상으로 빠르게 회복되는 경향성

2. 스마트폰 중독의 실태 및 원인

1) 스마트폰 중독의 실태

스마트폰 보급이 일반화됨에 아동 및 청소년의 스마트폰 과의존 및 중독 성향이 강해지고 있다. 이에 정부 및 다양한 연구기관에서는 청소년들의 스마트폰 중독 및 과의존 실태를 파악하기 위한 조사를 실시하고 있다. 그 가운데, 가장 최근에 이루어진 미래창조과학부와 NIA 한국정보화진흥원(2017)이 실시한 「2016년 인터넷 과의존 실태조사」결과에 따르면, 청소년의 경우 고위험 사용자군이 3.5%, 잠재적위험 사용자군이 27.1%인 것으로 나타났다. 이는 유아동의 1.2%(고위험군), 16.7%(잠재적위험군)에 비해 높은 수치이다. 그리고 고위험 사용자군과 잠재적위험 사용자군의 수치를 합하면 30.6%로, 청소년 10명 가운데 3명 이상이 스마트폰 과다사용으로 인해 금단 또는 일상생활장애를 겪고 있다는 것이다.

〈그림1〉 연도별 및 대상별 스마트폰 과의존위험 현황

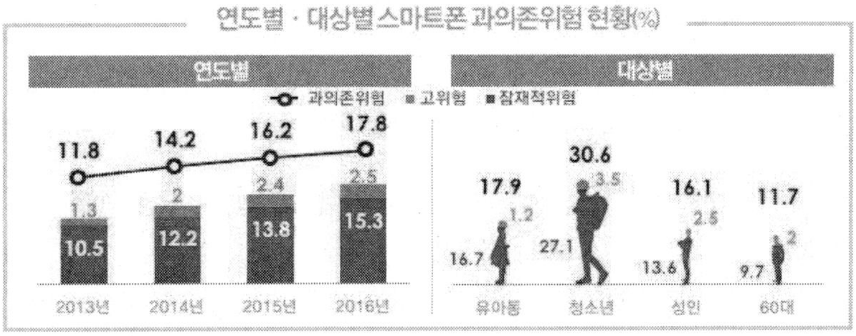

출처: 미래창조과학부, 한국정보화진흥원(2017), 2016년 인터넷 과의존 실태조사 결과.

〈그림2〉 청소년 스마트폰 과의존 위험 현황

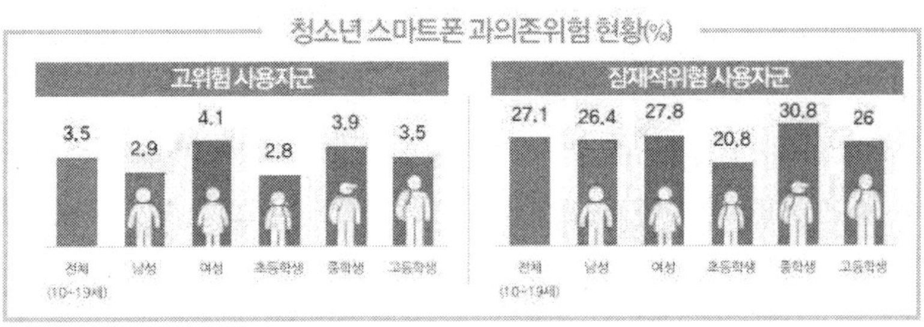

출처: 미래창조과학부, 한국정보화진흥원(2017), 2016년 인터넷 과의존 실태조사 결과.

2) 스마트폰 중독 영향 원인

지금까지 청소년의 스마트폰 중독에 영향을 미치는 요인에 관한 선행연구들을 정리해보면, 대략 개인심리요인, 가정환경요인, 사회환경요인 그리고 기술 요인의 4가지 영역으로 분류하여 설명할 수 있다.

첫째, 개인 심리요인으로, 자기통제력, 우울 등을 들 수 있다. 자기통제력이란 외부의 간섭과 지시가 없어도 본인이 알아서 자제하고 인내하는 힘을 말하는데, 자기통제력이 낮을 경우 스마트폰에 의존, 집착하게 될 가능성이 크다는 것이다. 이연미 외(2009)의 연구 결과에 따르면, 자기 통제의 실패는 휴대전화의 즉시성과 편리성이 결합하여 휴대전화의 사용을 억제하지 못하게 됨에 따라 중독적 사용이 나타난다. 그리고 박용민(2011)의 연구에서는 스마트폰 중독 사용군이 정상 사용군에 비해 우울 정도가 높다는 점 그리고 우울과 스마트폰 중독 간의 정적인 상관관계에 있음을 하였다.

둘째, 가정환경요인으로, 부모와 자식 간 신뢰관계가 약하거나, 자녀의 스마트폰 사용을 방임 또는 극도로 통제하거나, 부모 자신이 과의존 사용하는 경우, 조절능력이 약한 청소년은 스마트폰에 과다하게 의존할 수 있다. 최진한 외(2017)는 가정환경과 스마트폰 중독 간의 관계에 관해 연구한 결과, 부모의 지나친 간섭, 부모의 권위적인 양육태도, 형제자매간 스마트폰 사용에 대한 관여 등이 스마트폰 중독에 영향을 미치는 것으로 나타났다. 반대로, 형제간의 긍정적인 관계는 스마트폰 중독을 낮추는 효과가 있는 것으로 나타났다. 그리고 장석진 외(2012)의 연구에서는 부모와 자녀간의 의사소통이 폐쇄적이고 일방적일수록 스마트폰 중독 위험이 크고, 긍정적인 부모의 양육 태도를 경험한 청소년이 스마트폰 중독 위험이 낮은 것으로 나타났다.

셋째, 사회환경요인으로, 진학 취업 경쟁으로 인한 극심한 스트레스를 받거나 그 해소를 위한 대안 활동 등을 하지 못하는 경우, 바른 사용을 위한 문화가 정착되지 못한 환경 등도 요인이 될 수 있다. 또한, 대인관계도 스마트폰 중독에 영향을 미치는 것으로 알려졌는데, 일반적으로는 대인관계에서 지지를 받지 못할수록 온라인에 몰입하는 경향이 강하지만, 김병연 외(2013)의 연구에서는 오히려 대인관계로부터 많은 지지를 받을수록 스마트폰 중독 수준이 높아지는 것으로 나타났다. 이러한 결과는 이전과 달리 최근 청소년들의 대인관계가 온라인에 집중되는 경향이 있기 때문인 것으로 해석된다. 즉, 청소년들이 SNS, 온라인게임, 온라인커뮤니티 등을 통해 타인으로부터 지지를 받고, 위로를 받기 때문에 스마트폰 사용 시간이 늘어나며, 집착하는 경향성이 강해지는 것으로 해석할 수 있다.

마지막으로, 기술요인으로, 휴대성, 이용 편의성 등 편리한 인터페이스, OS(운영체제)에 기반을 둔 다기능, 관계 오락 정보습득 구매 등 다양한 콘텐츠, 즉시 반응성 등 스마트폰의 내재적 기술 속성이 요인이 될 수 있다.

한편, 청소년들이 스마트폰을 과도하게 사용하다 보면 다양한 부작용이 발생할 수 있다. 2016년 5월에 정부가 발표한 「스마트폰 인터넷 바른 사용 지원 종합계획(안)」에 따르면, 스마트폰 과의존의 영향을 크게 3가지로 분류하여 설명하고 있다.

첫째, 심리적 영향이다. 스마트폰을 사용하지 못하면 심리적 불안정 증상이 나타나고, 현실과 가상을 구분하지 못하는 장애를 경험할 수 있다. 그리고 경미하게는 짜증과 신경질로부터, 우울, 불안, 초조함 등을 보이고, 심각한 경우 '주의력결핍 과잉행동장애(ADHD, Attention Deficit Hyperactivity Disorder)[4] 등을 보일 수 있다. 가상의 스마트폰 및 인터넷의 세계가 현실세계인 것처럼 착각하여 성범죄, 폭력, 살인 등 충격적인 범죄를 저지르기도 한다.

둘째, 관계 및 행동적 영향이다. 가상세계에 빠져 일상적 대인관계가 악화되거나, 일탈적 행동을 할 수 있다. SNS나 가상세계의 대인관계를 가족, 친구 등 주변의 관계보다 더 소중히 여겨 주변 사람들에게 무관심하고 소홀하게 되는 등의 문제행동을 하게 된다. 그리고 게임 아이템 구매 등을 위해 거짓말을 하거나 돈을 훔치고, 인터넷 이용을 못 하게 하면 폭력적이거나 충동적인 행동을 보이기도 한다.

셋째, 신체적 영향이다. 장시간 스마트폰의 사용으로 근골격계, 시각 및 청각 손상 등 다양한 신체적 기능에 문제가 발생할 수 있다. 그리고 불안정한 자세가 지속되어 거북목 증후군, 손목터널 증후군 등이 발생하기도 한다. 마지막으로, 장시간 화면(디스플레이) 노출, 청력사용으로 안구건조증, 소음성 난청을 유발하기도 한다. 참고로 대한안과학회(2015)의 조사에 따르면, 전자기기 사용으로 안구건조증 환자가 2004년 97만 명에서 2014년 214만 명으로 10년 사이에 2배가 증가했다고 한다.

다음으로, 정규석 외(2013)는 휴대폰을 포함한 스마트폰 중독은 청소년들의 일상생활과 신체건강 및 정신건강에 부정적인 영향을 미치는데, 그 내용을 정리하면 다음과 같다. 첫째, 스마트폰을 이용한 SNS 서비스, 게임 등은 청소년의 집중력을 감소시키기 때문에 학업에 부정적인 영향을 준다. 최근 스마트폰의 애플리케이션의 확대로 인해, 청소년들은 SNS(Social Networking Service), 게임 등을 언제 어디서든 신속하게 즐길 수 있게 되었다. 이러한 현상은 청소년들의 학업뿐만 아니라 실제 생활에서 가족과의 의사소통 및 여가활동 공유에도 부정적인

4) ADHD : 주의가 산만하고, 과다활동, 충동성과 학습장애를 보이는 장애

영향을 미친다.

둘째, 스마트폰에 중독된 청소년들은 스마트폰에 강한 집착과 강박을 보이면서, 스마트폰을 사용하지 않을 때 불안이나 우울, 초조함을 갖는 심리적 문제를 보이기도 한다.

〈그림3〉 스마트폰 과의존 주요요인

출처: 정부합동(2016). p. 7

3. 스마트폰 중독 측정 도구

1) 스마트폰 중독 측정 절차

2010년 이후부터 아동 및 청소년의 스마트폰 중독 또는 과의존 여부를 측정하기 위한 다양한 시도들이 이루어져 왔다. 측정도구들마다 질문 내용이 상이하지만, 일반적으로 스마트폰 중독을 크게 3가지 군(群)으로 분류하여 설명한다. 먼저, 고위험 사용자군으로, 스마트폰 사용에 대한 금단과 내성 증상을 보이며, 이로 인해 정상적으로 일상생활을 영위하지 못하는 상태를 말한다. 다음으로 잠재적위험 사용자군으로, 이들은 스마트폰에 대한 금단, 일상생활 장애 가운데 한 가지 이상의 증상을 보이며, 심리적 및 사회적으로 그 기능이 저하된 상태를 말한다. 마지막으로 일반 사용자군은 스마트폰을 이용목적에 맞게 적절하게 사용하고 있어서 크게 문제가 되지는 않지만, 정기적으로 진단을 통해 잠재적위험 사용자군 또는 고위험 사용자군으로 발전하지는 않았는지 점검해볼 필요는 있다. 고위험 사용자군으로 진단받은 아동 및 청소년의 경우 관련 기관의 전문적인 지원과 개입이 필요하다. 아울러 잠재적위험 사용자군도 정신건강 분야의 전문적인 상담을 받는 것이 좋다.

현재 아동 및 청소년의 스마트폰 중독 또는 과의존 여부는 한국정보화진흥원에서 개발한 스마트폰 중독 척도 또는 스마트폰 과의존 척도 등을 통해 측정하며, 측정방식은 자기 보고식 방식으로 이루어지지만, 아동의 경우 관찰자(보호자 또는 교사 등)가 아동의 스마트폰 사용 상황을 관찰하여 기록하는 방식을 취하기도 한다.

〈그림4〉 스마트폰 중독 사용자군 분류

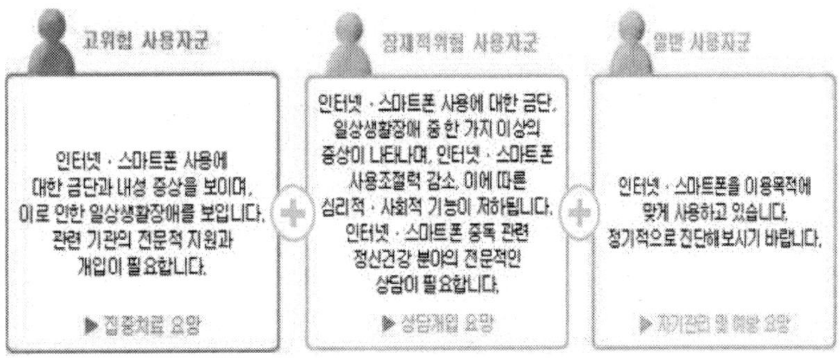

출처: 스마트쉼센터 홈페이지(http://www.iapc.or.kr/)

〈그림5〉 스마트폰 중독 측정 절차

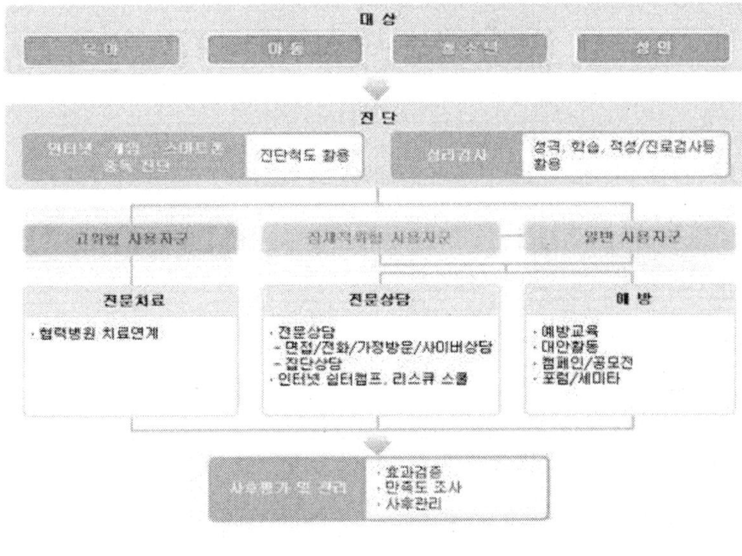

출처: 스마트쉼센터 홈페이지(http://www.iapc.or.kr)

2) 스마트폰 중독 측정 도구

한국정보화진흥원(2011)은 청소년 및 성인용 스마트폰 중독 척도(S-척도)를 개발하였다. 이 척도는 15개 문항(일상생활장애요인, 금단 요인, 내성 요인의 3가지 하위요인으로 구성)으로 구성되어 있으며, 총점 60점에서 45점 이상일 경우 고위험 사용자군으로 분류한다. 다음으로 42점 이상 - 44점 이하일 때 잠재적위험 사용자군으로, 41점 이하인 경우 일반 사용자군으로 분류한다. 고위험사용자군은 스마트폰 중독 경향성이 매우 높으므로 전문 기관의 상담과 지원을 받아야 한다. 잠재적위험 사용자군은 스마트폰 과다 사용의 위험을 깨닫고 스스로 조절하고 계획적인 사용을 하도록 노력할 필요가 있으며, 스마트폰 중독에 대한 주의가 요망되는 상태이다. 더욱 자세한 사항은 아래의 진단 결과 해설지를 참고해주길 바란다.

〈표3〉 청소년 스마트폰 중독 자가진단 척도

년 월 일 학교 학년 성별(남 · 여) 성명					
번호	문항	전혀 그렇지않다	그렇지 않다	그렇다	매우 그렇다
1	스마트폰의 지나친 사용으로 학교성적이 떨어졌다.				
2	가족이나 친구들과 함께 있는 것보다 스마트폰을 사용하고 있는 것이 더 즐겁다.				
3	스마트폰을 사용할 수 없게 된다면 견디기 힘들 것이다.				
4	스마트폰 사용시간을 줄이려고 해 보았지만 실패한다.				
5	스마트폰 사용으로 계획한 일(공부, 숙제 또는 학원수강 등)을 하기 어렵다.				
6	스마트폰을 사용하지 못하면 온 세상을 잃은 것 같은 생각이 든다.				
7	스마트폰이 없으면 안절부절 못하고 초조해진다.				
8	스마트폰 사용시간을 스스로 조절할 수 있다.				
9	수시로 스마트폰을 사용하다가 지적을 받은 적이 있다.				
10	스마트폰이 없어도 불안하지 않다.				
11	스마트폰을 사용할 때 그만해야지라고 생각은 하면서도 계속한다.				
12	스마트폰을 너무 자주 또는 오래 한다고 가족이나 친구들보부터 불평을 들은 적이 있다.				
13	스마트폰 사용이 지금 하고 있는 공부에 방해가 되지 않는다.				
14	스마트폰을 사용할 수 없을 때 패닉상태에 빠진다.				
15	스마트폰 사용에 많은 시간을 보내는 것이 습관화되었다.				

출처: 스마트쉼센터 홈페이지(http://www.iapc.or.kr/)

〈표4〉 청소년 스마트폰중독 척도 결과 해설지

<table>
<tr><td rowspan="2">채점방법</td><td>1단계
문항별</td><td>전혀 그렇지 않다 : 1점, 그렇지 않다 : 2점, 그렇다 : 3점, 매우 그렇다 : 4점
※ 단, 문항 15번은 다음과 같이 역채점 실시
〈전혀 그렇지 않다 : 4점, 그렇지 않다 : 3점, 그렇다 : 2점, 매우 그렇다 : 1점〉</td></tr>
<tr><td>2단계
총점 및
요인별</td><td>총　점 ▶ ① 1~15번 합계
요인별 ▶ ② 1요인 일상생활장애(1,5,9,12,13번) 합계
③ 3요인 금단(3,7,10,14번) 합계
④ 4요인 내성(4,8,11,15번) 합계</td></tr>
<tr><td rowspan="3">고위험
사용자군</td><td colspan="2">총　점 ▶ ① 45점 이상
요인별 ▶ ② 1요인 16점 이상　③ 3요인 13점 이상　④ 4요인 14점 이상</td></tr>
<tr><td colspan="2">판　정 ▶ ①에 해당하거나, ②~④ 모두 해당되는 경우</td></tr>
<tr><td colspan="2">스마트폰 사용으로 인하여 일상생활에서 심각한 장애를 보이면서 내성 및 금단 현상이 나타난다. 스마트폰으로 이루어지는 대인관계가 대부분이며, 비도덕적 행위와 막연한 긍정적 기대가 있고 특정 앱이나 기능에 집착하는 특성을 보이기도 한다. 현실 생활에서도 습관적으로 사용하게 되며 스마트폰 없이는 한 순간도 견디기 힘들다고 느낀다. 따라서, 스마트폰 사용으로 인하여 학업이나 대인관계를 제대로 수행할 수 없으며 자신이 스마트폰 중독이라고 느낀다. 또한, 심리적으로 불안정감 및 대인관계 곤란감, 우울한 기분 등이 흔하며, 성격적으로 자기조절에 심각한 어려움을 보이며 무계획적인 충동성도 높은 편이다. 현실세계에서 사회적 관계에 문제가 있으며, 외로움을 느끼는 경우도 많다.
▷ 스마트폰 중독 경향성이 매우 높으므로 관련 기관의 전문적 지원과 도움이 요청된다.</td></tr>
<tr><td rowspan="3">잠재적
위험
사용자군</td><td colspan="2">총　점 ▶ ① 42점 이상~44점 이하
요인별 ▶ ② 1요인 14점 이상　③ 3요인 12점 이상　④ 4요인 13점 이상</td></tr>
<tr><td colspan="2">판　정 ▶ ①~④ 중 한 가지라도 해당되는 경우</td></tr>
<tr><td colspan="2">고위험사용자군에 비해 경미한 수준이지만 일상생활에서 장애를 보이며, 필요이상으로 스마트폰 사용시간이 늘어나고 집착을 하게 된다. 학업에 어려움이 나타날 수 있으며, 심리적 불안정감을 보이지만 절반 정도는 자신이 아무 문제가 없다고 느낀다. 다분히 계획적이지 못하고 자기조절에 어려움을 보이며 자신감도 낮게 된다.
▷ 스마트폰 과다 사용의 위험을 깨닫고 스스로 조절하고 계획적인 사용을 하도록 노력한다. 스마트폰 중독에 대한 주의가 요망된다</td></tr>
<tr><td rowspan="3">일반
사용자군</td><td colspan="2">총　점 ▶ ① 41점 이하
요인별 ▶ ② 1요인 13점 이하　③ 3요인 11점 이하　④ 4요인 12점 이하</td></tr>
<tr><td colspan="2">판　정 ▶ ①~④ 모두 해당되는 경우</td></tr>
<tr><td colspan="2">대부분이 스마트폰 중독문제가 없다고 느낀다. 심리적 정서문제나 성격적 특성에서도 특이한 문제를 보이지 않으며, 자기행동을 관리한다고 생각한다. 주변 사람들과의 대인관계에서도 자신이 충분한 지원을 얻을 수 있다고 느끼며, 심각한 외로움이나 곤란감을 느끼지 않는다.
▷ 때때로 스마트폰의 건전한 활용에 대하여 자기 점검을 지속적으로 수행한다.</td></tr>
</table>

출처: 스마트쉼센터 홈페이지(http://www.iapc.or.kr/)

〈표5〉 스마트폰 과의존 유아용 관찰자 척도

<table>
<tr><td rowspan="3">채점
방법</td><td colspan="2">1단계 문항별</td><td>전혀 그렇지 않다 : 1점, 그렇지 않다 : 2점, 그렇다 : 3점, 매우 그렇다 : 4점
※ 단, 문항 15번은 다음과 같이 역채점 실시
〈전혀 그렇지 않다 : 4점, 그렇지 않다 : 3점, 그렇다 : 2점, 매우 그렇다 : 1점〉</td></tr>
<tr><td colspan="2">2단계
총점</td><td>문항 1 ~ 9번 합계</td></tr>
<tr><td colspan="2">[참고]
요인별</td><td>1요인 조절실패 : 문항 1 ~ 3번 합계 *역문항
2요인 현저성 : 문항 4 ~ 6번 합계
3요인 문제적 결과 : 문항 7 ~ 9번 합계</td></tr>
<tr><td rowspan="6">결과
및
해석</td><td rowspan="4">과의존
위험군</td><td rowspan="2">고위험
사용자군</td><td>총 점 ▶ 28점 이상</td></tr>
<tr><td>스마트폰 사용에 대한 부모의 통제에 저항하며 일상생활의 상당 시간을 스마트폰 사용에 소비하고자 하며 그로 인해 부모-자녀 갈등이나 일상의 놀이/학습 문제, 신체 건강 문제 등이 심각하게 발생한 상태로 ICT 역량 발달을 지체시킬 위험성이 높은 상태
▷ 스마트폰 과의존 경향성이 매우 높으므로 관련 기관의 전문적인 지원과 도움이 요청된다.</td></tr>
<tr><td rowspan="2">잠재적
위험
사용자군</td><td>총 점 ▶ 27점 이하 ~ 24점 이상</td></tr>
<tr><td>스마트폰 사용에 대한 부모의 통제를 따르지 않는 양상이 종종 관찰되며 그로 인해 부모-자녀 갈등이나 일상의 놀이/학습문제가 발생하기 시작한 단계로 ICT역량 발달에 부정적 영향을 미칠 위험성이 존재하는 상태
▷ 스마트폰 과의존 위험을 깨닫고 스스로 조절하고 계획적으로 사용하도록 노력하며, 이를 위한 보호자의 지원이 요구된다. 스마트폰 과의존에 대한 주의가 요망되며, 학교 및 유치원 등 관련 기관에서 제공하는 건전한 스마트폰 활용 지침을 따른다.</td></tr>
<tr><td colspan="2" rowspan="2">일반 사용자군</td><td>총 점 ▶ 23점 이상</td></tr>
<tr><td>부모의 통제에 따라 스마트폰 사용 시간이 조절되고 있어서 갈등이 발생하지 않고 일상생활의 주요 활동이 스마트폰으로 인해 훼손되는 문제가 발생하지 않는 상태로 ICT 역량 발달을 위한 기본 조건을 충족시키고 있는 상태
▷ 스마트폰을 건전하게 활용하기 위한 보호자의 지속적인 점검이 요구된다.</td></tr>
</table>

〈표6〉 스마트폰 과의존 유아용 관찰자 척도 결과 해설지

년 월 일 학교 학년 성별(남 · 여) 성명

번호	문항	전혀 그렇지않다	그렇지 않다	그렇다	매우 그렇다
조절 실패	스마트폰 이용시간을 줄이려 할 때마다 실패한다.				
	스마트폰 이용시간을 조절하는 것이 어렵다.				
	적절한 스마트폰 이용시간을 지키는 것이 어렵다.				
현저성	스마트폰이 옆에 있으면 다른 일에 집중하기 어렵다.				
	스마트폰 생각이 머리에서 떠나지 않는다.				
	스마트폰을 이용하고 싶은 충동을 강하게 느낀다.				
문제적 결과	스마트폰 이용 때문에 건강에 문제가 생긴 적이 있다.				
	스마트폰 이용 때문에 가족과 심하게 다툰 적이 있다.				
	스마트폰 이용 때문에 친구 혹은 동료, 사회적 관계에서 심한 갈등을 경험한 적이 있다.				
	스마트폰 때문에 업무(학업 혹은 직업 등) 수행에 어려움이 있다.				

〈표7〉 스마트폰 과의존 청소년 척도(자기보고용)

<table>
<tr><td rowspan="3">채점 방법</td><td colspan="2">1단계 문항별</td><td>전혀 그렇지 않다 : 1점, 그렇지 않다 : 2점, 그렇다 : 3점, 매우 그렇다 : 4점</td></tr>
<tr><td colspan="2">2단계 총점</td><td>문항 1 ~ 10번 합계</td></tr>
<tr><td colspan="2">[참고]
요인별</td><td>1요인 조절실패 : 문항 1 ~ 3번 합계
2요인 현저성 : 문항 4 ~ 6번 합계
3요인 문제적 결과 : 문항 7 ~ 10번 합계</td></tr>
<tr><td rowspan="6">결과 및 해석</td><td rowspan="4">과의존 위험군</td><td rowspan="2">고위험 사용자군</td><td>총 점 ▶ 31점 이상</td></tr>
<tr><td>스마트폰 사용에 대한 통제력을 상실한 상태로 일상생활의 상당시간을 스마트폰 사용에 소비하고 있으며 그로 인해 대인관계 갈등이나 일상의 역할 문제, 건강문제 등이 심각하게 발생한 상태로 ICT 역량 발달을 지체시킬 위험성이 높은 상태
▷ 스마트폰 과의존 경향성이 매우 높으므로 관련 기관의 전문적인 지원과 도움이 요청된다.</td></tr>
<tr><td rowspan="2">잠재적 위험 사용자군</td><td>총 점 ▶ 30점 이하 ~ 23점 이상</td></tr>
<tr><td>스마트폰 사용에 대한 조절력이 약화된 상태이며 그로 인해 이용시간이 증가하여 대인관계 갈등이나 일상의 역할에 문제가 발생하기 시작한 단계로 ICT 역량 발달에 부정적 영향을 미칠 위험성이 존재하는 상태
▷ 스마트폰 과의존 위험을 깨닫고 스스로 조절하고 계획적으로 사용하도록 노력한다. 스마트폰 과의존에 대한 주의가 요망된다.</td></tr>
<tr><td colspan="2" rowspan="2">일반 사용자군</td><td>총 점 ▶ 22점 이상</td></tr>
<tr><td>스마트폰을 조절된 형태로 사용하고 있어서 일상생활의 주요 활동이 스마트폰으로 인해 훼손 되는 문제가 발생하지 않는 상태로 ICT 역량 발달 및 발휘를 위한 기본 조건을 충족시키고 있는 상태
▷ 스마트폰을 건전하게 활용하기 위해 지속적으로 자기 점검을 한다.</td></tr>
</table>

출처: NIA 한국정보화진흥원 스마트쉼센터(http://www.iapc.or.kr)

〈표8〉 스마트폰 과의존 청소년 척도 결과 해설지

• 대상자 : 연령 세 성별(남, 여) 성명
• 관찰자 : 대상자와의 관계 연령 세 성명

요인	문항	전혀 그렇지않다	그렇지 않다	그렇다	매우 그렇다
조절 실패	스마트폰 이용에 대한 부모의 지도를 잘 따른다.				
	정해진 이용 시간에 맞춰 스마트폰 이용을 잘 마무리 한다.				
	이용 중인 스마트폰을 빼앗지 않아도 스스로 그만둔다.				
현저성	항상 스마트폰을 가지고 놀고 싶어 한다.				
	다른 어떤 것보다 스마트폰을 갖고 노는 것을 좋아한다.				
	하루에도 수시로 스마트폰을 이용하려 한다.				
문제적 결과	스마트폰 이용 때문에 아이와 자주 싸운다.				
	스마트폰을 하느라 다른 놀이나 학습에 지장이 있다.				
	스마트폰 이용으로 인해 시력이나 자세가 안 좋아진다.				

참고문헌

- 김동일, 정여주, 이윤희(2014)
  | **청소년 스마트폰 건전 사용 척도 개발 및 타당화** | 청소년상담연구, 22(1), 393-421.
- 김병년(2013)
  | **대학생의 자기통제력과 스마트폰 중독 간의 관계에서 우울의 매개효과** | 한국가족복지학, 39, 49-81.
- 김병년, 고은정, 최홍일(2013) | **대학생의 스마트폰 중독에 영향을 미치는 요인에 관한 연구: 중독 위험군 분류에 따른 차이를 중심으로** | 한국청소년연구, 24(3), 67-98.
- 김지나(2017) | **스마트폰 중독 아동의 자기조절능력향상을 위한 미술치료 프로그램 연구-Bandura의사회인지 이론을 중심으로** | 한양대학교 교육대학원 석사학위논문.
- 청소년 중독 ACE전문가 양성사업단(2017) | **청소년 중독 상담** | 대구한의대학교출판부.
- 미래창조과학부, NIA 한국정보화진흥원(2017), 2016년 인터넷 과의존 실태조사 결과.
- 박용민(2011)
  | **성인들의 스마트폰 중독과 정신건강에 관한 연구** | 상지대학교 평화안보상담심리대학원, 석사학위논문.
- 이연미, 이선정, 신효식(2009)
  | **청소년의 휴대폰 중독성에 영향을 미치는 개인, 가족, 학교환경 변인**
  | 한국가정과교육학회지, 21(3), 29-49.
- 이종환, 임종민, 손한백, 곽호완, 장문선(2016)
  | **행동중독 준거개발 스마트폰 중독 척도의 개발 및 타당화 연구**
  | 한국심리학회지: 상담 및 심리치료, 28(2), 425-443.
- 임창우, 정구철(2016)
  | **청소년 스마트폰 게임중독 예방프로그램 개발 및 효과 검증** | 한국심리학회지: 중독, 1(1), 67-84.
- 서인균, 이연실(2016)
  | **청소년기 스마트폰 중독이 학교생활적응에 미치는 영향** | 청소년복지연구, 18(3), 217-241.
- 이성식, 강은영, 최수형(2015)
  | **청소년의 스마트폰중독이 사이버비행에 미치는 영향** | 한국범죄학 9(2), 69-102.
- 장석진, 송소원, 조민아(2012)
  | **긍정적 부모양육태도가 중학생의 휴대전화 의존에 미치는 영향: 자존감과 또래애착의 매개효과 검증**
  | 청소년학연구, 19(5), 161-187.
- 정규석, 김영미, 김지연(2013)
  | **청소년복지의 이해** | 학지사
- 조화(2013) | **스마트폰 이용자의 성별, 연령별 이용현황에 대한 연구** | Internet & Security Focus 13, 35-51.
- 천예빈(2013) | **청소년들의 스마트 폰 중독과 예방에 관한 연구** | 인터넷비지니스연구, 14(1), 125-139.
- 최진한, 권가진, 김인혜, 서봉원(2017) | **가정 환경이 청소년의 인터넷 중독 및 스마트폰 중독에 미치는 영향.** | Proceedings of HCI Korea 2017 학술대회 발표 논문집, 1106-1109.
- 한국정보화진흥원 스마트쉼센터(http://www.iapc.or.kr/)
- Griffiths, M. (2005), A "components" model of addiction within a biopsychosocial framework, Journal of Substance Use, 10, 191-197.
- Rosenberg, K. P., & Feder, L. C. (2014), Behavioral Addictions, London: Academic Press.

제 6장

중독 측정과 평가

게임중독의 측정과 평가

제 6 장
게임중독의 측정과 평가

1. 게임중독의 이해

초고속 인터넷 망과 IT기술의 발달은 스마트폰이나 게임 산업과 같은 미래산업을 급속도로 발전시키고 우리 삶에 편리함과 즐거움을 안겨주기도 했지만 게임중독, 스마트폰 중독, 인터넷 중독과 같은 병리적인 문제 또한 양산하고 있다.

2016년 통계청의 보고에 따르면, 초등학생의 91.1%, 중학생의 82.5%, 고등학생의 64.2%가 성별로는 남학생의 91.4%와 여학생의 66.7%가 온라인 · 모바일 · 비디오 게임을 하고 있는 것으로 나타났다. 특히 게임 과몰입군 청소년은 주의력결핍 과잉행동장애(ADHD) 불안, 우울감 수준이 일반사용자군 청소년보다 높은 것으로 조사되어 대책이 시급한 실정이다.

특히 아동, 청소년기부터의 인터넷 게임에 대한 과몰입은 성장기에 확립되는 심리, 정서, 학습능력, 성격 등에 매우 심각한 손상을 가져올 수 있으며, 성인에 비해 판단력이 미숙한 아동, 청소년들은 인터넷을 통한 사고나 범죄에 쉽게 노출될 위험성이 크다.

일반적으로 게임중독은 지속적이고 반복적으로 게임에 몰두하며, 게임중독으로 인해 일상생활에서 심리적, 사회적, 경제적으로 심각한 손상이 일어난 상태를 말한다. 실제 청소년들이 게임중독이 되었을 때에 나타나는 모습은 게임에 과몰입하여 학업 성적이 떨어지게 되거나, 교우관계, 가족관계를 유지하는 일에는 흥미를 잃고 게임을 하지 않으면, 불안, 초조, 우울증상 등을 보이게 된다.

세계보건기구(WHO)는 2018년 5월로 예정된 제 11차 ICD 개정판 발표에 앞서 만든 초안에서 '게임장애'를 정신건강 장애로 분류할 예정이다. WHO 관계자들은 개정된 안내서에서 게임에 중독되어 있는 사람들이 술을 마시는 사람들처럼 평소에는 장애가 없어 보이지만, 특정 상황에서의 남용은 부작용을 초래할 수 있는 것처럼 게임 중독 문제도 중요한 문제로 인식하는 것이 필요하다고 발표하였다.

그럼에도 불구하고 게임중독에 대한 진단과 평가는 아직 사회적으로 논란의 여지가 많은 부분이다. 일부 학계에서는 '게임중독'이라는 용어를 쓰기에는 기존의 약물중독들을 규정하는 증상들과는 진단 기준에 맞지 않는 부분이 있다고 하여 '게임 과몰입'이라는 표현을 쓰자고 하였다.

미국정신의학회에서도 게임에 중독될 수 있다는 구체적이고도 실증적인 자료가 부족하므로 정신 질환 분류 기준인 DSM-5의 정신질환진단및통계편람에 게임중독이라는 항목을 포함시키지 않는다고 공식 발표했다. 그러나 Section 3(Conditions for further study)에서는 인터넷 게임 장애(Internet Gaming Disorder)라는 명칭으로 연구가 필요한 정신장애로 포함시키기도 하였다. 이는 Section 3는 리서치 섹션(Research section)으로 의학적 근거는 충분하나 세계적으로 통일된 기준이 없기 때문에 연구를 지속적으로 진행해서 정신장애에 포함시키자는 것을 말한다. 그 내용을 살펴보면 물질 사용장애와 유사하게 게임에 대한 통제력 상실, 내성 및 금단증상 등의 인지적, 행동적 증상을 야기하는 과도하고 지속적인 인터넷 게임 패턴을 보이는 것을 인터넷 게임장애로 정의하였다. 구체적인 내용은 인터넷게임장애가 있는 사람은 다른 활동을 소홀히 하고 컴퓨터 앞에 앉아 하루에 8~10시간 이상, 한 주에 적어도 30시간 이상을 게임을 하는데 쓰며, 게임을 하지 못하게 될 경우에는 불안해하고 분노심을 표출하게 된다고 하였다. 이들은 오랫동안 식사도 하지 않고 잠도 자지 않은 채 게임을 하기도 하며, 학교, 직장 또는 가족에 대한 의무 등 일상적인 의무에 소홀해지며, 이러한 상태는 인터넷과 관련된 도박장애와는 구분되는데, 왜냐하면 금전적 위험에는 처하지는 않기 때문이다.

〈표 1〉 인터넷 게임장애의 진단기준

게임을 하기 위해, 그리고 흔히 다른 사용자들과 함께 게임을 하기 위해 지속적이고 반복적으로 인터넷을 사용하는 행동이 임상적으로 현저한 손상이나 고통을 일으키며, 다음 중 5가지(또는 그 이상)증상이 12개월 동안 나타난다.

1. 인터넷 게임에 대한 몰두(이전 게임 내용을 생각하거나 다음 게임 실행에 대해 미리 예상함. 인터넷 게임이 하루 일과 중 가장 지배적인 활동이 됨)

   [주의점]

   이 장애는 도박장애 범주에 포함되는 인터넷 도박과 구분된다.
2. 인터넷 게임이 제지될 경우에 나타나는 금단 증상(이러한 증상은 전형적으로 과민성, 불안 또는 슬픔으로 나타나지만, 약리적인 금단 증상의 신체적 징후는 없음)
3. 내성-더 오랜 시간 동안 인터넷 게임을 하려는 욕구
4. 인터넷 게임 참여를 통제하려는 시도에 실패함
5. 인터넷 게임을 제외하고 이전의 취미와 오락 활동에 대한 흥미가 감소함
6. 정신사회적 문제에 대해 알고 있음에도 불구하고 과도하게 인터넷 게임을 지속함
7. 가족, 치료자 또는 타인에게 인터넷 게임한 시간을 속임
8. 부정적인 기분에서 벗어나거나 이를 완화시키기 위해 인터넷 게임을 함(예, 무력감, 죄책감, 불안)
9. 인터넷 게임 참여로 인해 중요한 대인관계, 직업, 학업 또는 진로 기회를 위태롭게 하거나 상실함
10. [주의점]

    이 장애의 진단은 도박이 아닌 인터넷 게임만 포함한다. 업무 및 작업상 요구되는 활동으로서 인터넷 사용은 포함하지 않으며, 그 외의 기분 전환이나 사회적 목적의 인터넷 사용 또한 포함하지 않는다. 마찬가지로, 성적인 인터넷 사이트도 제외한다.

    현재의 심각도를 명시할 것

    인터넷 게임장애는 일상적 활동의 손상 정도에 따라 경도, 중등도, 고도로 나뉜다. 인터넷 게임장애가 덜 심각한 사람은 증상이 더 적고 일상에서의 손상도 더 적을 것이다. 심각한 인터넷게임장애가 있는 사람은 컴퓨터 앞에서 더 많은 시간을 보내며, 대인관계 또는 진로 및 학업기회에 있어서도 상실이 더 클 것이다.

〈DSM 5 section 3 인터넷 게임 장애 참조〉

〈표 2〉 게임중독의 구체적 증상

1) 집착

게임이 자신의 삶에서 매우 중요한 위치를 차지한 것처럼 느낀다.

게임에 대해서만 생각하고 느끼고 그것을 계속하기 위해 노력한다.

게임을 하지 않을 때에도 항상 다음번에 그 게임을 어떻게 할지에 대해서 생각한다.

2) 내성

만족감을 느끼기 위해 점점 더 많은 시간동안 게임을 한다.

3) 금단

게임을 하지 않거나 갑자기 게임시간을 줄이면 불안감, 짜증, 초조, 불쾌감 등을 느낀다.

4) 갈등

게임 때문에 가족, 친구, 주위사람들과 갈등이 생기고, 학교생활, 가족생활 등의 현실생활에서도 문제가 발생한다.

5) 부정

주변에서 게임을 많이 하는 것에 대해 지적을 받아도 게임으로 인한 어떤 문제도 없다고 거짓말을 하며 속이기 시작한다.

6) 기분의 변화

게임을 하면 학교나 집에서 느꼈던 불쾌하고 힘들었던 기분이 좋게 변화되는 것처럼 느낀다.

따라서 학교생활이나 친구관계에서의 문제를 회피하거나 해결하기 위한 도구로 게임에 더욱 빠져들게 된다.

7) 조절의 실패

게임을 너무 많이 하는 것에 대해 문제가 있음을 인식하고 조절을 시도해 보지만 번번이 실패하고 점차 자포자기하게 된다.

8) 소모적 행동

게임을 하기 위해 더 많은 시간과 에너지, 돈을 사용하게 된다.

9) 만성피로

밤을 새는 등 장시간 게임을 하게 되면서 만성 피로감을 느끼게 된다. 잠이 부족해 졸음이 오고, 수업에 집중하기가 곤란하다.

10) 취미생활의 상실

게임 외에 운동과 같은 취미생활이 없어진다.

11) 언어와 맞춤법의 변화

게임 속에서 하는 채팅 언어 등에 맞게 현실 생활의 언어와 맞춤법이 달라진다.

12) 불규칙한 생활

게임으로 생활이 불규칙해져 지각과 결석이 잦아진다. 더 나아가 늦은 귀가, 외박, 가출 등의 문제행동을 하게 된다.

13) 충동성 증가

짜증과 충동적인 행동이 많아지고, 부모나 주변 어른에 대해 반항과 저항이 늘어난다.

14) 관계의 변화

가족과 학교에서의 인간관계는 소원해지거나 갈등이 많아지고 사이버상에서 친구를 만들려고 한다.

〈 아이윌센터, 게임중독이란, 게임중독증상 참조 〉

2. 게임중독의 원인

1) 인터넷 게임 자체의 특성

Young(2000)에 의하면 익명성(anonymity), 편리성(convenience), 현실탈출(escape)이 사이버 공간이 주는 매우 매력적인 요소이며, 이용자가 가상의 공간에서 실제 자신이 누구인지 밝히지 않고서도 자유롭게 관계를 형성하고 억압된 욕구를 분출함으로써 해방감을 느낀다고 하였다. 또한 게임을 즐길 수 있는 범위가 전세계이기 때문에 무한정의 경쟁상대로 인한 승부욕을 끝없이 자극하게 되거나 게임을 하면서 자신의 공격성이나 폭력성을 익명의 공간이라는 특성을 이용하여 과도하게 표출할 수도 있는데 이는 실제 인터넷 공간은 익명의 공간이 아니며 단지 서로의 모습을 볼 수 없는 상태일 뿐이지 서로의 행동에 대한 책임이 없다는 것은 아니라는 점을 명심하는 것이 반드시 필요하겠다.

2) 이용자 개인의 특성

알콜이나 도박중독에 있어서도 개인의 심리적 특성으로 인해 그 물질이나 행위에 더 쉽게 끌리는 개인의 특성이 있다고 하였다. 게임 중독에 있어서는 현실에서 느끼지 못하는 소속감이나 인정욕구를 가상의 세상에서 좀더 안정적으로 느끼고자 하는 심리, 낮은 자존감으로 인해 현실에서는 자연스럽게 인간관계를 맺는 것이 어려운 개인이 인터넷 공간에서 새로운 모습으로 적극적인 관계를 시도할 수 있다는 장점들이 개인이 인터넷 게임 중독에 노출되는 주요인이 될 수 있다는 것이다. 또한 인터넷 게임중독과 관련된 심리적 변인에 대한 연구에서 청소년의 인터넷 게임 중독은 자기통제력, 인터넷에 대한 긍정적인 인식, 충동성, 외로움 등의 변인과 관련이 있다고 보고하였다(이형초, 2001).

3) 생물학적 요인

최근의 신경생물학적 연구들을 통해 쾌감과 관련된 신경전달물질의 분비를 담당하는 도파민 회로의 활성화가 물질중독과 행위중독 모두에서 나타나며, 서로 공존질환으로 발현되는 경우도 많다는 보고들이 있으며, 게임에 중독된 아동들의 뇌활동을 PET(Postion Emission Tomography)촬영을 통해 뇌기능을 살펴보았을 때 다른 약물중독자에게서 나타나는 변화와 유사하다는 연구결과가 보고다. 그러나 이러한 연구들이 중독의 원인인지 결과인지 아직은 명확하지 않으므로 더욱 많은 연구가 필요한 실정이다.

4) 사회, 환경적 요인

현대 사회의 문화적 특성이라고 할 수 있는 핵가족화나 맞벌이 부부의 증가, 놀이문화의 변화로 인해 홀로 일상생활을 유지해야하는 아동, 청소년들이 늘면서 이들이 주위의 통제없이 게임에 과몰입하는 환경이 만들어지게 되고 이로 인해 가족과의 의사소통이 줄고 가상관계에만 집중하는 경향성이 강해졌으며, 특히 PC방이나 스마트폰에 대한 접근성이 일반화되면서 방과 후나 여가시간에 게임만을 즐기려는 아동, 청소년들이 늘고 있다. 이는 가족이나 또래들과의 정상적인 관계 형성을 훼손시키고 심각한 경우 또래관계형성에 대한 거부나 가정의 해체로 까지 문제화되는 경우도 있다.

3. 게임중독으로 인해 발생하는 문제점

1) 신체적 문제

게임중독으로 인해 규칙적인 식사를 통한 영양공급이 원활히 이루어지지 않아 심각한 경우, 영양실조 증상을 보이기도 하며, 지속적인 게임으로 인해 수면을 취하지 않아 과도한 각성상태에서의 스트레스 호르몬 분비가 증가된다. 적절한 신체적 운동이 이루어지지 않는 경우, 근골격계 질환이나 긴장성 두통, 요통, 위장장애 등이 발생하기도 하며, 최근에는 중독적인 인터넷 게임으로 인해 사망까지 이르는 경우도 발생하고 있다.

2) 심리적 문제

초기 게임의 몰입상태에서는 쾌감과 관련된 긍정적인 정서들을 경험하지만 내성이나 금단증상이 발생하면 무기력감이나 우울, 불안증상 등이 증가하게 된다. 시간왜곡 경험을 하게 되어 게임을 시작한 지 1시간 후에도 1분 정도 밖에 지나지 않은 것처럼 느끼기도 하며, 게임을 하는 중에는 자주 시간감각을 잃게 된다. 또한 게임을 하지 않고 있음에도 게임에서 본 장면들이 떠올라 집중을 방해하는 '잔영 현상'이 나타나기도 하며, 이런 현상이 과도해지면 착시나 환시 증상이 나타나기도 한다. 게임과 같은 지속적인 자극이 주어지지 않을 때에는 일상에서 오는 자극들에 점점 무감각해 지고 집중력이 감소되어 일상생활에서 부정적인 문제점들이 발생하기도 한다.

3) 행동적 문제

공격적이거나 폭력적인 게임에 지속적으로 노출되어 중독이 되는 경우, 자신의 폭력적인 행동을 저지하는 것에 어려움을 느끼며, 자제력을 잃는 충동성이 강화되게 된다. 충동성은 자기조절 및 통제와 반대되는 용어로 사고나 행동이 단순해지고 즉각적이며 중독의 문제점을 인지하더라도 쉽게 저지하기 힘들어하게 된다. 충동성이 강하고 자기통제력이 약한 개인은 즉각적인 만족과 흥분을 제공하는 게임이나 인터넷과 만나게 되면 가상 공간에서 통제력이 상실되어 중독에 이르게 되고 일상생환 전반에 문제가 발생하게 된다. 반대로 자신의 행동을 조절하는 능력을 가지고 있고 일상생활에서 규칙적인 생활을 유지하는 개인은 중독에 빠질 위험성이 낮다고 볼 수 있다(이형초, 2002).

4) 사고나 범죄의 문제

신체적, 심리적 발달과정에서 아직 미숙한 판단력을 가진 아동, 청소년이 게임 환경에 몰입된 상황에서 현실의 관계보다 가상의 관계에 집중하게 되어 아이템 획득이나 계정 비용 마련을 위해 사기나 절도와 같은 사기, 범죄, 폭력등의 문제에 쉽게 노출 될 수 있다. 또한 게임 과몰입으로 인해 공격적 행동이 증가하거나 통제력이 감소되었을 때, 파괴적인 행동이 증가하여 폭력범죄의 원인이 될 수도 있으며, 게임으로 인한 가족들과의 소통결여나 게임행동 제어에 대한 불만으로 인해 가출을 하거나 폭행을 일삼는 경우도 발생하고 있다. 그러나 이러한 현상들이 인터넷 게임중독의 직접적인 원인이라고 보기에는 기존의 연구가 부족한 실정이다.

4. 게임중독의 평가

게임중독의 평가는 앞서 말한 DSM 5의 인터넷 게임 장애 진단기준이나 아래의 인터넷 중독 자가진단검사(KS)를 통해 이루어진다. 간략형 인터넷 중독 자가진단검사(KS) 척도는 현장 적용을 강화하기 위해 한국정보화진흥원이 개발한 척도이다. 구체적 내용은 다음과 같다.

〈표 3〉 청소년 인터넷 중독 자가진단척도

청소년 인터넷중독 자가진단 척도

번호	항 목	전혀 그렇지 않다	그렇지 않다	그렇다	매우 그렇다
1	인터넷 사용으로 건강이 이전보다 나빠진 것 같다.				
2	오프라인에서보다 온라인에서 나를 인정해 주는 사람이 더 많다.				
3	인터넷을 하지 못하면 생활이 지루하고 재미가 없다.				
4	인터넷을 하다가 그만 두면 또 하고 싶다.				
5	인터넷을 너무 사용해서 머리가 아프다.				
6	실제에서 보다 인터넷에서 만난 사람들을 더 잘 이해하게 된다.				
7	인터넷을 하지 못하면 안절부절못하고 초조해 진다.				
8	인터넷 사용 시간을 줄이려고 해보았지만 실패한다.				
9	인터넷을 하다가 계획한 일들을 제대로 못한 적이 있다.				
10	인터넷을 하지 못해도 불안하지 않다.				
11	인터넷 사용을 줄여야 한다는 생각이 끊임없이 들곤 한다.				
12	인터넷 사용시간을 속이려고 한 적이 있다.				
13	인터넷을 하고 있지 않을 때는 인터넷이 생각나지 않는다.				
14	주위 사람들이 내가 인터넷을 너무 많이 한다고 지적한다.				
15	인터넷 때문에 돈을 더 많이 쓰게 된다.				

〈출처: 한국정보화진흥원 인터넷중독대응센터. iapc.or.kr 〉

〈표 4〉 청소년 인터넷중독 자가진단척도 해석

청소년 인터넷중독 자가진단 척도 해석지침

구분	대상	내용
채점방법	1단계 문항별	**전혀 그렇지 않다 : 1점, 그렇지 않다 : 2점, 그렇다 : 3점, 매우 그렇다 : 4점** ※ 단, 문항 10번, 13번은 다음과 같이 역채점 실시 〈전혀 그렇지 않다 : 4점, 그렇지 않다 : 3점, 그렇다 : 2점, 매우 그렇다 : 1점〉
	2단계 총점 및 요인별	**총 점 ▶** ① 1~15번 합계 **요인별 ▶** ② 1요인(1,5,9,12,15번) 합계 ③ 3요인(3,7,10,13번) 합계 ④ 4요인(4,8,11,14번) 합계
고위험 사용자군	중고교생	**총 점 ▶** ① 44점 이상 **요인별 ▶** ② 1요인 15점 이상 ③ 3요인 13점 이상 ④ 4요인 14점 이상
	초등학생	**총 점 ▶** ① 42점 이상 **요인별 ▶** ② 1요인 14점 이상 ③ 3요인 13점 이상 ④ 4요인 13점 이상
		판 정 ▶ ①에 해당하거나, ②~④ 모두 해당되는 경우
		인터넷 사용으로 인하여 일상생활에서 심각한 장애를 보이면서 내성 및 금단 현상이 나타난다. 대인관계는 사이버 공간에서 대부분 이루어지며, off라인에서 만남보다는 on라인에서 만남을 더 편하게 여긴다. 인터넷 접속시간은 중 · 고생의 경우 1일 약 4시간 이상, 초등생 약 3시간 이상이며, 중 · 고생은 수면시간도 5시간 내외로 줄어든다. 대개 자신이 인터넷 중독이라고 느끼며, 학업에 곤란을 겪는다. 또한 심리적으로 불안정감 및 우울한 기분을 느끼는 경우가 흔하며, 성격적으로 충동성, 공격성도 높은 편이다. 현실세계에서 대인관계에 문제를 겪거나, 외로움을 느끼는 경우도 많다. ▷ 인터넷중독 성향이 매우 높으므로 관련 기관의 전문적인 지원과 도움이 요청된다.
잠재적 위험 사용자군	중고교생	**총 점 ▶** ① 41점 이상~43점 이하 **요인별 ▶** ② 1요인 14점 이상 ③ 3요인 12점 이상 ④ 4요인 12점 이상
	초등학생	**총 점 ▶** ① 39점 이상~41점 이하 **요인별 ▶** ② 1요인 13점 이상 ③ 3요인 12점 이상 ④ 4요인 12점 이상
		판 정 ▶ ①~④ 중 한 가지라도 해당되는 경우
		고위험 사용자에 비해 보다 경미한 수준이지만, 일상생활에서 장애를 보이며, 인터넷 사용시간이 늘어나고 집착을 하게 된다. 학업에 어려움이 나타날 수 있으며, 심리적 불안정감을 보이지만 절반 정도의 학생은 자신이 아무 문제가 없다고 느낀다. 대체로 중 · 고생은 1일 약 3시간 정도, 초등생은 2시간 정도의 접속시간을 보이며, 다분히 계획적이지 못하고 자기조절에 어려움을 보이며, 자신감도 낮은 경향이 있다. ▷ 인터넷 과다사용의 위험을 깨닫고 스스로 조절하고 계획적으로 사용하도록 노력한다.인터넷 중독에 대한 주의가 요망되며, 학교 및 관련 기관에서 제공하는 건전한 인터넷 활용 지침을 따른다.
일반 사용자군	중고교생	**총 점 ▶** ① 40점 이하 **요인별 ▶** ② 1요인 13점 이하 ③ 3요인 11점 이하 ④ 4요인 11점 이하
	초등학생	**총 점 ▶** ① 38점 이하 **요인별 ▶** ② 1요인 12점 이하 ③ 3요인 11점 이하 ④ 4요인 11점 이하
		판 정 ▶ ①~④ 모두 해당되는 경우
		중 · 고생의 경우 1일 약 2시간, 초등생 약 1시간 정도의 접속시간을 보이며, 대부분 인터넷중독 문제가 없다고 느낀다. 심리적 정서문제나 성격적 특성에서도 특이한 문제를 보이지 않으며, 자기행동을 잘 관리한다고 생각한다. 주변 사람들과의 대인관계에서도 충분한 지원을 얻을 수 있다고 느끼며, 심각한 외로움이나 곤란함을 느끼지 않는다. ▷ 인터넷의 건전한 활용에 대하여 자기 점검을 지속적으로 수행한다.

〈출처: 한국정보화진흥원 인터넷중독대응센터. iapc.or.kr 〉

〈표 5〉 성인 인터넷 중독 자가진단척도

성인 인터넷중독 자가진단 척도

번호	항 목	전혀 그렇지 않다	그렇지 않다	그렇다	매우 그렇다
1	인터넷 사용으로 인해 학교 성적(업무 실적)이 떨어졌다.				
2	인터넷을 하는 동안 더욱 자신감이 생긴다.				
3	인터넷을 하지 못하면 무슨 일이 있어났는지 궁금해서 다른 일을 할 수가 없다.				
4	"그만 해야지" 하면서도 번번이 인터넷을 계속하게 된다.				
5	인터넷 사용 때문에 피곤해서 수업(업무)시간에 잔다.				
6	인터넷을 하다가 계획한 일을 제대로 못한 적이 있다.				
7	인터넷을 하면 기분이 좋아지고 쉽게 흥분한다.				
8	인터넷을 할 때 마음대로 되지 않으면 짜증이 난다.				
9	인터넷 사용 시간을 스스로 조절 할 수 있다.				
10	피곤할 만큼 인터넷을 하지 않는다.				
11	인터넷을 하지 못하면 안절부절 못하고 초조해진다.				
12	일단 인터넷을 시작하면 처음에 마음먹었던 것보다 오랜 시간 인터넷을 하게 된다.				
13	인터넷을 하더라도 계획한 일들을 제대로 한다.				
14	인터넷을 하지 못해도 불안하지 않다.				
15	인터넷 사용을 줄여야 한다는 생각을 끊임없이 한다.				

〈출처: 한국정보화진흥원 인터넷중독대응센터. iapc.or.kr 〉

〈표 6〉 성인 인터넷 중독 자가진단척도 해석

성인 인터넷중독 자가진단 척도

<table>
<tr><td rowspan="2">채점방법</td><td>1단계
문항별</td><td>전혀 그렇지 않다 : 1점, 그렇지 않다 : 2점, 그렇다 : 3점, 매우 그렇다 : 4점
※ 단, 문항 9번, 10번, 13번, 14번은 다음과 같이 역채점 실시
〈전혀 그렇지 않다 : 4점, 그렇지 않다 : 3점, 그렇다 : 2점, 매우 그렇다 : 1점〉</td></tr>
<tr><td>2단계
총점 및
요인별</td><td>총 점 ▶ ① 1~15번 합계
요인별 ▶ ② 1요인(1,5,6,10,13번) 합계
③ 3요인(3,8,11,14번) 합계
④ 4요인(4,9,12,15번) 합계</td></tr>
<tr><td rowspan="3">고위험
사용자군</td><td colspan="2">총 점 ▶ ① 42점 이상
요인별 ▶ ② 1요인 14점 이상 ③ 3요인 12점 이상 ④ 4요인 13점 이상</td></tr>
<tr><td colspan="2">판 정 ▶ ①에 해당하거나, ②~④ 모두 해당되는 경우</td></tr>
<tr><td colspan="2">인터넷 사용으로 인하여 일상생활에서 심각한 장애를 보이면서 내성 및 금단 현상이 나타난다. 인터넷으로 이루어지는 대인관계가 대부분이며, 비도덕적 행위와 막연한 긍정적 기대가 있고 일상생활에서도 인터넷에 접속하고 있는듯한 착각을 하기도 한다. 현실 생활에서도 습관적으로 사용하게 되며 인터넷 없이는 한 순간도 견디기 힘들다고 느낀다. 따라서, 인터넷 사용으로 인하여 학업이나 업무, 대인관계를 제대로 수행할 수 없으며 자신이 인터넷 중독이라고 느낀다. 또한, 심리적으로 불안정감 및 대인관계 곤란감, 우울한 기분 등이 흔하며, 성격적으로 자기 조절에 심각한 어려움을 보이며 무계획적인 충동성도 높은 편이다. 현실세계에서 사회적 관계에 문제가 있으며, 외로움을 느끼는 경우도 많다.
▷ 인터넷 중독 경향성이 매우 높으므로 관련 기관의 전문적 지원과 도움이 요청된다.</td></tr>
<tr><td rowspan="3">잠재적
위험
사용자군</td><td colspan="2">총 점 ▶ ① 39점 이상~41점 이하
요인별 ▶ ② 1요인 13점 이상</td></tr>
<tr><td colspan="2">판 정 ▶ ①~② 중 한 가지라도 해당되는 경우</td></tr>
<tr><td colspan="2">고위험사용자군에 비해 경미한 수준이지만 일상생활에서 장애를 보이며, 필요이상으로 인터넷 사용시간이 늘어나고 집착을 하게 된다. 학업과 업무 등에 어려움이 나타날 수 있으며, 심리적 불안정감을 보이지만 절반 정도는 자신이 아무 문제가 없다고 느낀다. 다분히 계획적이지 못하고 자기조절에 어려움을 보이며 자신감도 낮게 된다.
▷ 인터넷 과다 사용의 위험을 깨닫고 스스로 조절하고 계획적인 사용을 하도록 노력한다. 인터넷 중독에 대한 주의가 요망된다</td></tr>
<tr><td rowspan="3">일반
사용자군</td><td colspan="2">총 점 ▶ ① 38점 이하
요인별 ▶ ② 1요인 12점 이하 ③ 3요인 11점 이하 ④ 4요인 12점 이하</td></tr>
<tr><td colspan="2">판 정 ▶ ①~④ 모두 해당되거나 고위험 및 잠재적위험군에 속하지 않는 경우</td></tr>
<tr><td colspan="2">대부분이 인터넷 중독문제가 없다고 느낀다. 심리적 정서문제나 성격적 특성에서도 특이한 문제를 보이지 않으며, 자기행동을 관리한다고 생각한다. 주변 사람들과의 대인관계에서도 자신이 충분한 지원을 얻을 수 있다고 느끼며, 심각한 외로움이나 곤란감을 느끼지 않는다.
▷ 때때로 인터넷의 건전한 활용에 대하여 자기 점검을 지속적으로 수행한다.</td></tr>
</table>

〈출처: 한국정보화진흥원 인터넷중독대응센터. iapc.or.kr 〉

참고문헌

- 이형초 (2001). 인터넷 게임중독의 진단척도 개발과 인지행동치료 효과, 고려대학교 대학원 박사학위논문.
- 이형초 (2002). 인터넷 게임중독의 인지행동 치료 프로그램의 개발 및 효과 검증, 한국심리학회지: 건강
- 한국정보화진흥원 (2011). 인터넷중독 고도화 연구 3차연구
- Young, K. S. (2000). Caught in the net. 인터넷중독증. 서울: 나눔의 집

제 7장

중독 측정과 평가

도박중독의 측정과 평가

제 7 장

도박중독의 측정과 평가

1. 도박중독의 개관

도박은 어느 시대, 어느 나라에 존재하는 매우 흔하고 다양한 형태로 돈이나 재물 따위를 걸고 서로 내기를 하는 일로 볼 수 있을 것이다. 도박에 대한 흔한 착각은 적은 돈, 적은 재물을 걸고 하는 것은 도박이 아니라는 생각한다는 점이다. 명절에 친척들과 모여서 하는 점당 10원짜리 고스톱은 놀이뿐 도박은 아니라고 생각하지만 그렇지 않다. 돈을 걸고 내기를 하는 행위가 바로 도박이기 때문이다.

도박과 관련된 상담을 진행하다보면 가슴이 아픈 일이 참으로 많다. 도박은 자신 뿐 아니라 주변의 가족들과 지인들까지 문제를 일으키기 때문이다. 오랜 기간 도박을 하는 사람을 만나게 되면 주변의 지인들과의 관계가 무너진 경우를 쉽게 만나게 되는데 이런 상황이 되면 도박에서 벗어나 가족들의 품으로 돌아가야 하는 사실에 대한 포기하는 경우를 볼 수 있다. 이런 상황에 상담 장면에 오게 되면 동기를 부여하는데 시간이 많이 걸리게 되고 도박 행위에서 벗어나기 힘든 상황이 된다.

도박을 하는 경우 원인이 돈 때문이라고 생각하는 경우가 많다. 이러한 문제를 해결하기 위해서는 적은 확률이 이더라도 단기간 문제를 해결할 수 있는 방법은 도박 밖에 없다는 신념을 가지고 있다. 이러한 점들 때문에 점차적으로 돈을 쫓아가는 문제가 발생하게 되고 점차적으로 손실이 금액 커짐에 따라 헤어나기 힘든 상황이 되기도 한다.

도박중독 문제는 성인들만의 문제로 여겨지는 경향이 있으나 최근 청소년 도박에 대한 문제가 심각하다. '2015 청소년 도박문제 실태조사'에 따른 면 5.1%의 재학 중 청소년이 도박문제 위험 및 문제군으로 분류 되었다. 이는 2016년 일반 성인들을 대상으로 도박중독 유병률 조사 5.1%와 동일한 수준으로 나타났다. 최근 스마트폰의 보급으로 인해 장소, 시간에 상관없이 언제든 도박이 가능하기 때문에 주의 깊은 관찰이 필요하다.

우리나라 합법 도박 시장의 총 매출 규모는 21조 9,777억(사행산업통합감독위원, 2016)으로 나타났다. 합법 사행산업은 카지노업, 경마, 경륜, 경정, 복권, 체육진흥투표권, 소싸움으로 7종목으로 이중 경마가 7조 7,459억으로 가장 높은 총 매출액을 보인다. 또한 OECD 국가별

GDP 대비 사행산업 순매출액 비중은 2013년에는 14위였으나 2015년 영국과 공동 6위였다.

DSM–IV에는 충동조절 장애 분류되었으나 DSM–5에서는 '물질관련 및 중독장애'로 분류 변경되고 진단명은 도박장애(Gambling Disorder)로 변경되었다. 변경된 아래의 〈표1〉 같다. 질환의 심각성은 진단 기준에 해당하는 숫자에 따라 나타난다. 또한 〈표 2〉에 도박중독 진단기준이 제시되었다.

〈표 1〉 DSM–5 에서의 도박장애 관련 변경 내용

※ DSM-5에서의 변화
1. 병적 도박에서 '도박장애' 진단명이 변경되었다.
2. 충동조절 장애에서 '물질관련 및 중독 장애'로 재분류 되었다.
3. 진단기준이 10개에서 9개로 축소되었다.(불법 행위 삭제)
4. 진단 기준의 개수가 5개에서 4개로 변경되었다.

- 주요 내용 정리 -
① 내성 ② 금단 ③ 조절실패 ④ 몰입/집착 ⑤ 회피목적 ⑥ 추격매수 ⑦거짓말 ⑧ 일상생활 문제
⑨ 구조요청 ⑩불법행위(DSM-5에서 삭제)

〈표 2〉 도박장애의 진단 기준

A. **지속적이고 반복적인 문제적 도박 행동이 임상적으로 현저한 손상이나 고통을 일으키고 지난 12개월 동안 다음 항목 중 4개(또는 그 이상)나타난다.**
① 원하는 흥분을 얻기 위해 액수를 늘리면서 도박하려는 욕구가 있다.
② 도박을 줄이거나 중지시키려고 시도할 때 안절부절못하거나 과민해진다.
③ 도박을 조절하거나 줄이거나 중지시키려는 노력이 반복적으로 실패한다.
④ 종종 도박에 집착한다(예, 과거의 도박 경험을 되새기고, 다음 도박의 승산을 예견해 보거나 계획하고, 도박으로 돈을 벌 수 있는 방법을 생각).
⑤ 괴로움(예. 무기력감, 죄책감, 불안감, 우울감)을 느낄 때 도박을 한다.
⑥ 도박으로 돈을 잃은 후, 흔히 만회하기 위해 다음날 다시 도박함(손실을 쫓아감)
⑦ 도박에 관여된 정도를 숨기기 위해 거짓말을 한다.
⑧ 도박으로 인해 중요한 관계, 일자리, 교육적·직업적 기회를 상실하거나 위험에 빠트린 적이 있다.
⑨ 도박으로 야기된 절망적인 경제 상태에서 벗어나기 위한 돈 조달을 남에게 의존한다.

B. **도박 행동이 조증 삽화로 더 잘 설명되지 않는다.**
- 다음의 경우 명시할 것:
  - · 삽화성 : 진단기준을 만족하는 것이 1회 이상이며, 도박장애 사이에 적어도 수개월 동안 증상이 줄어든 시기가 있는 경우
  - · 지속성 : 진단기준을 수년간 만족시키는 증상이 지속되는 경우
- 다음의 경우 명시할 것:
  - · 조기 관해 상태 : 이전에 도박장애의 모든 진단기준을 만족했고, 최소 3개월 이상 12개월 이내의 기간 동안 진단기준에 맞는 항목이 전혀 없는 경우
  - · 지속적 관해 상태 : 이전에 도박장애의 모든 진단기준을 만족했고, 12개월 이상의 기간동안 진단기준에 맞는 항목이 전혀 없는 경우
- 현재의 심각도를 명시할 것:
  - · 경도 : 4-5개 진단기준을 만족한다. · 중도 : 6-7개 진단기준을 만족한다. · 고도 : 8-9개 진단기준을 만족한다.

DSM-5의 진단 기준 외에 도박중독을 측정하기 위한 척도로 도박중독자가척도 (CPGI)가 있다. CPGI를 통해 측정한 문제성 도박 유병률의 국가간 비교는 〈표 3〉에 제시한다.

〈표 3〉 CPGI를 통한 주요 국가 도박중독 유병률

국가	년도	유병률		
		중위험 도박	문제성 도박	합계
한국	2016	3.8	1.3	5.1
	2014	3.5	1.9	5.4
	2012	5.9	1.3	7.2
영국	2010	1.8	0.7	2.5
	2007	1.4	0.5	1.9
프랑스	2010	0.9	0.4	1.3
호주	2010	1.7	0.7	2.4
뉴질랜드	2009	1.3	0.4	1.7

위의 〈표 3〉을 통해서 한국의 도박중독 유병률이 높은 수준임을 알 수 있다. 그런데 국회 보건복지위원회 소속인 최동익 민주통합당 의원의 보도자료에 따르면 2007년 2월부터 2012년 6월 사이 도박 관련 질병으로 약 3,490명이 건강보험으로 진료받았다고 보고하였다. 이는 한국의 유병률 5.1%와 비교할 때에 매우 적은 숫자라고 할 수 있다. 실제로 상담 장면에서 오히려 가족들이 입원치료를 거부하는 경우도 종종 볼 수 있다. 이는 도박은 은밀하고 가족들이 들어내기를 꺼려하는 경향이 있다고 볼 수 있다. 보다 빠른 시간에 병원 또는 전문기관을 찾도록 유도하는 것이 매우 중요하다고 할 수 있다.

2. 도박중독 이해

1) 도박 중독의 원인

(1) 유전적, 생리적 원인

DSM-5에 따르면 도박 장애는 가족적 경향을 보일 수 있고, 유전적 영향을 받는 것으로 설명하고 있다. 특히 이란성 쌍생아에 비해 일란성 쌍생아에서 더 흔하게 나타난다. 또한 알코올 중독과 공존질환률이 높은 것으로 보고되었다. 일반인 보다는 도박중독 위험이 있는 중증도, 고도의 심각한 알코올 중독자의 일차 친족에게서 더 많이 나타난다고 보고 할고 있다.

(2) 스트레스-취약성 이론

스트레스 취약성 모델은 인간 스스로가 가진 기본 취약인장(Predisposing factor)와 또 그러한 인자를 발현하게 하는 자극 유발인자 즉 촉발인자(Precipitating factor)로 이론을 설명하고 있다. 축구공을 예를 들고 싶은데 축구공 종류 중에는 기본적으로 비교적 튼튼하지 않은 공이 있을 수 있다. 그 공은 다른 공 종류 보다 튼튼하지 않을 가능성이 있고 특정 부분에 강한 압력을 가하면 터질 수 있다는 것이다. 우연히 도박장을 방문하더라도 도박과 같은 종류에 대해서 취약한 부분이 무너질 수 있다. 이러한 점들 때문에 충동을 조절하고 통제가 어려운 사람의 경우 자극에 취약하고 동일한 행위중독에는 문제가 발생할 수 있다. 인터넷, 게임, 쇼핑 중독, 도박 중독 관련하여 취약한 사람이 있고 어떠한 상황적 요소들이 문제를 방생시킬 수 있다는 이론이다.

(3) 성격적 특성

DSM-5에서는 반사회성 성격장애나 다른 성격장애를 가진 개인에게서 나타날 수 있다고 하였다. 또한 승부욕도 성격적 특성 중에 하나라고 할 수 있을 것이다. 사행성 게임을 할 경우 운영자가 유리하게 설정되어 있음에도 지는 것을 인정하지 못하고 분을 삯이지 못하는 사람들을 볼 때가 있다. 또는 사람들과 관계에서 자신의 욕구를 풀지 못하고 도박과 같은 방법으로 자신의 스트레스를 해소하길 원하는 사람들을 종종 볼 수 있다. 성격적 스펙트럼은 워낙 넓고 다양하기 때문에 추후 성격과 관련된 도박중독 연구가 필요하다고 볼 수 있다.

(4) 비합리적 신념

지속적으로 도박을 할 경우 패배학습이 이루어짐에도 불구하고 왜 도박을 끊지 못할까? 여러가지 원인이 이겠지만 대표적인 것이 비합리적 신념이 있다. 예를 들어 '도박을 결국 기술이 중요하다고 생각해' 또는 '시드머니가 많이 있어야 이길 수 있어', '오늘은 운이 좋지 않아서 진 것이지 반드시 운이 좋은날도 있을 거야' 등의 생각들이다. 상담을 하다보면 이러한 비합리적 신념을 가진 사람을 만날 경우 원활한 상담진행이 어려운 경우가 많다. 결국 비합리적 신념을 논리적 반박을 통하여 합리적인 신념을 바꿔주는 인지행동치료가 효과적이라는 연구가 있다.

(5) 위험감수 성향

어떤 사람은 위험을 감수해서 추가 적으로 얻을 수 있는 혜택만 생각하고 문제가 발생할 경우를 생각하지 않거나 그것을 최소화하는 성향을 가진 사람들을 만날 수 있다. 이수정, 김교헌(2017)의 연구에서는 위험감수 성향이 높은 집단의 경우 비교적 낙관적으로 승리접근 해석하고, 문제가 발생하거나 게임에서 진 경우에도 성공에 가까웠다고 생각함으로서 도박행동을 증가시킬 수 있다고 하였다. 위험감수성향이 높은 집단의 경우 승리접근 경험을 했을 경우 도박행동이 유의하게 증가되었다. 이는 위험감수 성향을 지닌 사람이 카지노, 경마 등의 사행성 게임에서 승리경험을 경험하게 된다면 추후 도박중독 심각성에 영향을 미칠 수 있다는 점이다.

3. 도박중독 관련 측정과 평가

도박중독을 진단하고 평가하기 위해는 다양한 측정도구를 이해 할 필요가 있다. 각각의 심리검사 특성에 따라 적절하게 사용할 필요가 있고, 가장 흔히 사용되는 검사들을 제시하고자 한다.

1) 도박중독 자가진단표 (Canadian Problem Gamble Index; CPGI)

DSM-IV의 병적 도박 기준을 참고하여 일반인의 도박중독 유병률을 평가하기 위하여 Ferris와 Wynne(2001)이 개발한 도구로서 Problem Gamble Severity Index(PGSI)로 불리는 9문항을 도박 중독 선별을 위해서 사용하였다. 한국에는 이경희(2009)가 성인 1,000명을 대상으로 자료를 수집하여 요인구조를 분석 후 척도를 타당하여 발표하였다. 현재 전 세계에서 가장 많이 사용되는 지표로서 한국 사행감독통합위원회는 2년에 한번 씩 전 국민을 상대로 유병률 평가를 하고 이를 발표하고 있다. 2016년 사행산업 이용실태조사에 따르면 일반인의 경우 중위험 도박자(3.8%)와 문제성 도박자(1.3%)를 합한 5.1%를 유병률로 평가하였다. 이는 2014년 조사의 5.4%보가 감소한 수치이며, 2008년도의 9.5%보다 4.4%p감소한 수치이다. 그러나 국가주도로 평가된 다른 국가의 유병률은 호주(2013) 2.3%, 체코(2012/2013) 2.3%, 뉴질랜드(2012) 1.3%를 감안한다면 한국의 유병률은 높은실정이라고 할 수 있다. Currie 등(2010) 연구에서는 문제성도박자의 cut-off를 7점으로 하는 것이 적절하다고 한단을 내리반면, '저위험'과 '중위험' 변별 기준(3점)의 타당성에 증거는 불충분하다고 결론 내렸다. 이에 대한 지적으로 저위험 도박자를 1-4점으로 중위험 도박자를 5-7점으로 문제성도박자를 8점으로 이상으로 평가해야한나는 주장이 있다. 참고로 캐나다 온타리오 보고서에는 +5 기준도 함께 제시되어 있으나 CPGI를 활용하는 호주, 영국, 뉴질랜드, 체코, 스웨덴, 말레이시아 등에서도 2011년 이후 국가 단위 유병률 조사에서 +3점을 유지하고 있다. 현재 사용하고 있는 기준에 따라 0점을 해당 없음(nongambling)으로, 1-2점을 저위험(low-risk), 3-7점을 중위험(moderate risk), 8이상을 문제성(problem gambling) 도박자로 구분하였다.

〈표 4〉 CPGI 문항

●지난 12개월 동안 경험하신 것을 중심으로 가장 적절한 부분에 체크(√)해 주시기 바랍니다.

항 목	전혀 없다 (0점)	간혹 그렇다 (1점)	대체로 그렇다 (2점)	거의 항상 그렇다 (3점)
① 귀하는 도박에서 잃어도 크게 상관없는 금액 이상으로 도박을 한 적이 있습니까?	ⓞ	①	②	③
② 귀하는 도박으로 잃은 돈을 만회하기 위해 다른 날 다시 도박을 하신 적이 있습니까?	ⓞ	①	②	③
③ 귀하는 자신의 도박행위가 문제가 될 만한 수준이라고 느낀 적이 있습니까?	ⓞ	①	②	③
④ 귀하는 도박으로 인해 스트레스나 불안 등을 포함한 어떤 건강상의 문제를 겪은 적이 있습니까?	ⓞ	①	②	③
⑤ 귀하의 도박행위로 인해 본인이나 가정에 재정적인 문제가 발생한 적이 있습니까?	ⓞ	①	②	③
⑥ 귀하는 도박자금을 마련하기 위해 돈을 빌리거나 무엇인가를 판 적이 있습니까?	ⓞ	①	②	③
⑦ 귀하는 도박에서 이전과 같은 흥분감을 느끼기 위해 더 많은 돈을 걸어야 했던 적이 있습니까?	ⓞ	①	②	③
⑧ 귀하는 사실여부에 상관없이 다른 사람들로부터 도박행위를 비난 받거나 도박문제가 있다는 얘기를 들은 적이 있습니까?	ⓞ	①	②	③
⑨ 귀하는 자신의 도박하는 방식이나 도박을 해서 발생한 일에 대해 죄책감을 느낀 적이 있습니까?	ⓞ	①	②	③
합계				

〈표 4〉 CPGI 점수별 분류

분류	설명
비문제성 도박자: 0점 (nongambling)	지난 12개월 동안 도박관련 문제가 발생한 적이 없음
저위험 도박자: 1~2점 (low-risk)	지난 12개월 동안 도박으로 인해 부정적인 결과가 발생한 적이 거의 없거나 발생했더라도 매우 낮은 수준의 문제가 발생
중위험 도박자: 3~7점 (moderate risk)	지난 12개월 동안 도박으로 인하여 부정적인 문제가 발생하기도 함
문제성 도박자: 8점 이상 (problem gambling)	지난 12개월 동안 도박으로 인하여 부정적인 문제가 발생하였고 도박에 대한 조정능력이 상실된 상태

2) 한국판 도박 중독 임상면접 도구(K-SCI-GA)

DSM-IV에 기초하여 도박중독 진단을 위한 임상면접도구를 개발하였다. 한국에서는 김교헌,

임숙희 등(2015)이 Gaant 등(2004)이 개발한 SCI-GA를 한국 실정에 맞게 번안하고 신뢰도와 타당도를 검토하여 국내 전문가들이 활용할 수 있는 한국판 도박 중독 선별 면접 도구를 타당화 하였다. 이는 CPGI는 일반일을 대상으로한 평가척도라고 한다면 DSM-Ⅵ 기준에 따른 면접도구로서 현재 도박을 하고 있는 사람을 평가하기 위한 척도라고 볼 수 있다. 김교현, 임숙희 등의 연구에 따르면 DSM-5(APA, 2013)에서는 DSM-Ⅵ의 준거 하나만 제외하고 수정이 이루어 졌으므로 K-SCI-10의 10개 준거 중 '불법행위'에 대한 준거를 제외하여 면접을 실시한 후에 4개 이상이라는 분류기준을 활용하면 DSM-5의 도박장애의 선별이 가능하다. 연구에서는 미정신의학회에서 '불법행위'를 DSM-5에서 제외하였는데 그 근거로는 10가지 진단 기준 중 준거에 부합하는 경우 드물고 해당되는 경우에도 이미 절단점 5점이 초과하는 경우가 많아 진단의 효용성이 떨어진 의견 때문이다. 그러나 권선중(2017)의 연구에서는 성인의 경우 '불법행위' 준거를 충족시키는 경우는 1.9%에 불가하여 10개의 준거 중 가장 낮게 나타난 반면 청소년의 경우 25.6%에 이르러 성인과 달리 진단 기준 중 두 번째로 높은 비율을 보여 국내 기준에서는 불법행위 준거의 삭제는 청소년 도박문제가 내포한 특성을 고려하지 못한 성급한 선택이라고 주장하였다.

〈표 5〉 도박중독에 대한 구조화된 임상적 면담

도박중독에 대한 구조화된 임상적 면담 (Korean Structured Clinical Interview for Gambling Addiction: K-SCI-GA)

1. 아래 사안에 대해 이미 알고 있고, 대답이 '그렇다'이면 2로 넘어가십시오.
   · 돈이나 가치 있는 무언가를 걸고 도박을 해본 경험이 있습니까? ㅁ그렇다 ㅁ아니다

▶ 대답이 '그렇다'면 2로 넘어가십시오. ▶ 대답이 '아니다'이면 면담을 중단하십시오.

2. 만일 위 질문에 대한 답이 '그렇다'였을 경우 계속하십시오.
   · 당신의 인생에서 도박을 가장 많이 한 시기는 언제입니까?
   · 그 기간이 얼마나 지속되었습니까?
   · 그 기간 동안.... 얼마나 자주 도박을 했습니까?
     주로 어떤 종류의 도박을 했습니까?
     한번 할 때마다 몇 회 정도 도박을 했습니까?
   · 그 기간 동안.... 도박으로 인해 문제가 생긴 적이 있습니까?
     수변의 누군가가 도박을 그만두라고 한 적이 있습니까?
   · 현재 얼마나 자주 도박을 하고 있습니까?
   · 일반적으로 도박을 위해 얼마나 많은 돈을 사용하십니까?
   · 마지막으로 도박을 한 것은 언제입니까? ☛ 지난 1년에 해당되는가?

▶ 2번 응답에서 다음의 (가)와 (나)를 충족시킨 경우에만 면담을 계속하십시오.

(가) 도박을 자주 했거나 많은 양의 돈을 잃었을 경우
또는 부정적인 사회적, 가정적, 학업적, 직업적, 법적 문제가 발생한 경우

(나) 지난 1년 간 도박 경험이 있는 경우

준거 A: 지속적이고 명백한 부적응적 도박 행동이 아래 제시된 10개의 준거 중 5개 이상 나타날 경우

질문: 지금부터 당신의 도박 경험에 대해 몇 가지 물어보겠습니다. 지난 1년간 도박을 가장 많이 했던 때를 생각하며 응답해 주기 바랍니다.

※ 면담자 유의사항: 도박을 많이 했던 시기가 과거라면 질문의 시제를 융통성 있게 바꾸시기 바랍니다. ※아래 있는 준거들은 DSM-Ⅳ와 다른 순서로 제시되어 있습니다.		준거 평가
· 도박에 대해 얼마나 자주 생각하십니까? · 과거 도박 경험에 대해 얼마나 많이 생각하십니까? · 얼마나 자주 앞으로 할 도박을 계획하거나 상상하십니까? · 도박으로 돈을 따거나 부채를 갚을 생각을 얼마나 자주 하십니까? · 도박에 관한 생각이 일이나 가족 혹은 다른 책임질 일들에 집중하는 것을 방해 한적 있습니까?	A1. 도박에 집착한다. (예: 과거의 도박 경험을 되새기고, 다음 모험의 승산을 예상하거나 계획하고, 도박으로 돈을 벌수 있는 방법에 집착).	0 1 2 3
· 도박을 가장 많이 하던 시기에, 그것을 하게끔 만들었던 이유는 무엇입니까? ※ 만일 구체적인 답변이 안 나올 경우 아래 질문을 하시기 바랍니다. · 어떤 문제를 회피하기 위해 도박을 한 적이 있습니까? · 불쾌하거나 나쁜 기분으로부터 벗어나기 위해 도박을 한 적이 있습니까? · 위 두 경우가 얼마나 자주 있었습니까?	A5. 문제로부터 탈출하기 위한 수단으로, 또는 불쾌한 기분을 덜기 위한 수단으로 도박한다. (예: 무기력감, 죄책감, 불안감, 우울감)	0 1 2 3
· 앞선 질문에 대한 답으로, 당신은 때문에 도박을 한다고 말했습니다. · 도박을 통해 바라는 것을 얻기 위해 배팅액수를 늘려야 했던 적이 있습니까? ▶ 만일 "그렇다"면, 배팅액수를 얼마나 늘렸습니까? ▶ 만일 "아니다"면, 같은 액수로 배팅할 경우 이번에 비해 불 만족스러움을 느낀 적이 있습니까	A2. 바라는 흥분을 얻기 위해 액수를 늘리면서 도박하려는 욕구가 있다(내성은 다음의 2가지로정의 한다: (a) 바라는 효과를 얻기 위해 배팅액수가 눈에 띄게 증가해야 하며 (b) 동일한 금액으로 도박을 할 경우 그 효과가 눈에 띄게 감소해야 함)	0 1 2 3
· 도박에서 돈을 잃었을 때, 추후에 이를 만회하기 위해 추격매수(chased)를 한 적이 있습니까? 다시 말해서 잃은 것을 되찾기 위해 도박장으로 되돌아간 적이 있습니까? ▶ 만일 "아니다"면, 돈을 잃었을 때 본전을 찾기 위해 더 많은 액수를 배팅한 적이 있습니까?	A6. 도박으로 돈을 잃은 후 이를 만회하기 위해 흔히 다음 날 도박판에 되돌아간다. (잃은 것에 대한 "추격매수"). (배팅액수와 빈도의 급격한 증가로 인한 큰 손실. 이런 패턴은 한번 혹은 그 이상 나타나고 점차 증가한다)	0 1 2 3
· 도박과 관련된 내용으로 누군가에게 거짓말을 한 적이 있습니까? (예, 얼마나 오랫동안 도박을 했는지 혹은 얼마나 많은 돈을 도박에 썼는지 등) ▶ 누구에게 거짓말을 했습니까? ▶ 얼마나 자주 거짓말을 했습니까?	A7. 도박에 관여된 정도를 숨기기 위해 가족, 치료자, 또는 타인들에게 거짓말을 한다. (외부의 간섭이나 방해 없이 도박을 하기 위해 반복적으로 거짓말을 한다)	0 1 2 3
· 도박으로 인해 가족이나 직업, 학업 혹은 사회생활에 문제를 일으킨 적이 있습니까? 나아가 중요한 무언가를 잃거나 그럴 위험에 빠진 적이 있습니까? · 도박으로 인해 당신의 평판이나 심리/신체적 건강에 손상을 입은 적이 있습니까?	A9. 도박으로 인해 중요한 관계가 위태로워 지거나 직업적, 교육적 기회나 출세의 기회를 상실한다.	0 1 2 3
· 도박을 줄이거나 끊으려고 시도해본 적이 있습니까? ▶ 만일 "그렇다"면, 몇 번이나 그러셨습니까? · 줄이거나 그만두려는 노력은 얼마나 성공 적이었습니까? · 완전히 도박을 그만둔 적이 있습니까? ▶ 만일 "아니다"면, 줄이거나 끊길 원했던 적이 있습니까? ▶ 만일"그렇다"면, 도박이 당신의 고민거리였던 적이 있습니까?	A3. 도박을 조절하거나 줄이거나 그만두려는 노력에도 불구하고 반복적으로 실패한다. (도박을 조절하거나 줄이거나 그만두려는 분명 한 욕구 혹은 그러기 위해 노력했으나 실패한 경험이 있어야 함)	0 1 2 3
· 만일 도박을 조절하거나 줄이거나 끊으려고 시도한 적이 있다고 대답했다면: 도박을 줄이거나 끊으려고 시도할 때 안절부절못하거나 과민해졌던 경험이 있습니까? · 도박을 줄이거나 끊으려고 시도했을 때 또 다른 불편감이나 혼란스러움을 경험한 적이 있습니까?(예, 수면 문제, 발한, 손 떨림, 불안 등) · 만일 도박을 조절하거나 줄이거나 끊으려 했을 때 위와 같은 증상을 경험한 적이 없다고 답했거나 그런 시도 자체를 한 적이 없다고 답했다면: 도박을 하고 싶었지만 상황이 여의치 않아서 그럴 수 없었던 경우(예, 돈이 없었거나 할 기회 가 없어서), 위와 같은 증상을 경험한 적이 있습니까? · 도박으로 인한 경제적 어려움 때문에 가족이나 친구로부터 돈을 빌리거나 지원받은 적이 있습니까?	A4. 도박을 줄이거나 끊으려고 시도할 때 안절부절 못 하거나 과민해진다. (금단은 다음 중 적어도 두 가지 현상으로 나타난다: 불안, 과민성, 안절부절못함, 수면장애, 발한, 손 떨림)	0 1 2 3
· 도박 자금을 마련하기 위해 혹은 도박으로 인한 빚을 갚기 위해 불법 행위를 저지른 적이 있습니까? 예를 들어: – 회사 등 자신이 속한 집단의 돈을 횡령하거나 착복 한 적이 있습니까? – 절도를 저지른 적이 있습니까? – 사기를 저지른 적이 있습니까? – 부도수표나 위조지폐를 사용한 적이 있습니까? – 공갈협박이나 갈취를 저지른 적이 있습니까? – 채무 불이행, 탈세를 한 적이 있습니까? – 불법사채를 이용한 적이 있습니까? · 혹, 돈을 돌려줄 마음을 먹었을지라도 허락 없이 다른 사람(가족 포함)의 돈을 가져다 쓴 적이 있습니까?	A8. 도박 자금을 조달하기 위해 위조지폐, 사기, 도둑질, 착복 같은 불법 행위를 저지른다. (도박 자금을 마련하거나 도박과 관련된 대출금을 상환하기 위해 불법 행위를 저지른다. 그런 행동으로 인해 체포될 수도 있고 그렇지 않을 수도 있다. 가족들에게 피해를 입히는 경제적 행위가 포함될 수도 있고, 가족이 아닌 경우에는 범죄 행위로 나타날 수 있다)	0 1 2 3

준거 B. 도박행동이 조증 일화에 의해 더 잘 설명되지 않는다		
※ 면담자 유의사항: 본 모듈은 SCID의 조증 삽화 준거와 함께 사용할 수 있다. ▶ 만일 조증 삽화 준거에 맞지 않는다면 "도박 행동 이 조증 삽화에 의해 잘 설명되지 않는다."고 평가 할 수 있다. ▶ 만일 조증 삽화 준거와 일치한다면 다음 질문을 하십시오: 도박 행동은 당신이 ________ 기분이 들 때에만 주로 나타납니까? · 도박은 오직 당신이 ________ 때에만 하게 됩니까? 예를 들어, - 단지 몇 시간의 수면으로도 잘 쉬었다는 느낌이 들 때 - 보통 때보다 더 큰 자신감을 느낄 때 - 사고의 비약이 경험될 때 - 평상시보다 주의를 유지하거나 집중하기 어려울 때 ※ 면담자 유의사항: 조증 삽화로 진단하기 위해서는 조증 행동이 적어도 지난 1주 동안 지속되어야만 한다.	B. 도박 행동이 조증 삽화에 의해 잘 설명되지 않는다. ※ 면담자 유의사항: 3수준으로 평가하기 위해서는 도박 행동이 조증 삽화에 의해 잘 설명되지 않아야 한다. (조증 삽화를 경험하는 경우 때때로 도박 중독자와 유사한 도박 행동을 보이기 때문에, 도박 중독자를 진단하기 위해서 반드시 조증 삽화의 가능성을 배재할 수 있어야 한다. 그러나 도박 중독과 양극성 장애 1을 동시에 진단할 수 있다)	0 1 2 3

▶ 준거 A ______________ 개 ☛ 5개 이상인가?(DSM-5: 4개 이상)

▶ 준거 B의 존재 여부 ㅁ그렇다, ㅁ아니다 ☛ '그렇다'로 충족되는가?

→ 도박 중독자 진단을 위해서는 준거 B가 충족되고 준거 A의 증상을 5개 이상 보여야 한다.

▶ 최종 판단 결과 도박 중독자로 진단할 수 □ 있다, □ 없다

면담자 유의사항 : 아래 빈 공간은 각 질문에 대한 자세한 답변을 기록할 때 사용하시기 바랍니다.	각 준거에 대해 아래 4가지 중 한 가지를 표기하시기 바랍니다. 0 = 불충분한 정보 1 = 없거나 거짓인 경우 2 = 기준치 이하인 경우 3 = 기준치 이상이거나 사실인 경우

3) 비합리적 도박신념척도(IBQ)

Steenbergh 등(1998)의 도박신념질문지(GBQ; Gambling Belief Questionnaire)를 근간으로 하여 2003년에 이흥표가 도박에 작용하는 인지적 오류와 도박문제의 심각도를 평가하는 비합리적 신념 척도와 도박심각도 척도를 타당화한 연구 척도이다. 최종 30문항이 선정되었으며 2요인으로 분류되었는데 요인1은 자기과식적, 비논리적 추론, 요인2는 기술과대 평가적 추론으로 분류되었다. 비합리적 신념과 손소미, 이인혜(2016)의 연구에서는 도박중독심각성(CPGI)와 비합리적 도박 신념, 도박경험 간에는 통계적으로 유의한 수준에서 정적상관이 있는 것으로 나타났다. 이러한 도박중독 관련 비합리적 신념은 도박중독과 밀접한 관계가 있으므로 상담 및 심리평가에 적절하게 활용할 필요성이 있다. 검사의 구체적 내용은 〈표 5〉에 제시되었다.

〈표 5〉 비합리적 도박신념척도

번호	문 항	전혀 그렇지 않다	그렇지 않다	보통 이다	그런 편이다	매우 그렇다
1	도박판에서 이기려면 전략을 잘 세워야 한다.					
2	도박을 할 때 결과는 나의 판단력과 기술에 달려있다.					
3	도박은 해볼만한 도전이다.					
4	베팅할 때 하는 특별한 습관이나 버릇이 있다. 그렇게 하면 이길 가능성이 더 높아진다.					
5	이전에 이겼던 경우는 내가 게임을 잘 분석하고 추리했기 때문이다.					
6	도박에서 여러 번 지면 다음 게임에서는 이길 가능성이 높아진다.					
7	도박을 할 때 내가 자주 사용하는, '행운이 따르는' 기술이 있다.					
8	적게 자주 따는 것 보다는 몇 번 크게 따는 것이 훨씬 낫다.					
9	결국에는 돈을 잃기보다는 따게 될 것이다.					
10	나는 도박을 할 때 '승부처(이때다 싶은 시간)'를 정확히 예측할 수 있다.					
11	도박으로 돈을 잃고 피해를 입었어도 큰 문제가 되지 않는다. 왜냐하면 이길 것이고 잃은 돈을 되찾을 것이기 때문이다.					
12	도박판에서 이기거나 돈을 딴 것은 내 기술이 좋았거나 뒷받침되었기 때문이다.					
13	지금까지 잃었으므로 앞으로 돈을 딸 기회와 가능성이 높아진다.					
14	조금만 더 잘 생각하고 판단했으면 이겼을 텐데 하는 아까운 경우가 많다.					
15	도박을 계속하면 결국은 돈을 따고 수익을 올릴 수 있다.					
16	지금은 돈을 잃고 있지만 이길 수 있는 게임들이 눈에 보인다.					
17	지난 게임의 결과들을 바탕으로 앞으로의 게임을 예측하면 이길 가능성이 높아진다.					
18	나는 다른 사람들보다 도박에 관한 지식과 기술이 풍부하다.					
19	이전에 이겨서 돈을 땄던 적이 있기 때문에 앞으로도 어떻게 베팅을 해야 하는지를 알 수 있다.					
20	(도박에서) 이긴 다음에 "이길 줄 알았어, 그럴 줄 알았어" 하고 생각한다.					
21	지금까지 돈을 잃은 것은 도박을 배우거나 이기기 위한 투자이다.					
22	최근에 돈을 따지 못했어도 언젠가는 이길 것이기 때문에 지금 돈을 거는 횟수나 금액을 유지해야 한다.					
23	지금 돈을 잃고 있다고 해도 금방 이겨서 되찾을 수 있다.					
24	다 이긴 게임을 아슬아슬하게 놓쳤던 적이나 거의 이길 뻔 했던 경우가 많았다. 그러니 게임을 계속하면 이길 것이다.					
25	도박에 관한 기술과 지식을 갖고 있기 때문에 (언젠가는) 이길 것이 분명하다.					
26	지금까지 돈을 잃은 것은 도박에 필요한 정보나 지식, 기술이 부족했기 때문이다.					
27	나는 다른 사람들보다 항상 결과를 더 잘 예측한다.					
28	몇 번 크게 딴 적이 있으므로 언젠가는 다시 크게 돈을 딸 것이다.					
29	지금은 돈을 잃고 있지만 이길 수 있는 게임을 놓치고 싶지 않기 때문에 도박을 계속 할 것이다.					
30	도박을 해서 돈을 잃으면 되찾도록 노력해야 한다.					

4) 아이오와 도박 과제(Iowa Gambling Task:IGT)

Bachara(2003) 등은 전두엽 손상 환자와 건강한 일반인을 대상으로 연구를 진행 하였는데 도박에 참여하는 사람들이 게임을 하면서 잃고, 따는데 있어서 인지하고 학습이 이루어져 추후에는 유리한 규칙을 찾는 것이 가능한지를 확인하는 연구를 진행하였다. 주요 내용은 컴퓨터 화면상 네 개의 카드패가 있다. A, B, C, D 총 네 벌의 카드패 중에서 한 번에 한 장씩 자유롭게 카드를 선택할 수 있는데 총 100번의 선택을 통해 가능한 많은 돈을 벌어야 하는 과제이다.

나쁜 덱의 경우 게임을 할수록 손해를 보고 10장마다 $1000을 따고 $1250을 잃게 되어 10장마다 $250을 손실을 보게 되는 반면 좋은 덱의 경우 10장마다 $500을 따고 $250을 잃게 되어 10장마다 $250의 이익을 얻는다. 결국 지속적으로 반복을 할 경우 과제에 대한 학습이 이루어져 유리한 덱을 선택을 하게 된다는 것이다. 일반인의 경우 40–50회 정도 카드를 뽀고 난 다음에는 '좋은 패'가 나오는 위치에서만 카드를 뽑는 경향이 있었다. 연구에 따르면 안와전두피질(orbitofrontal cortex, OFC)에 손상을 입은 환자들의 경우 계속해서 나쁜 패가 나와서 손해를 보는 곳에 지속적으로 베팅하는 경향이 있었다. 이는 이 위치에서 카드를 뽑으면 결과적으로 손해를 본다는 사실을 알고 있음에도 불구하고 베팅을 한다는 점이다. 나쁜 덱의 경우 앞서 밝은 바와 같이 '위험감수 성향'이 높은 집단에서 도박중독 심각성이 높고 문제 발생에 대한 민감성이 떨어진다는 연구와 일맥상통한 부분 있다고 할 수 있다. Bolla (2004)등의 연구에서는 남녀 간의 성 차이를 확인하기 위해서 IGT검사를 실시하였는데 남성이 여성보다 통계적으로 유의한 수준에서 더 높은 이익을 보는 것으로 나타났다. PET를 통한 분석에서 남성의 경우 오른쪽 측면 OFC(BA47)이 활성, 오른쪽 DLPFC의 두 영역 (BA 9, 10)과 오른쪽 두정엽(BA)에서 활성화가 나탔다. 반면 여성의 경우 left medial OFC(BA 11)에서 활성화가 나타났다. lateral OFC: 처벌에 민감하고, medial OFC: 보상과 추측에 관여하기 때문이라는 주장이 있었다. 반면 여성의 경우 보상과 관련 반구영역(왼쪽 OFC, 왼쪽 DLPFC)에서 더 활성화를 보였다. 손소미, 이인혜 (2016) 연구에서는 비합리적 도박 신념 중 기술과대평가적 추론과 IGT 점수는 유의미한 정적 상관이 나타났다 .특히 연구 동향에 따른 도박중독이 안와전두피질(OFC), 복내측전전두피질(DLPFC), 복내측전전두피질(VMPFC) 등이 도박중독과 밀접한 관련이 있는 것으로 평가되고 있다. IGT를 만든 목적은 도박 중독을 평가하기 위한 척도는 아니지만 최근 뇌과학 기술의 눈부신 발전에 따라 알아두기를 추천한다.

5) 한국판 도박 갈망 척도(K-GUS)

Raylu (2004)등이 개발한 '도박 갈망 철도(Gambling Urge Scale) ' 을 강성군, 김교헌(2011) 등이 한국어로 번안하고 타당화하였다. 갈망척도의 경우 도박중독 수준을 평가하는 기존의 척도와 달리 현재 도박을 어느 정도 하고 싶고 갈망과 충동을 느끼는 수준을 7점 척도 상에 평정하도록 하였다. 기타 도박 심각성과 관련된 척도들에서도 통계적으로 유의한 수준의 정적상관을 나타냈다. 그러나 도박중독 심각성과 갈망은 다른 개념이므로 적절하게 심리평가가 필요하다고 할 수 있다. 타당화 연구에서는 단일 요인구조로 분류되었으며, 도박행동, 비합리적 도박신념, 회피동기, 금전추구 동기, 흥분 동기와 정적상관을 나타냈다.

〈표 6〉 도박갈망척도

문 항	전혀 없음						매우 강함
1. 지금 내가 가장 하고 싶은 것은 도박이다.	①	②	③	④	⑤	⑥	⑦
2. 지금 이 순간 도박을 거부하는 것은 어려운 일이다.	①	②	③	④	⑤	⑥	⑦
3. 지금 도박을 할 수 있다면 모든 문제가 해결 될 것 같다.	①	②	③	④	⑤	⑥	⑦
4. 나는 도박을 해야겠다는 느낌이 절실하게 든다.	①	②	③	④	⑤	⑥	⑦
5. 지금 도박을 하는 것 보다 더 좋은 것은 없을 것 같다.	①	②	③	④	⑤	⑥	⑦
6. 나는 지금 몹시 도박을 하고 싶다.	①	②	③	④	⑤	⑥	⑦

참고문헌

- 강성군, 김교헌, 권성중, 이민규 (2011). 한국판 도박 갈망 척도(K-GUS)의 타당화 연구. 한국심리학회지: 건강, 14(1), 231-241.
- 권선중 (2017). DSM-Ⅳ와 DSM-5의 도박중독 진단준거 비교. 한국심리학회지: 중독, 2(1), 47-59
- 김경진, 김교헌, 권선중 (2013). 한국판 아동용 아이오와 도박과제(IGT) 타당화 연구. 한국심리학회: 건강, 18(18), 87-104.
- 김교헌, 임숙희, 김세진, 권선중 (2015). 한국판 도박 중독 임상면접 도구 (K-SCI-GA) 타당화 연구. 한국심리학회지: 건강, 20(2), 485-494
- 사행산업통합감독위원회 (2016). 2016 사행산업 관련 통계.
- 사행산업통합감독위원회 (2016). 2016 사행산업이용실태조사.
- 사행산업통합감독위원회 (2015). 2015 청소년 도박문제 실태조사.
- 손소미, 이인혜 (2016). 비합리적 도박신념, 의사결정능력, 도박문제 간의 관계: 암묵적 및 명시적 의사결정능력. 한국심리학회지: 임상심리 연구와 실제. 2(1) 39-57
- 이경희 (2009). 한국판 캐나다 문제도박척도(CPGI)의 타당화를 위한 예비연구. 한국심리학회지: 건강, 14(3), 667-675.
- 이수정, 김교헌(2017). 위험감수성향과 도박행동 및 비합리적 도박신념의 관계에서 승리접근경험의 조절효과. 한국심리학회지: 건강, 22(2), 339-354
- 이흥표 (2003). 비합리적 도박신념이 병적 도박에 미치는 영향. Korean Journal of Clinical Psychology, 22(2), 415-434.
- American Psychiatric Association (1994). DSM-Ⅳ: Diagnostic and Statistical Manual of Mental Disorders (4rd ed.). Washington, DC: APA.
- American Psychiatric Association (2013). DSM-5: Diagnostic and Statistical Manual of Mental Disorders (5th ed.). Washington, DC: APA.
- Bolla K.I., Eldreth D.A., Matochik J.A., Cadet J.L. (2004). Cerebral Cortex November, 14, 1226 - 1232.
- Bechara, A. (2001). Neurobiology of decision-making risk and reward. Seminars in clinical Neuropsychiatry, 6, 205-216
- Bechara, A. (2004). The role of emotion in decision-making: Evidence from neurological patients with orbitofrontal damage. Brain Cognition, 55, 30-40.
- Currie et at (2010). Improving the Psychometric Properties of the Problem Gambling Severity Index
- Grant, J. E., Steinberg, M. A., Kim, S. W., Rounsaville, B. J., & Potenza, M. N. (2004). Preliminary validity and reliability testing of a structured clinical interview for pathological gambling. Psychiatry Research, 128, 79-88.
- Raylu, N., Oei, T. P. S. (2002). The gambling urge scale: development, confirmatory factor calidation, and psychometric properties. Psychology of Addictive Behaviors 18, 100-105
- Steenbergh, T. A., Meyers, A. W., May, R. K., & Whelan, J. P. (1998). A Self-report Measure of Gambler's Mal-adaptive Beliefs: Initial Psychometric Properties. Poster presented at the 32nd Annual Conference of the Association for Advancement of Behavior Therapy in Washington, DC.

제 8장

약물중독의 측정과 평가

제 8 장
약물중독의 측정과 평가

약물(drug)이란, 주사나 약 등 일반적으로 병을 치료하기 위한 의학적 목적으로 사용되기도 하지만 환각을 목적으로 사용하는 본드, 부탄가스, 대마초, 암페타민(필로폰), 아편 등의 마약류를 칭할 때도 '약물'이라는 용어를 사용한다.

약물이라는 용어의 사용은 약물을 의학적 목적에 맞게 사용하는 양, 복용 횟수, 강도와 방법이 적절하면 약물사용(drug use)이라고 한다. 약물을 본래의 목적에는 맞게 사용하지만 양, 복용 횟수, 강도와 방법이 부적절한 경우에는 약물오용(drug misuse)이라고 한다. 약물을 신체기능이나 건강에 위험한 방법으로 원래 목적과 다르게 사용하면 약물남용(drug abuse)이라고 하고, 지속적인 약물남용의 결과로 나타나는 현상을 약물중독(drug addiction)이라고 한다.

제 8장에서는 약물이 정신에 미치는 영향에 따른 약물의 종류별 특성을 살펴보고, 담배와 술의 특성 및 중독에 대한 측정과 평가에 대해 알아보고자 한다.

---

1. 약물의 종류와 특성

약물들은 중추신경계에 작용하여 정신에 영향을 미친다. 약물은 중추신경에 작용해서 중추신경을 흥분시키느냐, 억제시키느냐 그리고 두 가지 작용을 한꺼번에 나타내느냐에 따라 크게 세 가지로 나누어진다. 중추신경을 흥분시키는 약물은 중추신경흥분제이고 중추신경을 억제시키는 약물은 중추신경 억제제, 두 가지 작용을 한꺼번에 일어나게 하는 약물은 환각제라고 한다 (최은영, 2008).

1) 중추신경 흥분제

(1) 코카인(Cocaine)

코카인은 중미 안데스 산맥의 산악지방에서 자라는 코카나무(Erythroxylon Coca)잎에서 추출된다. 패루와 볼리비아 등의 남미 인디언들이 고대로부터 고산지역에서 발생하는 고산병과 피로감을 해소하기 위해 코카잎을 사용해 왔다. 1860년 독일의 화학자 알베르트 니만(Albert Niemann)이 코카나무 잎에서 주요 알칼로이드를 분리하는데 성공했고 그는 알칼로이드를

"코카인"이라고 명명했다.

코카인은 코카잎을 말아서 흡연 혹은 정맥 주사로 투여하는 방법도 있지만 주로 코로 흡입하는 방법을 사용한다. 코 점막을 통하여 흡수하면, 아주 빠르게 뇌에 도달하여 효과를 빨리 느낄 수 있다. 하지만 계속해서 같은 부위에 닿으면 혈관이 수축되어 국소적인 괴사가 일어나기도 한다.

코카인은 강력한 중추신경 흥분제로서 시냅스 공간 내에서 도파민의 재흡수를 돕고, 도파민을 분비한 신경세포로 하여금 '회수'하게 해주는 신경세포막의 단백질인 도파민 운반체를 차단하여 뇌 곳곳의 세포 외 공간 내 도파민 농도를 높여준다. 이를 통해 뇌의 각성 수준증가, 피로감이나 공복감 감소, 활력감, 행복감, 자신감 등을 느낄 수 있다. 남용을 하면 어지러움, 정신혼란, 환각과 피해망상, 신경쇠약, 정신병 등과 같은 증상이 일어날 수 있다. 급성 중독 시 투여방법에 따라 치사량은 다르나 보통 경구 투여 시에는 1.2~1.4g, 정맥 주사는 700~800mg, 몸이 약한 경우에는 20~40mg의 투여만으로도 사망할 수 있다(Denis, 2011).

(2) 크랙(Crack)

크랙(흡연 시 결정들이 깨지는 소리를 내는 데에서 유래한 의성어)은 1970년대에 코카인을 중탄산나트륨과 섞은 후 쉽게 흡연 할 수 있게 한 코카인 덩어리이다. 크랙은 코카인에 비해 저렴하고, 코카인 순도는 85%에 달해서 강력한 효과를 볼 수 있기 때문에 매우 빨리 의존성을 보이게 된다. 크랙은 파이프에 넣거나 알루미늄 포일(foil)에 싼 다음 가열해 연기를 흡입한다.

크랙 사용으로 인한 증상은 혈관 수축, 근육 괴사, 심박동 장애, 협심증이나 심근경색 등 코카인 분말 사용의 증상이 악화된 형태로 나타난다. 하지만 크랙은 코카인 분말 사용 시에 볼 수 없는 고유한 증상이 나타나는데 호흡 곤란, 격렬한 고통, 고열을 수반한 폐병변 등이 있다(Denis, 2011).

(3) 암페타민(Amphetamine)

암페타민은 우리나라와 중국, 일본을 중심으로 아시아 지역에서 많이 남용되고 있는 대표적인 물질로 필로폰이라는 이름으로 잘 알려져 있다. 처음에 독일에서 천식 치료제로 개발되어 기관지 천식, 기질성 뇌질환, 우울증 등의 치료목적으로 사용되었으나 제2차 세계대전에서 피로감을 줄여 주거나 없애 주는 각성제로 사용되어 독일군이 1941년 발칸 반도를 차지하는데 한 몫을 했고, 영국 공군이 영국 본토 항공전에서 승리를 거두는 데에도 일조를 했다. 또한 일본군의 가미카제 전투 시에도 사용되었다.

암페타민은 간접적인 교감신경 유사물질로 도파민 분비를 촉진시키며, 도파민과 노르에피네프린 수용체에 작용하여 도파민과 노르에피네프린의 재흡수를 막아 뇌의 신경활동을 활성화 시키는 효과가 있다.

암페타민 사용으로 인한 정신적 증상은 피로감을 감소시켜주고, 정신을 맑게 해준다. 따라서 안도감과 확신감이 생기며, 기분이 좋아지고 힘이 솟구치는 것을 느끼기도 한다. 신체적 증상은 심박동, 말초혈관저항력, 혈압 등이 증가하며 식욕부진, 발한, 동공이완, 다양한 근육계통의 이완현상이 일어난다(Denis, 2011).

대량투여 시 신체적으로 힘이 증가한 느낌이 생기며, 말이 많아지고, 섬망, 흥분, 다행감, 격정, 우울, 편집증, 환각 등의 증상과 심근경색, 경련, 뇌출혈 등으로 사망을 초래한다.

(4) 엑스터시(Ecstasy, MDMA)

엑스터시는 암페타민류 화학물질로 만든 대표적인 신종마약으로 1912년 독일의 제약회사에서 최초로 합성했다. 우리나라에서는 1999년 최초로 엑스터시가 사용되는 것을 발견했으며, 저렴하고 환각효과가 강해 시중에 빠른 속도로 확산되었다. 엑스터시는 세로토닌 효현제로서, 세로토닌 분비 촉진과 합성을 억제하고, 전 시냅스성 세로토닌 재흡수를 차단하므로 세로토닌의 효과를 연장시키는 효과가 있다.

엑스터시는 주로 알약으로 되어있어 사용하기가 간편해 나이트클럽 등에서 청년들과 여성들이 많이 사용하고 있다. 투약 후 머리를 흔들며 춤을 추면 극심한 환각상태에 빠지기 때문에 우리나라에서는 일명 '도리도리'라고도 불리고 있으며, 식욕과 수면을 억제하여 길게는 2~3일 동안 쉬지 않고 춤을 추는 것을 가능하게 한다(신태용, 2014).

장기간 엑스터시를 사용할 경우 불면증과 집중력 저하, 편집증적 반응, 학대 망상, 공황 발작, 우울증, 플래시백 등의 정신병적 증상이 나타나기도 한다.

2) 중추신경 억제제

(1) 아편(Opium)

아편은 양귀비꽃이 지고 난 후에 생긴 열매에 상처를 내어 흘러나온 액즙을 말려서 굳힌 것으로 생아편이라고도 한다. 정, 캡슐, 액체, 시럽, 좌약 등이 있으며, 흡연하거나 경구 투여로 사용한다. 아편을 하게 되면 온몸이 풀리고 이완감을 가지게 되며 진통효과, 지루함의 해소, 자존심의 증가가 나타난다. 그러나 아편을 지속적으로 남용하면 낯빛이 창백해지고 성격이 신경질적으로 변하며, 식욕과 성욕의 상실을 비롯하여 오심, 구토, 두통, 변비, 혼수상태 등의 각종 부작용을 경험하게 된다(대검찰청, 2016).

(2) 모르핀(Morphine)

모르핀은 아편으로부터 불순물을 제거하고 주요 활성성분을 분리 추출한 것이다. 모르핀은 중추신경계에서 고통의 역치를 높여 고통을 줄이거나 아예 없애줌으로 신경통, 복통, 창상 등 고통에서 무신경한 상태를 만들어 준다는 점에서 좋은 치료제가 되어 왔다. 하지만 구토, 발한, 발열 등과 함께 정신적 · 신체적 의존성을 유발한다.

(3) 헤로인(Heroin)

헤로인은 모르핀을 원료로 하기 때문에 일반적인 약리작용은 모르핀과 유사하다. 그러나 헤로인은 지방 친화성이 커서 중추신경계에 쉽게 결합되어 모르핀보다 빠르고 강력하게 작용하며 지속시간은 짧다. 헤로인은 주로 물에 녹여 정맥 주사로 사용하며 중독성은 모르핀의 10배에 달한다.

헤로인은 강력한 안정, 진통, 진정효과를 가지고 있으며 동시에 행복감과 다정감을 준다. 중독자가 헤로인 사용을 중단하면 설사, 위경련, 메스꺼움과 구토, 경련, 혈중의 칼슘 감소로 골절과 이가 잘 썩는 등 칼슘결핍현상이 나타난다.

3) 중추신경 흥분/ 억제제(환각제)

(1) 대마초(마리화나; Marijuana, Cannabis)

마리화나라고도 불리는 대마는 가장 오랫동안 인도, 중동 등에서 환각제로 널리 남용되어 왔다. 식물로는 '삼'으로 알려져 있으며 고대 중국으로부터 인도와 아프리카를 걸쳐 중남미에 전파되어 많은 나라에서 민간요법의 치료용 약물 또는 섬유로 사용되어 왔다. 대마초는 잎과 꽃을 따서 말린 후 잘게 부수어 만든 것으로 단독으로 흡연하거나 담배와 섞어서 흡연한다.

대마의 주요 환각 성분은 중추신경 억제작용을 하는 테트라하이드로카나비놀(THC=tetrahydrocannabinol)인데 대마 수지 중에 많이 함유되어있다. 대마 수지를 바탕으로 만들어진 THC 함량이 높은 해시시, 해시시 오일이 있다.

대마초의 심리적 효과는 진정, 최면, 불안감 해소, 도취감을 느끼게 한다. 또한 감정이 고조되고 색조와 형태가 선명하게 보이며 시각과 청각이 예민해 진다. 대마는 다른 약물에 비해 정신의존성은 약하지만 남용하게 되면 불안, 우울, 수면장애 같은 퇴약증후가 나타난다.

2014년 우루과이에서 세계 처음으로 대마초를 합법화했으며 미국 내에서도 개인의 기분전환용으로 대마초를 흡연하거나 이를 위해 소지하는 경우뿐만 아니라 이를 판매하는 행위도 합법적으로 인정했다. 현재 대마초는 개인사용을 허용하는 방향으로 세계적인 추세가 바뀌고 있다. 하지만 한국에서는 대마초 흡연이 불법에 해당된다.

(2) LSD(Lysergic Acid Diethylamide)

LSD는 맥각균에서 분리된 알칼로이드 성분을 합성한 것으로 무취, 무미, 무색이다. LSD는 세로토닌 수용체에 작용한다는 정도만 밝혀졌을 뿐 체내에 어떻게 작용하는 지는 전부 밝혀지지 않았다. LSD는 지각 전반과 정서, 기억, 시간 경험 전반을 강력하게 왜곡하는 것으로 알려져 있다. 경험자들에 의하면 '꽃이 숨 쉬는 것'을 보거나 '소리를 볼 수 있다'는 식으로 놀라운 변화가 일어났다고 한다. 이러한 LSD는 강한 환각을 초래하지만 신체적 또는 심리적 의존성이나 내성은 없다고 알려져 있다.

4) 흡입제

흡입제란 각종 공업용 본드(접착제), 신나, 부탄가스, 가솔린, 스프레이 등 각종 휘발성 물질을 말한다. 주로 청소년들이 환각을 경험하기 위해 사용하며 흡입한 뒤 환각 상태에서 비행과 사고를 저지르는 경우가 많다. 흡입제는 의존성과 내성이 있으므로 남용기간에 따라 점차 횟수와 사용량이 증가하여 결국 중독에 이르게 한다. 흡입제의 주성분인 탄화수소는 지용성으로 지방이 많은 뇌에 빠르게 흡수되어 뇌 조직 자체를 자극시키고 녹아내리게 한다. 환각을 즐긴다는 것은 뇌 조직이 녹는 현상으로 볼 수 있으며 중독 시 뇌 장애에 의한 정신기능의 손상, 근육운동 실조, 기억력 감퇴, 정서적 불안 등 신체적 · 정신적으로 심각한 문제가 발생될 수 있다(김성이, 2012).

〈표8-1〉 약리작용별 분류

<table>
<tr><th>분류</th><th>종류</th><th>의약용도</th><th>투여방법</th><th>남용효과</th><th>작용시간(시간)</th></tr>
<tr><td rowspan="3">중추신경
흥분제</td><td>코카인</td><td>국소마취</td><td>주사, 흡연,
흡입</td><td>흥분, 정신 혼동, 사망</td><td>2</td></tr>
<tr><td>메스암페타민</td><td>식욕억제</td><td>경구, 주사,
코흡입</td><td>환시, 환청, 의처증, 사망</td><td>12~14</td></tr>
<tr><td>MDMA
(엑스터시)</td><td>없음</td><td>경구</td><td>환각, 고양된 감각, 이상발열,
사망</td><td>3~6</td></tr>
<tr><td rowspan="9">중추신경
억제제</td><td>아편</td><td rowspan="3">진정, 진통</td><td rowspan="3">경구, 주사</td><td rowspan="3">도취감, 신체조절력 상실,
간염, 사망</td><td rowspan="3">3~6</td></tr>
<tr><td>모르핀</td></tr>
<tr><td>헤로인</td></tr>
<tr><td>메사돈</td><td>진정, 진통</td><td>경구, 주사</td><td>도취감, 신체조절력 상실,
간염, 사망</td><td>12~14</td></tr>
<tr><td>염산 페치딘</td><td>진정, 진통</td><td>주사</td><td>도취감, 신체조절력 상실,
간염, 사망</td><td>3~6</td></tr>
<tr><td>바르비탈류</td><td>진정, 수면</td><td>경구, 주사</td><td>취한행동, 뇌손상, 호흡기
장애, 감각상실 등</td><td>1~6</td></tr>
<tr><td>벤조디아
제핀류</td><td>정신신경 안정</td><td>경구, 주사</td><td>취한행동, 뇌손상, 호흡기
장애, 감각상실 등</td><td>4~8</td></tr>
<tr><td>흡입제</td><td>없음</td><td>흡입</td><td>취한 행동, 뇌손상</td><td></td></tr>
<tr><td rowspan="3">중추신경
흥분제/
억제제
(환각제)</td><td>LSD</td><td>없음</td><td>경구, 주사</td><td>환각, 예측불허행위</td><td>8~12</td></tr>
<tr><td>메스칼린</td><td>진통</td><td>경구,주사</td><td>환각</td><td>8~12</td></tr>
<tr><td>대마</td><td>없음</td><td>경구, 흡연</td><td>도취감, 약한 환각</td><td>2~4</td></tr>
</table>

〈표8-2〉 약물의 일반적 분류

분류	종류	상품명(은어)	의학적 사용	투여방법	투약후 추적가능시간
각성제 (흥분제)	암페타민류	바이테타민, 덱스트린	과운동증치료제, 수면발작증치료제, 비만치료제	경구, 주사, 흡연, 흡입,	1~2일
	코카인	스노우	국부마취제, 혈관수축제	주사, 흡연, 흡입	1~4일
	메스암페타민	아이스, 크리스탈, 스피드	과운동증치료제,수면발작증치료제, 비만치료제	경구, 주사,흡연, 흡입	1 ~ 2일
	메틸페니데이트	리탈린	과운동증치료제, 수면발작증치료제	경구, 주사	1 ~ 2일
	니코틴	담배, 니코틴 패치	니코틴 중독 치료제	경구, 경피흡연, 흡입	1 ~ 2일
환각제 및 기타 화합물	LSD		없음	경구	8시간
	메스칼린	페이요티	없음	경구	2 ~ 3일
	펜시이클리딘(PCP) 및 PCP 유사약물		마취제(동물)	경구, 주사,흡연	2 ~ 8일
	실로사이빈	실로사이브 버섯	없음	경구	8시간
	암페타민 유사약물/디자이너 약물	DOB, DOM, MDA, STP, MDMA(엑스터시)	없음	경구	1 ~ 2일
	대마초, 해시시		없음	경구, 흡연	1일 ~ 5주
	테트라하이드로카나비놀(THC)			경구, 흡연	1일 ~ 5주
	케타민		마취제(사람/동물)	경구, 주사흡연	2 ~ 4일
	아나볼릭 스테로이드		호르몬 대체치료	경구, 주사	경구 : 3주 주사 : 3달
아편 및 모르핀 유도체	코데인		진통제	경구, 주사	1 ~ 2일
	헤로인		없음	주사, 흡연,흡입	1 ~ 2일
	메사돈		진통제, 아편중독 치료제	경구, 주사	1일 ~ 1주
	모르핀		진통제	경구, 주사흡연	1 ~ 2일
	아 편	로더넘, 파레고릭	진통제, 지사제	경구, 흡연	1 ~ 2일
	옥시코돈	옥시콘틴	진통제	경구, 흡입	1 ~ 2일
진정제 (억제제)	알코올		메탄올 중독 해독제	경구	6 ~ 10시간
	바르비탈류	세코날, 페노바르비탈	마취제, 항경련제최면제, 진정제	주사, 경구	2 ~ 10일
	벤조디아제핀계	로히프놀, 바리움, 아티반, 리브리움	항우울제, 진정제항경련제, 최면제	주사, 경구	1 ~ 6주
	GHB	액체형 엑스터시	없음	경구	1 ~ 2일
	메타콰론		없음	경구	2주

출처: 한국마약퇴치운동본부

2. 담배

담배는 15세기부터 크리스토퍼 콜럼버스를 비롯한 많은 탐험가들에 의해 알려지기 시작했고 그 이후 전 세계로 전파되었다. 우리나라에 담배가 처음 들어 온 것은 임진왜란 때 일본으로부터 들어온 것으로 알려져 있다. 초기에는 양반계급의 전유물로 사용되다가 1945년 광복 이후 양담배가 상륙하면서 흡연률이 급상승하게 되었다(김성이, 2012).

대부분의 사람들은 니코틴 중독이 알코올 중독이나 마약중독과 같이 심각한 중독이 아니라고 생각한다. 왜냐하면 폭력, 폭언, 환각 등 행동 문제나 정신과적 문제를 나타내지 않으며 일상생활에도 크게 영향을 미치지 않기 때문이다. 그러나 니코틴도 엄연한 약물중독에 속하고, 심각한 질병을 유발할 수 있으며, 금단증상과 내성을 일으킨다. 세계보건기구(WHO)의 흡연실태보고서(2012)에 따르면 담배로 인해 매년 600만 명이 사망하고, 60만 명 이상의 비흡연자도 간접흡연에 의해 생명을 잃는다고 보고되었다(채규만 외 2013).

담배와 담배연기에는 사람에게 암을 일으키는 제1군 발암물질을 포함하여 69종의 발암물질과 7,000종 이상의 독성 및 유해 물질이 포함되어 있다. 담배 성분 중에서 중독과 관련이 있는 대표적인 물질은 타르, 니코틴, 일산화탄소 등이 있다.

〈그림8-1〉 담배의 성분 및 발암물질

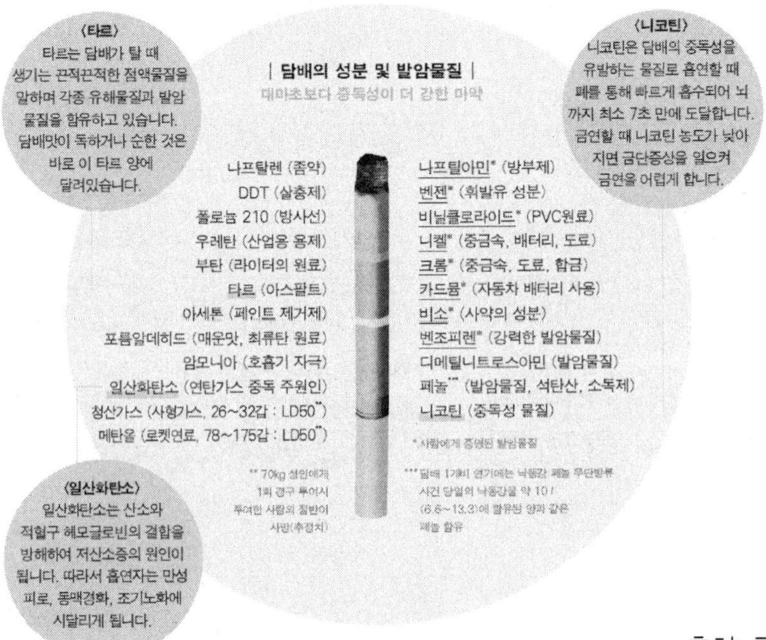

출처: 금연길라잡이

1) 니코틴

니코틴은 흡연자로 하여금 담배에 의존하게 만드는 요인으로 중추신경계와 말초신경계에 작용한다. 니코틴은 체내에 흡수가 잘 되는 물질로 흡연시 7초만에 뇌에 도달하여 혈압과 맥박을 상승시킴으로서 심혈관계에 부담을 주게 된다. 니코틴은 헤로인, 코카인, 암페타민과 같은 경로로 중독되며, 습관성 중독을 일으키기 때문에 이들 마약보다 강력하다. 니코틴의 금단 증상으로는 흡연 욕구, 초조, 불안, 집중력 저하, 체중 증가, 심박동수의 증가, 식욕감소 등이 있다. 흡연자가 금연을 하기 어려운 이유는 환경적으로 다른 흡연자들과 함께 있다는 것과 쉽게 담배를 구할 수 있다는 것 등이 흡연자들로 하여금 담배를 끊기 어렵게 만든다.

2) 타르

타르는 하나의 물질이 아니라 200개 이상의 화학물질 복합체로 30가지 이상의 중금속이 포함되어 있다. 타르는 미립자 형태의 농축된 흑갈색의 물질로 일반적으로는 '담배진'이라고 부르며 건강에 해를 주는 유해물질들의 원천이다. 이것을 재래식 화장실에 넣으면 구더기가 생기지 않으며, 텐트 옆에 담배꽁초를 뿌려두면 곤충이 가까이 오지 못할 정도로 독성이 강하다. 타르 속에는 약 20여종의 발암물질이 포함되어 있어 담배를 피우는 사람이나 그 주위에 있는 사람은 후두암, 기관지암, 폐암, 위암 등 모든 종류의 암에 걸릴 확률이 높아진다.

〈표8-3〉 금연 후 나타나는 신체적 변화

시간	신체 증상
20분 후	혈압과 맥박이 정상이 되고, 손발의 체온이 정상이 된다.
8시간 후	혈액 안의 일산화탄소량이 정상이 되어 산소량이 증가하고 머리다 맑아짐을 느낀다.
24시간 후	심장 마비의 위험이 낮아지게 된다.
48시간 후	혈중 니코틴의 감소로 말초신경 기능이 정상화되고, 식욕이 돌아오며 감각이 증가한다.
72시간 후	수축되었던 기관지가 이완되어 숨쉬기가 편해지지 시작한다.
2주~3개월 후	혈액순환이 잘되며 걸어 다니기가 편하며 폐의 기능이 30% 증가한다.
1~9개월 후	기침, 동공충혈, 피로, 숨 가쁨이 적어지며 객담이 현저히 줄어든다.
1년 후	심장 질환에 의한 사망률이 감소한다.
5년 후	심장 질환에 의한 사망률이 담배를 안 피우는 사람의 사망률과 비슷하게 되고 폐암 사망률이 적어진다.
10년 후	폐암 사망률은 담배 안 피운 사람과 동일하며 다른 장기의 암 발생률도 감소된다.

3) 일산화탄소

일산화탄소는 무연탄 냄새로 우리에게 알려진 자동차 배기가스에서 나오는 주요 독성물질이다. 일산화탄소는 인체에서 혈액의 산소 운반 능력을 감소시켜 저산소증을 유발시킨다. 그 결과 신진대사에 장애를 주고 노화현상을 일으키게 된다.

4) 니코틴 중독의 측정과 평가

(1) 담배사용장애(Tobacco Use Disorder) DSM-5

DSM-Ⅳ에 의하면 총 7가지 부적응 유형가운데 3가지 이상에 해당하면 니코틴 중독으로 진단하는데 DSM-5에서는 〈표8-4〉과 같이 11개의 항목으로 진단한다. 해당되는 경우에 따라 2~3개는 경도, 4~5개는 중등도, 6개 이상에 해당하면 중증과 같이 총 3가지 유형으로 분류하고 있다.

〈표8-4〉 담배사용장애(Tobacco Use Disorder) DSM-5

임상적으로 현저한 손상이나 고통을 일으키는 문제적 담배 사용 양상이 지난 12개월 사이에 다음의 항목 중 최소한 2개 이상으로 나타난다.	
1. 담배를 종종 의도했던 것보다 많은 양, 혹은 오랜 기간 동안 사용함	□
2. 담배 사용을 줄이거나 조절하려는 지속적인 욕구가 있음. 혹은 사용을 줄이거나 조절하려 고 노력했지만 실패한 경험들이 있음	□
3. 담배를 구하거나 피우기 위한 활동에 많은 시간을 보냄	□
4. 담배에 대한 갈망감, 혹은 강한 바람, 혹은 욕구	□
5. 반복적인 담배 사용으로 인해 직장, 학교 혹은 가정에서의 주요한 역할 책임 수행에 실패 함(예, 업무 수행에 방해가 됨)	□
6. 담배의 영향으로 지속적으로, 혹은 반복적으로 사회적 혹은 대인관계 문제가 발생하거나 악화됨에도 불구하고 담배 사용을 지속함(예, 다름 사람과 담배 사용에 대한 문제로 다툼)	□
7. 담배 사용으로 인해 중요한 사회적, 직업적 혹은 여가 활동을 포기하거나 줄임	□
8. 신체적으로 해가 되는 상황에서도 반복적으로 담배를 사용함	□
9. 담배 사용으로 인해 지속적으로, 혹은 반복적으로 신체적 · 심리적 문제가 유발되거나 악화 될 가능성이 높다는 것을 알면서도 계속 담배를 사용함	□
10. 내성은 다음 중 하나로 나타남	
a. 중독이나 원하는 효과를 얻기 위해 담배 사용량의 뚜렷한 증가가 필요	□
b. 동일한 용량의 담배를 계속 사용할 경우 효과가 현저히 감소	□
11. 금단은 다음 중 하나로 나타남	
a. 담배에 대한 특징적인 금단증후군	□
b. 금단증상을 줄이거나 피하기 위해 담배를 피움	□

(2) 파거스트롬 테스트(Fagerstrom test for nicotine dependency, FTND)

FTND(Fagerstrom test for nicotine dependency)는 국내에서 일반적으로 사용하고 있는 진단도구로 〈표8-5〉과 같이 6개의 적은 문항으로 응답하기 편리하고, 니코틴의존 정도를 쉽게 알 수 있다.

채점 시 0~3점은 니코틴 의존도가 낮은 수준을 말한다. 니코틴 의존도는 흡연량이 많아지거나 흡연한 시간이 길수록 높아지기 때문에 니코틴 의존도가 낮은 시기에 쉽게 금연할 수 있다. 4~6점은 중간정도의 의존도로 니코틴 중독으로 인한 구체적인 증상은 나타나지 않고 ,큰 고통이 없이 담배를 끊을 수 있는 시기로 볼 수 있다. 7~10점은 정도의 차이는 있지만 심리적, 신체적으로 니코틴에 대한 의존이 생긴 상태로 볼 수 있다. 니코틴이 몸에서 빠져나가 혈중 농도가 떨어지면 금단증상이 생기기기 때문에 금연을 지속적하기 어려워질 수 있다. 따라서 니코틴 패치 등을 금연보조 제품을 적절히 사용하는 것이 도움이 된다(Fagerstrom, 1978)

〈표8-5〉 파거스트롬 테스트(Fagerstrom test for nicotine dependency, FTND)

질문	답변	점수
1. 하루에 담배를 몇 개나 피우십니까?	31개비 이상	3
	21~30개비	2
	11~20개비	1
	10개비 이하	0
2. 아침에 일어나서 얼마 만에 첫 담배를 피우십니까?	5분 이내	3
	6~30분 사이	2
	31~60분 사이	1
	60분 이후	0
3. 지하철, 버스, 병원, 영화관 등과 같은 금연구역에서 흡연 욕구를 참는 것이 어렵습니까?	예	1
	아니요	2
4. 가장 포기하기 싫은 담배, 다시 말해 가장 좋아하는 담배는 어떤 것입니까?	아침의 첫 담배	1
	그 외의 담배	0
5. 깨어나서 처음 몇 시간 피우는 흡연량이 하루의 다른 때보다 더 많습니까?	예	1
	아니요	2
6. 아파서 거의 하루 종일 누워있거나, 감기나 독감에 걸려 호흡이 곤란할 때에도 담배를 피우십니까?	예	1
	아니요	2
합계		

3. 알코올 중독

알코올은 모든 문화권에서 시대를 막론하고 쾌락과 종교적 목적으로 오랫동안 사용해 왔다. 술의 주성분은 에틸 알코올로서 무색 가연성 액체이며, 마취효과가 있다. 일반적으로 술을 마시면 말을 많이 하게 된다거나 평상시보다 과감한 행위 등을 하기 때문에 중추시경 흥분제로 생각하기 쉬우나 약리적으로는 중추신경 억제 및 진정제의 역할을 한다. 알코올은 담배와 함께 많은 사람들이 사용하고 있어 그 심각성이 쉽게 간과되곤 하는데, 국내의 성인을 대상으로 한 역학조사 결과에서 전체 정신과 질환 중 가장 높은 유병률을 보이는 질환이 알코올중독이다. 또한 알코올남용은 한 개인에게만 영향을 미칠 뿐만 아니라 아동 성폭력, 가정 폭력과 가정해체, 자살, 음주 운전, 주폭 등 사회 전체에 악영향을 미친다.

알코올은 다른 약물들과 마찬가지로 도파민 신경회로 활동에 영향을 미쳐 긍정적 강화효과를 얻기 위해 사용하며, 장기간 사용시 뇌기능장애, 위장장애, 간장애, 췌장장애, 영양실조 등 신체적 질환 이외에도 알코올성 망상장애, 알코올성 환각장애, 알코올성 불안장애, 알코올성 수면장애, 알코올성 성 기능장애, 알코올성 기억장애, 알코올성 치매에 이르기까지 다양한 정신적 장애를 유발한다(김성이, 2012).

〈표8-6〉 혈중 알코올 농도와 신체상태

마신 양(소주잔)	혈중 알코올 농도(%)	사고, 감정, 행동에 미치는 알코올의 효과
2 ~ 3	0.05	상쾌한 기분, 약간의 감각 마비
6 ~ 7	0.05 ~ 0.10	말이 많아짐, 불안감 · 긴장감 해소
8 ~ 9	0.1 ~ 0.15	이성적 행동 조절해제, 말 · 행동 증가
14 ~ 15	0.15 ~ 0.25	운동신경 마비, 언어구사 부정확, 건망증
31 ~ 32	0.25 ~ 0.35	구토, 의식 혼탁, 보행불가
37 이상	0.35 ~ 0.5	대소변을 가리지 못함, 혼수상태

※ 65kg의 건장한 성인 남성 기준

자료 : 한국음주문화연구센터

1) 알코올중독의 원인

술을 마신다고 해서 모든 사람들이 알코올 중독자가 되는 것은 아니다. 알코올중독의 원인에는 유전적, 생물학적, 사회적, 심리적 요인 등 여러 가지 이론과 주장들이 제기되고 있지만 확실하게 받아들여지고 있는 정확한 원인은 아직 연구 중에 있다. 하지만 많은 전문가들은 알코올중독이 필수적인 유전적, 생물학적 소인이 있는 경우에 나타난다고 주장하고 있다.

알코올중독은 어느 특정한 원인에 의한 것이 아니라 여러 가지 요인이 복합적으로 작용하여 일어나는 것이므로 한 가지 특징적인 치료법이 있는 것이 아니다. 따라서 치료법도 복잡하고 이것이 알코올 중독자의 치료가 어려운 이유이다.

2) 알코올중독의 특성

알코올중독은 알코올을 지속적으로 사용한 결과로 생겨난 질병이며 다섯 가지 특성으로 설명할 수 있다(Lindstorm, 1992).

첫째, 알코올중독은 만성적이다. 알코올중독이 되기까지 서서히 진행되어 가는 경우가 많으며, 한 번 중독되면 재발률이 높다는 것을 의미한다.

둘째, 알코올 중독은 진행성이다. 음주 초기에는 음주와 관련된 문제가 심하지 않지만 음주기간이 길어질수록 중독 상태가 악화되어 간다. 음주를 하고 있는 동안에 회복을 위한 노력을 기울이지 않으면 중독의 증상은 점점 더 심해진다.

셋째, 알코올중독은 치명적이다. 알코올중독은 치료하지 않으면 결국 술로 인하여 죽음이나 정신병에 이르게 된다. 많은 알코올중독자들이 중독 자체보다도 만취한 상태에서 법적인 문제를 초래하거나 중독의 진행과정에서 생겨난 신체적 손상이나 사고로 인하여 사망한다.

넷째, 알코올중독은 치료는 가능하지만 근본적인 치유는 불가능하다. 알코올중독이 되더라도 술을 마시지 않으면 더 이상 증상은 악화되지 않는다. 그러나 알코올중독이 된 사람은 오랜기간 단주를 하더라도 다시 예전처럼 사람들과 어울려 술을 자제하면서 즐기며 살아가기 어렵다. 즉 술 때문에 뇌에서 변화가 일어나 뇌가 다른 물질은 괜찮지만 술이나 술과 유사한 물질에 대해 알레르기 현상을 일으키는 상태로 되었다는 것을 의미한다.

3) 알코올중독의 초기 증상 및 특징(채규만 외, 2013)

· 다른 사람보다 술을 자주 마신다.
· 술 절제에 대한 권고를 받기 시작한다.

· 안주 없이 술을 마시거나 식사를 거르는 일이 잦아진다.
· 필름 끊김 현상(기억 상실, 또는 블랙 아웃)을 경험한다.
· 술자리에 가면 처음의 결심이 무너진다.
· 과민반응을 하거나 화를 참지 못한다.
· 술이 깨면 불안감을 느낀다.
· 약속을 쉽게 어기고 거짓말이 늘어간다.
· 관심사가 줄어든다.
· 시간관념이 없어진다.
· 예전과 같은 양의 술을 마셔도 취하지 않는다(내성이 생긴다).
· 금단증상이 생긴다.

4) 알코올중독의 중기 이후 증상 및 특징(채규만 외, 2013)

· 술에 더욱 집착하고 해장술을 마신다.
· 술 이야기에 집착하거나 일부러 회피한다.
· 수면에 어려움을 느낀다.
· 몰래 술을 마신다.
· 기억상실이 더욱 빈번해진다.
· 술병을 진열하거나 안 보이는 곳에 감춘다.
· 대인 관계에 어려움이 나타난다.
· 죄책감과 수치심이 더욱 심해지고 도덕적으로 타락한다.
· 술의 내성이 줄어들기 시작한다(역내성의 형성).
· 술이 깨면 온몸이 아프고 떨린다.
· 재정적 어려움이 온다.
· 이유 없이 공포감에 시달리고 자의로 입원하기도 한다.

5) 알코올중독의 측정 및 평가

(1) 알코올사용장애(Alcohol Use Disorders) DSM-5

DSM-IV에서는 알코올사용장애와 관련하여 알코올의존과 알코올남용의 진단이 별도로 존재하였다. 그러나 DSM-5에서는 알코올의존과 알코올남용의 진단이 없어지고 이를 합쳐서 약물

사용장애로 분류하고 이를 가벼운 정도-중간-심한 정도의 하위유형으로 구분하였다. DSM-5에서는 알코올남용과 의존을 정확하게 구분할 수 있는 것이 아니라 연속선상에 있는, 즉 남용을 중독으로 가는 과정으로 보고 있다.

DSM-5의 진단기준은 〈표8-7〉과 같이 11개의 항목으로 진단한다. 알코올사용장애는 11개의 진단기준 중에서 2개 이상이면 알코올사용장애로 진단한다. 또한 진단 기준에 따라 2~3개에 해당되면 경도, 4~5개에 해당되면 중등도, 6개 이상에 해당하면 중증과 같이 총 3가지 유형으로 세분화하여 진단할 수 있다.

〈표8-7〉 알코올사용장애(Alcohol Use Disorders) DSM-5

임상적으로 현저한 손상이나 고통을 일으키는 문제적 알코올 사용 양상이 지난 12개월 사이에 다음의 항목 중 최소한 2개 이상으로 나타난다.	
1. 알코올을 종종 의도했던 것보다 많은 양, 혹은 오랜 기간 동안 사용함	□
2. 알코올 사용을 줄이거나 조절하려는 지속적인 욕구가 있음. 혹은 사용을 줄이거나 조절하 려고 노력했지만 실패한 경험들이 있음	□
3. 알코올을 구하거나, 사용하거나 그 효과에서 벗어나기 위한 활동에 많은 시간을 보냄	□
4. 알코올에 대한 갈망감, 혹은 강함 바람, 혹은 욕구	□
5. 반복적인 알코올 사용으로 인해 직장, 학교 혹은 가정애서의 주요한 역할 책임 수행에 실 패함	□
6. 알코올의 영향으로 지속적으로, 혹은 반복적으로 사회적 혹은 대안관계 문제가 발생하거나 악화됨에도 불구하고 알코올 사용을 지속함	□
7. 알코올 사용으로 인해 중요한 사회적, 직업적 혹은 여가 활동을 포기하거나 줄임	□
8. 신체적으로 해가 되는 상황에서도 반복적으로 알코올을 사용함	□
9. 알코올 사용으로 인해 지속적으로, 혹은 반복적으로 신체적 · 심리적 문제가 유발되거나 악 화될 가능성이 높다는 것을 알면서도 계속 알코올을 사용함	□
10. 내성이 다음 중 하나로 나타남	
a. 중독이나 원하는 효과를 얻기 위해 알코올 사용량의 뚜렷한 증가가 필요	□
b. 동일한 용량의 알코올을 계속 사용할 경우 효과가 현저히 감소	□
11. 금단이 다음 중 하나로 나타남	
a. 알코올의 특징적인 금단 증후군이 나타남	□
b. 금단증상을 감소하거나 피하기 위해서 알코올(또는 관련 물질)을 사용	□

(2) AUDIT(Alcohol Use Disorders Identification Test)

AUDIT는 알코올사용장애뿐만 아니라 위험음주도 선별할 수 있는 장점이 있는 도구이다. 1989년 세계보건기구(WHO)에서 개발하였고, 미국, 호주, 노르웨이, 불가리아, 멕시코 등의 각국에서의 시험적용을 통해 신뢰성을 입증하였다. 청소년으로부터 약물의존자, 음주 운전자, 응급실에 후송된 환자 등 모든 대상자들에게서 유효성이 입증되었으며, 문화적 차이에 관계없이 사용할 수 있다. AUDIT는 〈표8-8〉과 같이 총 10개의 항목으로 되어 있으며 크게 3가지 하위 범주로 나누어져 있다. 1~3번은 음주행위에 대한 문항, 4~6번 알코올의존에 대한 문항, 7~10은 음주로 인한 폐해에 관한 문항으로 구성되어 있다.

〈표8-8〉 AUDIT(Alcohol Use Disorders Identification Test)

과도한 음주는 건강을 악화시킬 수 있으며, 귀하가 받고 있는 치료나 복용하는 약물에도 악영향을 줄 수 있습니다. 그러므로 음주에 대한 귀하의 습관을 확인하는 것이 중요합니다. 이 설문에 대한 응답은 비밀로 지켜질 것이므로, 솔직히 대답해 주시기 부탁드립니다. 각 문항 중 당신에게 해당하는 곳에 'ㅇ'표를 해 주시기 바랍니다. 질문에 나오는 1잔이란 술의 종류에 상관없이 1잔의 양을 의미합니다. 즉 맥주의 경우 맥주잔 1잔, 소주의 경우 소주잔 1잔, 양주의 경우 양주잔 1잔 등 각 술에 따른 술잔에서의 1잔을 뜻합니다.

질문	0	1	2	3	4
1. 술은 얼마나 자주 마십니까?	전혀 마시지 않는다	월1회 미만	한 달에 2~4회	1주일에 2~3회	1주일에 4회 이상
2. 평소에 술을 마시는 날 몇 잔 정도나 마십니까?	1~2잔	3~4잔	5~6잔	7~8잔	10잔 이상
3. 한번 술을 마실 때 소주 1병 또는 맥주 4병 이상 마시는 음주는 얼마나 자주 있었습니까?	전혀 없다	월 1회 미만	월 1회	일주일에 1회	매일같이
4. 지난 1년간, 술을 한번 마시기 시작하면 멈출 수 없었던 때가 얼마나 자주 있었습니까?	전혀 없다	월 1회 미만	월 1회	일주일에 1회	매일같이
5. 지난 1년간 당신은 평소 할 수 있었던 일을 음주 때문에 실패한 적이 얼마나 자주 있었습니까?	전혀 없다	월 1회 미만	월 1회	일주일에 1회	매일같이
6. 지난 1년간 술을 마신 다음날 아침에 일을 나가기 위해 다시 해장술이 필요했던 적이 얼마나 자주 있었습니까?	전혀 없다	월 1회 미만	월 1회	일주일에 1회	매일같이
7. 지난 1년간 음주 후 죄책감이 들거나 후회를 한 적이 얼마나 자주 있었습니까?	전혀 없다	월 1회 미만	월 1회	일주일에 1회	매일같이
8. 지난 1년간 음주 때문에 전날 밤에 있었던 일이 기억나지 않았던 적이 얼마나 자주 있었습니까?	전혀 없다	월 1회 미만	월 1회	일주일에 1회	매일같이
9. 음주로 인해 자신이나 다른 사람이 다친 적이 있었습니까?	없었다		있지만 지난 1년간에는 없었다		지난 1년내 있었다
10. 친적이나 친구, 또는 의사가 당신이 술을 마시는 것을 걱정하거나 술 끊기는 권유한 적이 있었습니까?	없었다		있지만 지난 1년간에는 없었다		지난 1년내 있었다
합계					

AUDIT의 진단 기준은 〈표8-9〉과 같이 점수에 따라 1) 정상음주군, 2) 위험음주군, 3) 알코올 사용장애 추정군의 세가지 단계로 구분할 수 있다. 각 수준에 있어 성별에 따라 점수 차이가 있으며, 신체적 질환이나 만 65세 이상 노인의 경우에는 여성의 기분을 준용할 수 있다. 검사 결과의 해석은 각 문항의 점수를 1번부터 10번까지 모두 합산하여 총점을 산출한다. 위험음주군의 경우 남성은 10~19점, 여성의 6~9점, 알코올사용장애 추정군의 경우 남성은 20이상, 여성은 10점 이상이며 다음과 같다(조근호 등, 2008).

〈표8-9〉 음주형태의 수준 및 구분 점수

	음주형태의 수준	점수
정상음주군	· 위험 수준에 이르지 않은 상태의 중증도 이하의 음주 행동	남성:0~9 여성:0~5
위험음주군	· 음주로 인한 폐해의 발생이 높은 수준의 음주 행동	남성:10~19 여성:6~9
알코올 사용장애 추정군	· 알코올 남용이나 알코올 의존이 의심되는 수준의 음주	남성:20~40 여성:10~40

참고문헌

- 국립암정보센터 | https://www.cancer.go.kr
- 금연길라잡이 | http://www.nosmokeguide.go.kr
- 김기태, 안영실, 최송식, 이은희(2005) | **알코올중독의 이해** | 경기: 양서원
- 김성이(2012) | **약물중독총론** | 경기: 양서원
- 대검찰청(2016) | **2016 마약류 범죄백서**
- 신태용(2014) | **약물중독** | 서울: 신일서적
- 조근호, 채숙희, 박애란, 이해국, 신임희, 민성호(2009) | **위험음주자의 선발을 위한 국내어판** Alcohol Use Disorders Identification Test(AUDIT-K)의 최적 절단값. 중독정신의학, 13:34-40
- 채규만, 김민녀, 김민동, 김용희, 김유정, 김주현, 류명은, 위지희, 이혜정, 임자성, 장미자, 정기명(2013). | **채박사의 중독 따라잡기** | 서울: 학지사
- 최은영(2008) | 약물중독 | 서울: 학지사
- 파랑새포럼 | http://www.naam.or.kr
- 한국음주문화연구센터 | http://www.karf.or.kr
- 한국학교폭력상담협회&한국전문상담학회(2015) | **중독의 이해와 치료** | 경기: 양서원
- Denis, R. (2011) | **약물 중독**(Les Drogues) | (윤예니 역) | 서울: NUN.(원전은 2005년 출판)
- Fagerstrom KO. (1978) Measuring degree of physical dependence to tobacco smoking with reference to individualization of treatment. Addictive Behaviors. 3(34):235 – 241.
- Lindstorm, L. (1992). Managing Alcoholism : Matching Clients to Treatment. Oxford : Oxford University Press.

제 9장

중독 측정과 평가

관계중독의 측정과 평가

제 9 장
관계중독의 측정과 평가

오늘날 중독은 우리의 일상과 밀접한 관계가 있으며, 특정 사람들만이 빠지는 세계가 아니다. 사회변화와 함께 중독을 유발시키는 기제는 날로 다양화 되고 과학 기술의 발달로 그 접근성 또한 용이해지면서 합법적인 선 안에서이든 그렇지 않든 우리는 중독에서 자유롭지 않다.

중독에 대한 문제의식과 관심은 알코올과 마약 같은 물질에 의한 중독에서 출발하였다. 이후 중독에 대한 관점이 더욱 확장되어 물질뿐 아니라 도박, 인터넷, 휴대폰, 음식, 쇼핑 등 특정 행동의 패턴으로까지 중독의 영역이 확장되었고 학자들은 이를 물질중독과 대비되는 개념으로 과정중독이라 하였다(Smith, 2012; 우상우, 2014). 과정중독 중 사람과 사람 사이의 관계맺음에 있어 중독적인 특성의 패턴을 보이는 중독 유형을 관계중독이라 한다. 관계중독은 한 개인을 무기력, 우울 등 심리적 차원에서부터 신체적, 사회적 기능에 이르기까지 부정적인 영향을 미쳐 개인의 전반적인 삶의 질을 하락시키고 사회적으로도 부정적인 결과를 초래한다.

---

1. 관계중독의 개념과 특징

1) 일반적인 중독의 개념, 유형, 특징

관계 중독의 체계적 이해를 위해서는 관계 중독을 포함한 일반적인 중독의 개념, 유형, 특징에 대한 이해가 선행될 필요가 있다.

일반적인 의미에서 중독은 '인간의 욕구를 제한하는 강박적이고 습관적 행동'(Gerald, 2005), '충동적이며 강박적인 통제로 점진적으로 죽음으로 향하는 과정'(Schaef, 1986), '음식물이나 약물 따위의 독성으로 인해 신체에 이상이 생기거나 목숨이 위태롭거나, 어떤 약물에 지속적이고 지나치게 의존하여 생활이나 활동을 하지 못하는 상태, 혹은 어떤 사상이나 사물에 젖어버려 정상적으로 사물을 판단할 수 없는 상태'(윤명희, 2016) 등으로 정의된다. 중독의 어원은 양도, 굴복, 헌신, 속박, 노예 등의 뜻하는 라틴어 addicene이다. 어원에서 알 수 있듯이 중독이란 자신의 주체성을 잃고 자신이 아닌 타인이나 사물에 집착함으로써 내적인 불안과 현실적인 고통에서 도피하려는 태도와 행동양식을 말한다.

중독의 유형에는 물질중독(substance addiction)과 과정중독(process addiction)이 있다. 물질중독은 중독성을 가진 특정 물질(알코올, 마약, 니코틴, 카페인 등)을 통해 의존성을 발전시키는 것을 말한다. 과정중독은 특정행동 또는 상호작용의 과정에 빠져드는 현상을 말하는데 대표적인 과정중독으로는 도박중독, 일중독, 관계중독, 쇼핑중독, 운동중독 등이 있다. 과정중독의 예에서 알 수 있듯 우리 일상의 전 영역이 과정중독을 유발하는 기제가 될 수 있다. 일반적으로 과정중독이 물질중독의 원인이 되는 경우가 많아 물질중독보다 회복이 더 어려운 것으로 알려져 있다.

중독의 공통된 일반적인 특징이자 주요 요소로는 내성, 금단증상이 있으며 그 외 자기기만, 의지력 상실 등이 있다. 내성은 만족감을 느끼기 위해 중독된 양물이나 행위를 점점 더 원하게 되는 현상으로, 일정량에 익숙해지면 이전에 느꼈던 충족감이 사라지고 더 많은 양을 필요로 하게 된다. 금단증상은 반복하던 것을 하지 않을 때 느껴지는 견디기 힘든 불쾌감을 말한다. 금단증상의 유형에는 익숙한 것이 박탈당했을 때 우리 신체가 무언가 잘못된 것처럼 위험신호(불안, 짜증, 떨림, 공포 등)을 보내는 스트레스 반응과, 특정한 물질이나 행동패턴에 의존 할 때 신체의 균형 작용이 발생하다가 오히려 그것들을 끊었을 때 균형이 깨어지는(발작, 졸음, 무기력 등) 반동 혹은 역행이 있다. 자기기만은 중독된 행동을 유지시키기 위해 마음이 발휘하는 절묘한 창의성이다. 의지력 상실은 중독을 멈출 수 있는 통제력 상실을 말한다(Gerald, 2005).

2) 관계중독의 개념

관계중독이라는 용어는 1982년 Sandor Rado에 의해 학술적 용어로 처음 사용되었다(Maggie, 1995). 관계중독은 과정중독 중에서도 비교적 늦게 인정받은 까닭에 그 용어 또한 관계중독(relationship addiction), 사랑중독(love addiction), 중독적 사랑관계(addictive love relationship) 등 다양하게 혼재하여 쓰이고 있다.

관계중독이란 '타인과의 관계에서 그 양상이 중독이라는 방식으로 나타남으로써 관계의 질과 개인의 안녕을 저하시키는 병리적 관계방식'(우상우, 2014)로, '자신에게 해가 되는 관계라도 상대방과 함께해야 한다는 강박감에 사로잡혀 사랑에 대한 감정이나 행동을 통제할 수 없게 되는 상태'(Martin, 1990)를 말한다. Susan(2010)은 관계중독을 '관계가 지속적으로 고통스러운 결과를 초래하고 본인도 이를 인지하고 있음에도 불구하고 관계를 끝내지 못하는 상태'로 보았다. 또한 관계중독을 사랑중독의 한 유형으로 간주하여, 사랑중독이 특정한 사람에게 집착하는 것이라면 관계중독은 자신이 맺고 있는 관계 그 자체에 중독되는 것이라고 보았다.

3) 관계중독의 특징

관계중독증은 기본적으로 자신의 생활전반에 걸쳐 자신보다는 다른 사람과의 관계를 중심에 둠으로써 자신과 상대의 경계가 불분명해지는 특징을 갖는다. 상대와의 관계를 통해 자신의 의식세계와 내면의 공백을 메우려 노력하고, 자기존재의 무가치성과 무의미성에서 오는 공허감과 두려움을 극복하고자 한다. 상대와의 관계를 중시하는 특징으로 인해 때로는 관계중독이 희생과 봉사, 사랑의 이름으로 미화되기도 한다(Archibald, 2004).

Martin(1994)은 관계중독의 특징으로 강박, 통제력 상실, 자기기만과 합리화, 개인의 주체성 상실, 성실성의 상실, 불안, 우울 등을 제시하고 있다. 강박은 중독의 전형적인 특징으로 관계중독의 경우 상대방과의 관계가 자신에게 해를 입히더라도 상대와 함께 있어야 한다고 생각하며, 자신의 감정이나 행동을 통제하지 못한다. 통제력의 상실은 자신이 중독적인 증세를 보인다는 객관적인 사실을 무시하고 자신의 중독적 행동을 은폐하기 위해 부정, 합리화 등의 방어기제를 사용한다. 또한 관계중독이 진행되면 주체적인 존재로서 자신을 확립하지 못하고 자신을 상대와의 관계 속에서 충족시키려고 한다. 이 과정에서 자유를 잃고 속박된 삶을 살게 되며 불안과 우울에 빠지게 된다.

관계중독에 빠지게 되면 정도 이상으로 경험하고 표출하는 지나친 수치감, 불안, 고통, 분노 반응, 자신감결여를 보이며 더 심하면 우울증, 두통, 식욕부진, 불면증, 의욕상실과 같은 것으로 시달리게 된다. 관계중독자의 자기 합리화와, 불안에 따른 의심, 타인에 대한 집착적인 태도 등은 상대에게도 스트레스와 고통으로 작용한다. 관계중독은 내성, 강박적 사고, 충동적 행동, 특정 상황의 지속을 위한 노력(헌신), 금단 증상 등 여타 중독과 유사한 특정 패턴을 보인다(Whiteman & Petersen, 2004).

그런데 현실적으로 건강한 헌신에 기반한 충실한 관계와 중독적인 관계의 경계선을 명확하게 긋는 것은 불가능하다. 두 사람의 관계는 건강한 관계와 중독적인 관계의 연속선상의 어느 지점에 위치하고 있을 것이다. Whiteman과 Petersen(2004)은 건강한 관계와 중독적인 관계의 기본적인 차이점에 대해 관계 형성 동기, 대상과의 관계 형태, 주요 감정, 의존 정도 등에서의 차이점을 제시하고 있다.

건강한 관계는 교제와 관련된 것이 모두 자신의 자유로운 선택으로 결정되며, 두 사람 모두의 발전을 위해 서로 도와주면서도 동시에 건강하게 독립할 수 있는 힘도 있다. 서로가 상대방의 장점과 함께 단점도 인정하고, 두 사람의 만남에 충실하면서도 다른 주변인들과의 친분관계도 유지한다. 서로가 신뢰를 바탕으로 위기극복도 성공적으로 하며, 상호 이해와 헌신을 통해 만족감을 느끼고 성장하는 관계이다.

이에 비해 중독적인 관계는 자유로운 선택이 아니라 강박적인 충동과 느낌에 의해 행동하며, 일방적인 희생으로 상대방이 의존하도록 만든다. 상대방의 단점을 객관적으로 보지 못하고 장점만을 극대화 시키며, 두 사람의 관계에만 몰입하여 주변 친구들과 멀어지거나 단절되는 경험을 한다. 상호간 신뢰 부족으로 인한 문제를 발생시키고, 순간적인 쾌락의 결과로 인해 무기력해진다.

건강한 관계와 중독적인 관계의 특징을 정리하면 아래의 〈표 1〉과 같이 제시할 수 있다.

〈표 1〉 건강한 관계와 중독적인 관계의 특징 비교

	건강한 관계	중독적인 관계
행위 동기	자유로운 선택	강박적인 충동
대상과의 관계	상호지원	구출하려는 시도
상대에 대한 이해	객관적(장 · 단점 파악)	단점 부인, 장점 극대화
주변인들과의 관계	균형 잡힌 만남 유지	거리감 형성 혹은 단절
주요 감정	신뢰	불신, 의심, 불안
위기 해결	회복	지속적인 역기능
의존 정도	건강한 독립이 전제된 의존	지나친 의존
관계 형태	상호이해와 헌신을 통한 성장	사랑과 미움의 반복
감정 상태	관계를 통한 만족감과 내적 성장	심한 감정기복과 무기력 유발

〈출처: Whiteman과 Petersen, 2004 일부 수정 재구성〉

2. 관계중독의 요인

관계중독의 요인으로 여타 중독과 마찬가지로 생물학적 요인과, 환경적 요인이 주로 거론된다. 구체적으로 생물학적 요인으로는 개인의 성격 특성 및 유전적 성향, 스트레스와 우울증에 대처하는 방식의 차이, 성별에 따른 차이, 인성의 차이 등이 있다. 환경적 요인에서는 주로 양육환경과 관련된 문제에 주목하고 있는데 애정결핍, 과보호 등 어린 시절 주 양육자와의 관계에 있어 부정적인 경험이 주로 거론되며, 그 외 성장 과정에서 또래집단에서의 소외, 대중매체의 영향 등이 주요 요인으로 지목되기도 한다.

1) 생물학적 요인

생물학적 요인이 관계중독의 결정적인 요인이라고 보기는 어렵지만 개인에 따라 중독에 취약한 생물학적 특성이 존재하며 이것이 중독의 요인으로 작용할 가능성이 있다. 일반적으로 개인의 성격 특성 중 충동성이나 감각성이 중독의 성격적 기반이 되는 것으로 알려져 있다. 따라서 관계중독에 있어서도 이러한 생물학적 배경을 공유하는 것을 기대할 수 있다. 관계 중독을 경험하는 사람들의 경우에는 대상에 대한 갈망으로 인하여 타인과의 관계 속에서 경험하는 즐거움에도 민감하게 반응할 가능성이 크다(김하늘, 2017). 성별의 차이를 보면 일반적으로 남자들은 마약과 알코올 등 물질중독에 잘 빠지는 반면 여성들은 관계중독에 빠지는 경우가 많다(Whiteman & Petersen, 2004).

관계중독은 약물중독의 과정과 유사하게 진행되며, 관계중독의 주요 증상 중 하나인 강박적인 행동은 코카인 중독을 포함하는 정서조절체계에서의 활성화로 설명될 수 있다. 이런 측면에서 관계중독이 생물학적 요인과 관련성이 있음을 알 수 있다(Helen , 2010; 우상우, 2014).

2) 환경적 요인

(1) 어린 시절 부정적 경험

관계중독증의 원인 중 가장 많이 지목되는 요인은 어린 시절 애착 형성이다. 어린 시절 부모 또는 주양육자와 애착관계 형성과정에서 충분한 보호와 사랑을 받지 못한 경험, 부모의 거부적 태도, 다양한 형식의 학대에의 노출, 유기 경험 등은 낮은 자아존중감과 자신에 대한 정체감 부재로 이어진다. 이는 성장과정에서 또래집단과의 관계에도 부정적인 영향을 미치며, 성인이 된 후 충족되지 못한 부분에 대한 대체물을 갈구하고 의존하는 결과를 초래함으로써(Margaret et al., 1997; 우상우, 2014; Feeney & Noller, 1992) 관계중독과 관련성을 가지게 된다. 마찬가지로 어린 시절 과보호적 양육환경에서 성장한 경우도 결핍 못지않게 본인의 심리적인 측면과 타인과의 관계에 있어 부정적인 영향을 미치는 것으로 알려지고 있다.

(2) 또래집단에서의 부적응

많은 학자들이 어린 시절의 적절하지 않은 양육 환경과 경험으로 인한 애착갈망(attachment hunger) 혹은 역기능 가정(dysfunctional family)을 관계중독의 주요 요인으로 들고 있는데 Susan(2010)은 여기에 더해 또래집단에의 부적응과 따돌림 경험을 추가하고 있다. 그녀에 따르면 또래 집단 부적응의 원인이 어린 시절 주 양육자와의 관계문제나 역기능적인 가정환경으로 인한 결과이든, 정상적인 가정환경에서 자랐는데도 불구하고 다른 이유로 또래집단에서 따돌림을 당했든 상관없이 관계중독에 영향을 미친다고 보았다.

(3) 대중매체의 접촉 경험

다양한 대중매체도 관계중독에 영향을 줄 수 있다. 음악, 소설, 영화, tv 프로그램, 온라인에서 묘사되는 감정적 갈망과 환상, 사랑의 대상에 대한 극단적인 의존적 묘사들은 관계중독 형성과정에 영향을 줄 수 있다. 특히 컴퓨터를 통한 온라인 상 채팅 공간에서 이루어지는 대화는 현실적인 실제 접촉 없이도 강렬하고 친밀한 상호작용을 가능하게 하여 관계중독 형성 과정에 영향을 미칠 수 있다(Weiss & Schneider, 2006; Steve, 2010; Vannini & Myers, 2002). 뿐만 아니라 관계중독이 일상생활에 지대한 영향을 미치고 정상적인 생활이 불가능할 정도로 진행된 컴퓨터 중독과 중첩될 경우 그 위험수위는 더욱 높아진다. 이 때 관계중독의 하위 유형들이 혼재해 나타나기도 하고 시차를 두고 악순환이 반복되기도 한다(Whiteman & Petersen, 2004).

3. 관계 중독의 유형

관계중독의 유형은 학자마다 약간의 차이를 보이는데, 대표적으로 Whiteman과 Petersen(2004), Susan(2010)의 관계중독 유형이 있다. Whiteman과 Petersen(2004)은 관계중독을 사랑중독, 성중독, 사람중독의 3가지 유형으로 분류하고 있으며, Susan(2010)은 상호의존적 사랑중독(Codependent Love Addicts), 강박적 사랑중독(Obsessed Love Addicts), 관계중독(Relationship Addicts), 양가적 사랑중독(Ambivalent Love Addicts)으로 구분하고 있다.

1) Whiteman과 Petersen(2004)의 관계중독 유형

(1) 사랑중독

사랑중독은 자신이 사랑하는 대상을 사랑하는 것이 아니라 사랑에 빠지는 것 그 자체를 사랑한다. 이 경우 매번 실연의 고통을 겪으면서도 관계를 놓치지 않기 위해 자신의 욕구를 희생하면서 대상에 집착하고 의존한다. 이 유형은 어린 시절 부모의 관심을 충분히 받지 못한 경험으로 인해 자신의 잠재의식 속에 자리 잡은 좌절감을 대신할 환상과 욕구를 현재의 대상에게 투영한다(Archibald, 2004). 자신에 대한 자존감은 낮고 반대로 상대에 대해서는 왜곡된 시선으로 높게 보는 경우가 많다.

(2) 성중독

성중독은 자신의 성적 충동을 채우기 위해 다른 사람을 이용하는 경우로, 외면적으로는 성을 통한 쾌락을 추구하는 것 같지만 실제로는 힘에 대한 인식과 혼합된다. 남성은 성을 통해 여성을 정복한다는 느낌을 갖고, 여성은 남성을 유혹함으로써 남성을 통제한다는 것에서 자신의 힘을 확인한다. 또한 이 유형에게 성은 자기 파괴의 한 형태가 되기도 한다, 성을 통해 자신을 학대하고 자신은 고통을 받아 마땅한 존재라고 생각한다.

(3) 사람중독

사람중독은 사랑중독 유형이나 성중독 유형처럼 특정 행동에 집중하는 것이 아니라 특정 사람에게 강한 애착을 드러낸다. 이 유형은 상대방에게 전적으로 헌신하며 자신 인식의 끈은 놓고 삶으로써 관계의 균형을 깨뜨린다. 특정 상대 앞에서 자신은 한없이 깎아 내리고 상대방은 한없이 올려 세운다. 사람중독은 이성뿐 아니라 동성관계, 부모자식관계, 형제관계에서도 발생할 수 있다.

2) Susan(2010)의 관계중독 유형

(1) 상호의존적 사랑중독(Co-dependent Love Addicts)

상호의존적(공의존) 사랑중독 유형은 한쪽이 상대방의 구원자 역할을 자처하며 상대를 도움으로써 자신이 가치감을 느낀다. 따라서 자신이 도울 수 있는 상대와의 관계를 유지하려고 애쓴다. 자신에 대한 가치감을 느끼기 위해 돌봐주고 구원해줄 누군가를 필요로 한다. 대표적인 예로 알코올 중독자와 그를 돌보는 배우자의 관계를 들 수 있다.

(2) 강박적 사랑중독(Obsessed Love Addicts)

강박적 사랑중독 유형은 낭만적인 열정에 사로잡혀 손에 넣을 수 없는 상대를 쫓아다닌다. 상대가 기혼자이거나 냉담하거나 소통이 불가능하거나, 학대를 하는 등 잘못된 상대일 경우에도 이 유형은 그 사람에게 빠져서 그 사람을 떠나지 못한다.

(3) 관계중독(Relationship Addicts)

관계중독 유형들은 다른 유형들과는 달리 더 이상 상대방을 사랑하지 않으면서도 상대방에게서 떠나지 못한다. 이별 후에 닥칠 변화가 두려워서 상대방이 자신에게 심리적으로 신체적으로 나쁜 영향을 미치고 있다는 것을 알면서도 상대방을 떠날 수 없다.

(4) 양가적 사랑중독(Ambivalent Love Addicts)

양가적 사랑중독 유형은 회피성 성격장애를 보이여, 상대를 떠나보내는 것에는 어려움이 없지만 특정 대상에게 다가가는 것 즉 관계 맺는 것 자체에 어려움을 느낀다. 이 유형은 사랑을 갈구하면서도 동시에 친밀감에 대한 공포를 가지고 있으며, 이러한 공포는 짝사랑, 성중독 등 다양한 방식으로 표출된다.

〈관계중독 Test〉

다음의 질문을 읽고 자신에게 해당하는 점수를 표시하십시오. 현재 이성교재 중이 아니거나 교제 경험이 없는 경우, 과거이 경험이나 평소 자신의 경험에 근거하여 일치 정도를 표시하면 됩니다.

(매번 그렇다: 2점, 가끔 그렇다: 1점, 전혀 그렇지 않다: 0점)

문항	내용	매번 그렇다	가끔 그렇다	전혀 그렇지 않다
1	나는 상대에게 원하는 것이 많다			
2	나는 쉽게 사랑에 빠진다			
3	나는 사랑에 빠지면 상대에 대한 생각을 멈출 수가 없다			
4	필요한 경우 평소 원하던 가치의 기준을 낮추어 관계를 맺는다			
5	나는 내 상대를 달래주는 경향이 있다			
6	나는 건강하지 않은 관계라도 상대가 달라질 것이라 믿고 관계를 유지하려고 한다			
7	나는 잘못된 사람과 사랑에 빠진다			
8	나는 나를 속이는 사람을 믿어버린든가 아니면 아예 사람 자체를 믿지 못한다.			
9	관계가 끝나면 나는 인생이 끝나는 느낌을 받는다			
10	관계가 끝나면 나는 죽고 싶어진다			
11	나는 관계 유지를 위해서 상대보다 훨씬 더 많은 책임을 진다			
12	나는 내가 가까이할 수 없는 사람을 사랑하는 경향이 있다			
13	나는 나 자신을 좋아하지 않는다			
14	나는 내가 누구인지 잘 모른다			
15	나는 가끔 우월감을 느끼다가 또 다른 때는 열등감을 느낀다. 나는 자신을 제대로 평가해 본 적이 없는 것 같다			
16	나는 자주 내가 전혀 어울리지 않는 곳에 있다는 느낌을 받는다. 나는 세상으로부터 고립되어 있다			

문항	내용	매번 그렇다	가끔 그렇다	전혀 그렇지 않다
17	나는 혼자 있는 것을 견디지 못한다. 그렇다고 다른 사람들과의 교제를 즐기는 것도 아니다			
18	나는 특별한 사람과 관계를 맺지 않으면 지독하게 외로워진다			
19	하나의 관계가 끝나면 나는 가능하면 빠른 시간에 다른 관계를 맺으려고 한다			
20	나는 나를 사랑해줄 특별한 사람을 만나지 못할까봐 두려워한다			
21	관계를 맺는 동안 나는 내가 무엇을 원하고 필요로 하는지, 내 가치관이 무엇인지 완전히 잊어버린다. 대신 상대의 바람과 욕구, 가치관을 따른다			
22	나는 상대의 말이나 행동을 거절하지 못한다			
23	나는 상대가 원하는 사람이 되기 위해 노력한다. 상대를 기쁘게 하는 일이라면 무엇이든지 한다			
24	나는 특정한 관계 이외에 다른 것에는 거의 관심을 두지 않는다			
25	나는 관계를 정리하는 것보다 고통을 당하는 편이 낫다고 생각한다			
26	누군가와 새롭게 관계를 시작할 때면 과거에 만났던 사람이 내게 했던 일을 지금 이 사람이 하려는 게 아닌가 두려워진다			
27	나는 관계를 통제하려 애쓴다. 나는 관계를 내 마음대로 통제할 수 있을 때만 편안해진다.			
28	나는 정정당당하게 싸우는 법을 모른다. 사람들이 내 의견에 동의하지 않을 때 공격하거나 침묵시위를 한다			
29	나는 매우 예민해서 사람들이 나를 비판할 때 상처를 받는다			
30	나는 거절당했다는 느낌이 들면 과민반응 한다			
31	나는 낭만적인 사랑이 내 인생의 모든 문제들을 풀어줄 것이라고 믿는다			
32	나는 내 인생을 더 낫게 만들 힘이 없다			

〈채점〉

0점	당신은 관계중독자가 아니다
1~16점	당신은 관계중독자가 될 가능성이 있다. 조심하라
17~32점	당신은 관계중독에 걸리기 바로 직전이다
33~48점	당신은 관계중독자이다. 중독이 더 심해지기 전에 다른 사람들의 도움을 구하라
49~64점	당신은 완전히 관계중독에 빠져 있다. 즉시 중독에서 회복하기 위한 조치를 시작하라

참고문헌

- 김하늘. 2017. "중독성격, 성인애착 및 유기도식이 관계중독성 집착행동에 미치는 영향". 강남대학교대학원 석사학위논문.
- 박정심. 2010. "관계중독에 대한 이론연구와 성경적 상담". 총신대학교상담대학원 석사학위논문.
- 우상우. 2013. "관계중독의 심리-사회적 특성과 이론적 모형개발". 경북대학교대학원 박사학위논문.
- 윤명희. 2016. 『중독은 없다』. 서울 : 율리시즈.
- 이수현 2009. "여대생의 대인불안, 대인관계유형, 낭만적 애착 유형과 관계중독간의 관계". 이화여자대학교 석사학위논문.
- 이의선. 2005. "관계중독의 기독교 상담적 치료방안에 관한 연구". 서울신학대학교상담대학원 석사학위논문
- Archibald D. Hart. 2004. 『참을 수 없는 중독』. Healing life's hidden addictions. 온누리 회복사역본부 역. 두란노.
- Curtis, J. M. 1983. "Elements of pathological love relationships". Psychological Reports, 53, pp83 – 92.
- Feeney, J. A., & Noller, P. 1992. "Attachment style and romantic love: Relationship dissolution". Australian Journal of Psychology. 44, pp69–74.
- Gerald G. May. 2005. 『중독과 은혜』. Addiction and grace : love and spirituality in the healing of addictions. 이지영 역. 서울 : IVP
- Helen E., F. 2010. "Reward, Addiction, and Emotion Regulation Systems Associated With Rejection in Love". Jounal of Neuropsyciology. 104(1). pp51–60.
- Margaret S. Mahler, Fred Pine, Anni Bergman. 1997. 『유아의 심리적 탄생』. The psychological birth of the human infant : symbiosis and individuation. 이재훈 역. 한국심리치료연구소.
- Maggie Scarf(1995). Unfinished Business: Pressure Points in the Lives of Women. Ballantine Books.
- Martin, G. 1994. 『좋은 것도 중독이 될 수 있다.』, When good things become addictions. Victor Books. 임금선 역, 서울: 생명의 말씀사.
- Kohut, H. 2013. 『자기의 분석』. The Analysis of the self. 이재훈 역. 서울: 한국심리치료연구소.
- Reynaud, M., Karila, L.., Blecha, L., & Benyamina, A. 2010. "Is love passion an addictive disorder?" The American Journal of Drug and Alcohol Abuse, 36, 261– 268.
- Schaef, A. W., 1986. Co–Dependency: Misunderstood–Mistreat. San Francisco: Haper & Row,
- Smith. D.E. 2012. "The process addictions and the new ASAM definition of addiction". Journal of Psychoactive Drugs. Jan–Mar, 44(1): pp1–4.
- Susan P. 2010. 『사랑중독』Addiction to Love. 1994. 류가미 역. 서울: 북북서
- Steve S 2010 "Love Addiction: Definition, Etiology, Treatment, Sexual Addiction & Compulsivity" The Journal of Treatment & Prevention, 17(1), pp31–45.
- Vannini, P., & Myers, S. M. 2002. "Crazy about you: Reflections on the meanings of contemporary teen pop music". Electronic Journal of Sociology, 6(2).
- Weiss, R., & Schneider, J. 2006. Untangling the web: Sex, porn, and fantasy obsession in the internet age. New York, N.Y.: Alyson Books.
- Whiteman, T., & Petersen, R. 2004. 『사랑이라는 이름의 중독』Victim of Love. 1998. 김인화 역. 서울: 사랑플러스.

제 10장

기타 중독의 측정과 평가

제 10 장
기타 중독의 측정과 평가

지금까지 살펴본 중독의 영역 외에도 중독은 다양한 영역에서 발생할 수 있다. 본 장에서는 최근 이슈가 되고 있는 성 중독, 쇼핑 중독, 일 중독에 대해 이론적 내용과 더불어 측정 및 평가를 살펴본다.

---

1. 성 중독

1) 성 중독의 정의

성 중독은 OSM-IV에서 '달리 분류되지 않는 성적 장애', DSM-5에서 '성 도착장애' 로 제시되어 있다. '과잉 성욕', '성적 강박증'을 비롯하여 성 행위와 관련된 이상행동을 의미한다. 하위유형에는 노출증(exhibitionism), 이상 성욕(pedophilia), 관음증(voyeurism), 복장성욕 도착증(transvestic fetishism: 이성의 옷을 입고 싶어 하는 경향), 가학성 변태 성욕(sexual sadism), 등이 있다.

성 중독은 성적 모험을 통해 자신의 존재를 확인하려는 정신적 불안증, 정신병적 증상으로 개인적인 심한 고독감을 느끼는 상태에서 성적 모험을 통해 자기 존재를 확인하려고 애쓰는 증세로 정의할 수 있다(한국학교폭력상담협회 & 한국전문상담학회, 2015). 성 중독 문제를 가진 내담자는 시간 및 장소에 관계없이 자신의 존재를 인정받을 목적으로 비정상적인 성적 모험을 시도하거나 성적 집착을 나타낸다.

또한 성 중독 문제를 가진 내담자는 비정상적인 성 행위에 대한 강한 욕구로 인해 자신의 일상생활에 문제를 일으키게 되는데, 특히 가정에서 배우자와의 원만한 관계를 파괴시키고 직장생활에 부적응을 가져오게 한다. 성 중독자들은 성 욕구가 무척 강할 것으로 생각하지만, 그렇지 않은 경우가 더 많다. 성욕과는 상관없이 비정상적 성 행위에 집착을 나타내는 것이다. 최근에 인터넷, 스마트폰의 발달에 따라 이러한 잘못된 성 행위를 모방하거나 타인에게 영향을 끼침으로 더욱 문제가 되고 있으며 나아가 성폭력과 같은 성범죄로 확대될 가능성 역시 크다. 특히 요즘 청소년들의 성범죄 및 다양한 성적 일탈로 이어지는 것에도 이와 같은 정보매체의 발달에 따른 부정적 영향이 크다. 예를 들면 음란물과 관련된 불법 사이트 등을 통해 관음증 같은 성 중독에 영향을 주게 되는 것이다.

결국 성 중독은 행위 중독, 물질 중독, 과정 중독 모두에 해당하는 것으로 개인의 인지적, 정서적, 행동적인 특성이 외부 혹은 내부의 성적인 대상 및 환경과 병리적인 상호작용을 거치는 것이다. 이러한 병리적이고 비정상적인 성적 행동을 포기할 수 없는 강한 욕구로 인해 성 중독자는 계속적으로 자신의 잘못된 성 중독 행위를 부정하거나 은폐하며 노예화된 상태로 살아가게 됨을 알 수 있다(Blair, 2001).

2) 성 중독의 원인

어떤 중독이던 간에 중독 자체의 원인은 단일한 요인이 아닌 여러 요인들이 함께 영향을 끼친다. 성 중독 역시 중독자 자신의 문제를 포함한 여러 요인들이 영향을 주어 일으킬 수 있는 것이다.

김성향(2010)은 성 중독의 원인에 대해서 다음과 같이 네 가지로 제시하였다.

첫째, 과거에 성적 학대를 받은 적이 있는 경우, 자신을 부끄럽고 수치스럽게 생각하게 되고 그로 인해 잘못된 성 중독 행위에 집착할 가능성이 있다.

둘째, 청소년기에 자연스럽게 생기는 성적 호기심을 심하게 억누르거나 잘못된 방법으로 다루었을 때, 성 중독의 원인이 될 수 있다.

셋째, 실직, 이혼, 사별 등의 갑작스러운 사건으로 인한 스트레스가 원인이 되어 성 중독이 발생할 수 있다. 내담자는 성 중독 관련 행동으로 인해 스트레스를 해소하려고 하면서 더욱더 집착하게 되는 것이다.

넷째, 내담자의 낮은 자아존중감이나 열등감으로 인한 고립적 인간관계가 원인이 되어 성 중독에 빠질 수 있다. 즉 내담자는 자신의 문제로 인해 사회적 관계가 고립됨으로 성 중독 행위에 탐닉하면서 만족감을 얻으려는 것이다.

이외에도 김성(2011)은 성 중독을 일으키는 원인으로 인지적 왜곡을 제시하였다. 인지적 왜곡을 일으키는 데에는 Bandura의 사회학습이론을 연관지어 설명할 수 있는데, 비정상적인 성 행위에 집착한 사례를 모방하면서 쾌감을 경험하는 것이 강화가 되어 중독이 될 수 있다.

Ells(1990)는 성 중독은 성 중독자의 성장과정에서 경험한 다양한 상처와 부정적 경험을 통해서 형성된 성적 정체성의 문제가 영향을 끼침으로 발생할 수 있음을 제시하였다.

Clair(2009)는 인간의 심리구조와 여러 가지 정신병리를 설명하였다. 그 중에서 낮은 수준의 심리구조가 붕괴되면 복잡한 성적 일탈이 발생하게 되고, 가학적인 성 행위에 집착하게 됨을 설명하였다. 또한 성 중독은 어린 시절 자기애적 외상을 겪으면서 심리장애를 가지게 된 경우, 성 중독으로 이어질 가능성이 높은 것으로 보았다.

그리고 May(1982), Schaef(2000)는 성 중독자들에게 의지력의 상실, 자기통제력 약화, 잘못된 성 행위를 통해 인정받고자 하는 심리 역시 영향을 끼칠 수 있음을 제시하였다.

지금까지 제시한 내용들을 종합하여 정리하면, 성 중독을 일으키는 다양한 요인들은 비정상적 성 행위 및 성적 일탈을 문제가 없다고 여기는 잘못된 생각과 관련된 인지적 요인, 가정환경의 문제나 스트레스 및 다양한 과거의 부정적 경험에서 비롯된 우울, 불안 등의 정서적 요인, 자기통제력이나 의지력의 부족과 관련된 행동적 요인으로 설명할 수 있다. 다시 말해서 인지적 요인, 정서적 요인, 행동적 요인으로 분류하여 여러 가지를 제시할 수 있는데, 위에서 제시한 것 외에도 중독은 중독자를 둘러싼 전반적 환경 체계에서 비롯될 수 있음을 기억해야 한다.

3) 성 중독의 특성

성 중독자들에게서 나타나는 특성은 다양하지만 공통적으로 다음과 같이 제시할 수 있다(한국학교폭력상담협회 & 한국전문상담학회, 2015).

첫째, 낮은 자아존중감을 포함한 자아상(Self-image)의 문제를 가지는 경우가 많다. 주로 열등감이 많고, 자신이 잘 하는 것이 별로 없다고 여기거나 무가치하다고 여기는 모습을 발견할 수 있다. 또한 쉽게 좌절하고 자신과 주변 환경 및 주변 인물에 대한 부정적 사고가 강하게 표출되는 경우도 많이 발견된다. 이러한 자아상 문제가 원인이 되어 성적 일탈, 비정상적 성 행위, 등과 관련된 성 중독으로 나타날 가능성이 높다. 자신의 낮은 자아상으로 인해 발생하는 열등감 등을 보상하기 위한 목적으로 성적 문제에 빠져들게 되고 나아가 중독으로 연결되는 것이다.

둘째, 자신의 감정과 행동에 대한 통제력 상실이다. 다른 중독과 마찬가지로 성 중독 역시 통제 부족이 원인이 되어 발생할 뿐 아니라, 지속적으로 몰입하게 되는 것이다. 성적 욕구에 대한 통제가 부족한 것 외에 자신의 행위가 바람직하지 못하다는 것을 알면서도 중단할 수 없는 것은 결국 통제력 상실로 설명할 수 있다.

셋째, 극심한 내성과 금단현상을 보인다. 이것은 성 중독 외에 다른 모든 중독자들이 경험하는 것으로, 모든 중독은 내성과 금단현상이 있다(조근호 외 2011). 내성은 만족감을 느끼기 위해 예전 보다 더 많은 시간을 투자해야 하고, 계속 그 시간을 늘려야 하는 것을 의미한다. 알코올 중독자가 일반인들처럼 음주를 하면 만족감을 느끼지 못하고 폭음을 하는 것이 내성의 예가 될 수 있다. 성 중독자도 자신의 행위에 대한 내성으로 인해 처음 행위 보다 계속 많은 시간과 행위의 강도에 집착하게 된다. 금단현상은 중독 행위나 물질을 중단하게 될 때, 나타나는 정서 및 신체 반응으로 예를 들어 흡연자가 금연을 하게 되면 극심한 불안과 손 떨림, 두통 등을 경험하는 것, 알코올 중독자가 금주를 하게 되면 나타나는 우울과 불안 및 무기력함 등이 금단현상에 해당된다. 성 중독자 역시 자신의 행위를 중단하게 될 때, 스트레스와 다양한 정서 및 신체 문제를 보일 수 있다. 예를 들어 자신의 행위를 할 수 없을 때에 나타나는 급격한 감정의 동요와 이로 인한 짜증, 불안에서부터 분노폭발에 이르기까지 다양한 금단현상이 나타날 수 있는데 이러한 금단현상이 더욱 성 중독 행위에 집착하게 한다.

넷째, 다양한 정서행동 문제와 정신병리 등의 중복문제를 보인다. 이명화(2012)는 음란물 중독을 보이는 청소년들이 우울증과 공격적 성격을 보인다고 제시하였다. 특히 한국의 청소년들이 과도한 학습에 대한 스트레스로 인해 음란물 중독과 같은 성 중독에 빠지기 쉬울 뿐 아니라, 이로 인한 우울증과 같은 정신병리를 보이는 경우가 많다고 하였다. 특히 정체성 형성과 행동조절이 미숙한 청소년기에는 공격적 성향을 보이는 경우가 많다. 따라서 성 중독 문제를 가진 청소년의 경우 가출, 폭력, 자살 등의 극단적 행동까지도 표출될 수 있으며, 무엇보다 성폭력과 같은 성적 비행을 동반할 가능성도 높음을 인식해야 한다.

4) 성 중독의 측정 및 평가

성 중독의 측정과 평가를 위해서 주로 정신장애의 통계적 편람 5판(DSM-5)의 '성 도착증' 기준이 적용될 수 있다. 그 밖의 검사도구와 방법에 대해서도 아래에 제시하였다.

(1) DSM-5

DSM-5에서는 성 중독을 '성도착장애'로 명시하고 있다. 아래의 〈표 10-1〉에 진단기준을 제시한다.

〈표 10-1〉 성도착장애

성행위 방식이나 성행위 대상에서 비정상성을 나타내는 장애로서 변태 성욕증이라고 하기도 한다. '부적절한 대상이나 목표'에 대해서 강렬한 성적 욕망을 느끼고 성적 상상이나 행위를 6개월 이상 반복적으로 나타내고 개인적인 고통을 느끼거나 현저한 적응문제를 나타낼 때 진단된다. 여기서 부적절한 대상이나 목표는 첫째, 인간이 아닌 존재를 성적 대상으로 삼는 경우 둘째, 아동을 위시하여 동의하지 않는 사람을 대상을 성행위를 하는 경우 셋째, 자신이나 상대방이 고통이나 굴욕감을 느끼게 하는 성행위 방식을 나타내는 경우이다. 보통 두 개 이상의 도착 장애를 동시에 보이며 대개 18세 이전에 발병하여 20대 중반까지 나타난다.

(2) 사이버섹스 중독척도(The Cybersexual Addiction Index; CAI)

본 검사는 사이버섹스 중독을 측정하기 위한 검사지로 Young(2001)이 개발하였고, 김민(2003)이 수정 및 보완하였다. 본 검사는 총 20문항으로 구성되었으며 문항에 대한 응답은 0점(결코 아니다), 1점(아주 드물다), 2점(가끔 그렇다), 3점(종종 그렇다), 4점(자주 그렇다), 5점(거의 항상 그렇다)까지 되어 있다.

문항 내용은 사이버섹스의 시간 및 인식, 사이버섹스로 인한 일상의 문제, 온라인 상황에서의 성적 강박행동과 인터넷에 대한 의존적 특성, 사이버섹스로 인한 대인관계 변화, 통제능력과 행동상의 문제, 사이버섹스를 통한 보상 욕구, 비정상적 온라인 성적행위여부 등을 내포하고 있다. 총점 0~30점은 비중독, 31~49점은 경미한 중독, 50~79점은 중등도 중독, 80점~100점은 심각한 중독을 나타낸다. 구체적인 검사지는 〈표 10-2〉에 제시되었다.

〈표 10-2〉 사이버섹스 중독 척도

번호	문항 내용	결코 아니다	아주 드물게 그렇다	가끔 그렇다	종종 그렇다	자주 그렇다	거의 항상 그렇다
1	온라인 접속(모바일, 채팅앱) 음란물에 적지 않는 시간을 허비하는 것을 크게 신경쓰지 않는다.	0	1	2	3	4	5
2	음란물 접속(모바일, 채팅앱)에 많은 시간을 보내는 것에 대해 가족이나 친구들이 염려한다.	0	1	2	3	4	5
3	음란물을 보는 데 오랜 시간을 허비하는 것으로 인해 가정, 학교, 또는 직장에서 해야 할 일을 잘 수행하지 못한다.	0	1	2	3	4	5
4	누군가가 온라인에서 무엇을 했느냐고 질문할 때, 방어적인 태도를 취한다.	0	1	2	3	4	5
5	음란물 사이트(모바일, 채팅앱) 접속이 불가능해지면 불안해지거나 신경이 날카로워지고 화가 난다.	0	1	2	3	4	5
6	음란물(모바일, 채팅앱)이 없는 생활은 따분하고 공허하며 재미가 없을까봐 염려한다.	0	1	2	3	4	5
7	스트레스가 많은 날이거나 어떤 일을 마친 다음에는 음란물(모바일, 채팅앱)을 본다.	0	1	2	3	4	5
8	인터넷(모바일, 채팅앱) 음란물 사용에 방해를 받으면 소리를 지르거나 화를 낸다.	0	1	2	3	4	5
9	나에게 소중한 사람들(가족, 친구, 애인 등)에게 인터넷(모바일, 채팅앱)에서 성적 접속을 숨기려고 한다.	0	1	2	3	4	5
10	음란물 사이트(모바일, 채팅앱)를 발견하면 저장하고 음란물 사이트를 찾아다닌다.	0	1	2	3	4	5

번호	문항 내용	결코 아니다	아주 드물게 그렇다	가끔 그렇다	종종 그렇다	자주 그렇다	거의 항상 그렇다
11	인터넷 음란물(모바일, 채팅앱)을 이용함으로 인해 밤을 새거나 잠을 자지 못한다.	0	1	2	3	4	5
12	인터넷 음란물(모바일, 채팅앱)을 사용하지 않을 때는 사이버섹스에 대한 환상에 빠진다.	0	1	2	3	4	5
13	성적으로 새로이 눈을 뜨거나 만족할 수 있을 것이라는 기대감으로 다음 인터넷 접속(모바일, 채팅앱)을 한다.	0	1	2	3	4	5
14	현실생활에서 채워지지 않는 성에 대한 환상을 맛보기 위해 익명의 대화나 사이버섹스를 하곤 한다.	0	1	2	3	4	5
15	오로지 성적 욕구 해소를 위해 채팅(화상 채팅 포함)을 하거나 개인적 메시지를 보내는 시간이 많다	0	1	2	3	4	5
16	음란물을 보거나 사이버섹스를 한 후, 수치심이나 죄의식을 느끼지 않는다.	0	1	2	3	4	5
17	인터넷을 통해 비정상적인 성적 행동을 하기 위해 다른 사람을 속인 적이 있다.	0	1	2	3	4	5
18	음란물을 볼 때마다 자위행위를 한다.	0	1	2	3	4	5
19	배우자나 이성친구와 성관계를 맺는 것보다 음란물을 보는 것이 더 편하고 좋다.	0	1	2	3	4	5
20	음란물에서 본 장면을 화상채팅으로 경험해 보거나 실제로 성행동으로 옮기려고 시도해 본 적이 있다.	0	1	2	3	4	5
합계							

2. 쇼핑 중독

1) 쇼핑 중독의 이해

쇼핑은 인간이 살아가기 위한 기본적인 필수조건 행위이다. 쇼핑을 통해서 누구나 필요한 일상생활 용품을 구매하며 살아간다. 쇼핑은 직접 마트나 백화점을 방문하여 하는 경우도 있지만, 요즘은 인터넷이나 TV를 통한 홈쇼핑 등을 통해 할 수도 있다. 소득이 증가하고 생활수준이 높아짐에 따라 쇼핑 역시 증가하고 있다.

생활에 필요한 물품을 구매하는 것이 아닌 쇼핑 자체에 집착하면서 여러 문제가 발생하게 되는데, 이러한 문제를 쇼핑 중독으로 볼 수 있다.

쇼핑 중독은 쇼핑 행위를 통제할 수 없어 과도한 구매로 인해 나타나는 다양한 어려움을 의미하는데, 결국 행위중독의 하나로 볼 수 있다. 행위중독은 충동조절장애에 포함될 수 있다. 왜냐하면 충동조절장애의 특성은 자기 자신 혹은 타인에게 피해를 줄 수 있는 행위임에도 제어하지 못하고 계속하려는 강한 충동으로 인해 일상생활에 어려움을 초래하게 되는 것이다. 도박 중독, 게임 중독, 인터넷 중독 등이 모두 충동조절장애로 인해 나타나는 중독 증상이라고 할 수 있다.

쇼핑 중독은 한 마디로 '중독 구매' 혹은 '강박적 구매' 로 설명할 수 있다. 즉 지나친 구매에 이끌려 통제하지 못하는 구매행동이 바로 쇼핑 중독인 것이다. 즉 쇼핑중독은 긴장감, 불안, 우울, 등의 부정적 감정을 회피하기 위해 반복적으로 구매하는 행위를 통제할 수 없음으로 인해 발생하는 어려움을 의미한다(김정숙, 2008). Valence 등(1988)에 따르면 쇼핑중독을 일으키는 구매 욕구는 심리적 갈등과 어려움에서 비롯되며, 구매 욕구로 인해 즐거움과 안도감, 죄책감 등을 경험하게 된다.

쇼핑 중독에 빠지게 되는 사람들은 부정적 감정이나 스트레스, 갈등 등에서 벗어나기 위한 방법으로 중독 구매를 선택한다. 다른 중독처럼 쇼핑 중독 역시 이러한 부정적 감정과 고통을 회피하거나 벗어나기 위한 수단으로 선택한 쇼핑 행위가 반복되는 과정을 통해서 더욱 내성이 높아지게 되는 것이다. 또한 쇼핑 중독자들은 쇼핑 행위를 하지 못하게 제한당할 때, 다른 중독자들처럼 우울, 불안, 두통, 소화불량, 등의 신체 및 심리적 문제를 동반한 금단증상에 시달릴 수 있다. 많은 쇼핑 중독자들이 자신의 충동성으로 인해 필요하지 않는 많은 물건을 사게 되지만 그 행위가 행복감을 증진시키지 못하며, 쇼핑 자체를 즐기면서도 불필요한 돈을 낭비한 것에 대한 후회 및 부끄러움을 느끼는 경우가 많음을 알 수 있다(김정숙, 2008).

쇼핑 중독은 인터넷상에서도 심각한 문제가 되고 있다. 최근 스마트폰의 사용 증가와 관련하여 스마트폰을 활용한 쇼핑 역시 증가하고 있다. 직접 마트나 매장에 가지 않더라도 스마트폰을 통해 쇼핑이 가능하다. 따라서 시간과 공간에 제약을 받지 않는 스마트폰의 장점으로 인해 인터넷 쇼핑이 더욱 증가할 수 있는 것이다.

2) 쇼핑 중독의 원인

(1) 충동구매성향

쇼핑 중독을 일으키는 대표적인 원인으로 충동성을 제시할 수 있다. 즉 충동구매로 설명할 수 있는데, 주어진 상품에 대한 구매 욕구가 강하여 사전에 충분한 생각이나 계획 없이 구매를 하게 되는 것을 말한다. 이러한 충동구매 경향성은 여러 유형으로 분류할 수 있다(양윤, 이채희, 2000).

① 부정적 기분 회피형

일시적으로 부정적인 감정이 발생할 때, 여기에서 벗어나기 위해서 충동구매에 빠지게 되는 유형이다. 이 유형에 해당하는 쇼핑을 통해 긍정적 감정을 일시적으로 누리게 된다.

② 주변 권유형

주변 권유형은 쇼핑에 동행한 가족이나 친구 혹은 판매원 등의 주변 사람들의 권유에 넘어가 충동구매를 하게 되는 경우이다.

③ 비 계획형

비 계획형은 구매할 계획 없는 물건을 충동적으로 구매하는 사람들로서, 마트에 가거나 인터넷 쇼핑몰 등을 검색하면서 순간적인 구매 욕구에 따라 물건을 사게 된다.

④ 긍정적 감정 유지형

이 유형은 쇼핑을 하기 전에 긍정적 감정을 경험하였는데 그 감정을 지속 및 확장시키기 위해서 계속 물건을 구매하는 것이다.

⑤ 기호 관여형

기호 관여형은 평소에 자신이 좋아하는 물건을 수집하기 위한 목적으로 필요 이상의 무리한 구매를 계속하는 유형이다.

⑥ 제품속성 관여형

이 유형에 속하는 중독자들은 물건의 가격, 기능, 수량 등에 관심이 많다. 다시 말해 물건의 가격이 저렴하거나 기능이 다른 물건에 비해 탁월하다고 생각될 때, 충동구매를 하게 된다. 또한 마트나 홈쇼핑 방송 등에서 한정수량을 제시할 때에도 충동구매를 하는 경우가 많다.

(2) 정서적 문제에 대한 도피(회피)

다수의 쇼핑 중독자들이 유년기 시절 겪었던 정서적 결핍으로 인해 우울, 불안, 분노, 고독, 등의 부정적 정서로부터 벗어나기 위해서 구매에 집착하게 된다. 쇼핑 중독자들은 정서적 문제를 견디지 못함으로 힘들어 하는 경우가 많다. 또한 내면적 공허감을 채우기 위해 쇼핑에 집착하는 경우도 있으며, 이러한 정서 문제를 해결하기 위한 충동구매를 통해 일시적으로 긍정적 정서를 경험하게 되면서 쇼핑 행위가 강화 효과를 주게 된다. 이렇게 쇼핑을 통해 정서적 문제를 일시적으로 해소하게 되는 경험을 계속하면서 쇼핑에 대한 내성과 금단증상 역시 증가하게 된다.

(3) 쇼핑 행위에 대한 심리적 의존

쇼핑 중독자들은 구매행위 자체에 심리적인 의존으로 인해 즐거움을 추구하게 된다. 쇼핑에 대한 심리적 의존이 점점 강해지면서 쇼핑의 횟수가 더 늘어나야 하고 더 비싼 물건을 사야 만족감을 느끼게 된다.

(4) 신체적 금단 증상

다른 중독처럼 쇼핑 중독 역시 금단 증상이 강하게 나타난다. 쇼핑 행위를 중단하게 되거나 제한받게 되면, 초조함으로 인해 손이 떨리거나 두통 혹은 복통 등의 신체 문제를 나타낸다. 이러한 신체적 금단 증세가 심해질수록 더욱 쇼핑 행위에 집착하는 것이 증가할 수밖에 없다.

2) 쇼핑 중독의 특성

쇼핑 중독자들은 쇼핑에 대한 강박적인 집착 태도를 보이게 되는데 쇼핑을 전후하여 심한 감정 기복을 보인다. 쇼핑 중독 성향과 연령이 부적관계를 나타낸다. 이는 연령이 낮을수록 충동조절능력이 낮은 것과 관련이 있다. 따라서 연령이 어릴수록 충동조절이 낮고 그로 인해 쇼핑 중독에 빠질 가능성이 높은 것이다.

그리고 쇼핑 중독은 성별로 보았을 때, 남성과 여성 모두 심각한 문제가 된다. 남성의 경우 주로 책이나 컴퓨터, 카메라, 운동 기구 등을 충동적으로 구매하는 경우가 많은데 비해 여성은 옷이나 화장품, 귀금속, 가정용품을 충동구매 하는 경우가 많은 것으로 나타났다. 쇼핑 중독자들은 자신의 가족과 친구에게 쇼핑 중독 증상을 숨기려는 경우가 많고, 물건 구매 후에 불필요한 곳에 돈을 사용한 것을 후회하거나 부끄러움을 느끼기도 한다. 하지만 정서적 문제나 스트레스 등이 나타나면 다시 쇼핑 행위에 집착하게 되면서 중독 문제가 계속되는 것이다.

쇼핑 중독자의 유형은 다음과 같이 제시할 수 있다.

첫째, 자신의 기분 전환을 위해 쇼핑을 하지만 쇼핑을 하고 난 후에는 더욱 기분이 악화되어 다시 기분 전환을 위해 쇼핑을 하는 행위가 반복된다. 주로 우울증이 있는 사람들이 자신의 우울한 기분을 풀기 위해 쇼핑에 몰입한다.

둘째, 기념품 수집에 집착하는 중독자로 고가의 기념품 수집을 통해 심리적 만족을 추구하는 사람들이 해당된다.

셋째, 타인에게 인정받거나 과시하게 위해 쇼핑에 집착하는 사람들이다. 타인에게 비싼 음식을 대접하거나 술값을 대신 지불한다. 비싼 외제 자동차나 고가의 도자기 등을 구매하여 타인에게 과시하고 싶어 한다.

넷째, 명품 수집가에 해당되는 사람들로 골동품, 골프채 등의 명품을 수집하는 행위 자체를 즐긴다. 여러 종류의 명품을 수집하는 경우도 있지만, 광적으로 한 가지 명품에만 집착하는 경우도 있다.

다섯째, 보상심리에 의한 중독자로 어린 시절에 구매욕구가 있었지만 구매할 수 없었던 물건에 집착한다. 예를 들어 어렸을 때에 형 때문에 사지 못했던 장난감 로봇에 집착하여 계속 장난감 로봇을 구매하는 것이 여기에 해당된다.

여섯째, 자신이 가진 분노를 쇼핑 행위를 통해 표출하는 사람들이다. 쇼핑을 하는 것으로 적대감, 분노, 등을 발산하면서 중독에 빠져들게 된다.

일곱째, 인터넷이나 스마트폰 중독을 가진 사람들로 인터넷 및 스마트폰에 대한 집착과 중독적 사용의 일환으로 쇼핑 중독에 빠지는 경우이다. 즉 인터넷이나 스마트폰을 이용한 쇼핑 행위에 집착하는 경우가 여기에 속한다.

3) 연령 별 쇼핑 중독

쇼핑 중독은 전 연령대에 걸쳐서 나타날 수 있다. 본 장에서는 어린이, 청소년, 대학생별로 쇼핑 중독이 발생하는 이유와 그에 따른 특성을 살펴본다.

(1) 어린이 쇼핑 중독

유치원에서 초등학교까지 연령대에 해당되는 어린이들을 대상으로 살펴보면, 어린이들 역시 쇼핑 행위에 집착하고 충동구매에 빠지는 경우가 많다. 어린이 집단 내에서 유행하는 캐릭터의 옷이나 장난감, 가방, 등의 쇼핑에 집착하는 모습을 보이곤 한다. 유명 메이커 옷이나 신발, 가방 등에 집착하여 제품의 기능성을 간과하는 것은 물론 과도한 지출로 부모와의 갈등에 빠질 수도 있다. 또한 주변의 친구가 산 장난감이나 옷 등에 관심을 보임으로 필요하지 않으면서 일부러 사는 행위 자체를 통해 자기 과시 및 인정의 욕구를 실천할 수도 있다. 이러한 쇼핑 중독이 성장하면서 지속적으로 영향을 끼침으로 성인이 되어서도 쇼핑 중독이 더 심해질 뿐 아니라, 경제적인 어려움으로 인해 과도한 대출 혹은 카드 빚 등의 문제로 신용 불량자가 될 가능성 역시 높다. 따라서 어렸을 때부터 올바른 소비 습관을 가지고 쇼핑 중독에 빠지지 않도록 지도해야 한다.

(2) 청소년 쇼핑 중독

중 · 고등학생의 경우 입시로 인한 학업에 대한 스트레스, 또래관계의 영향, 정체성 부족의 문제 등이 쇼핑 중독으로 이어질 수 있다. 용돈을 받자마자 인터넷 쇼핑몰을 통해 한달 용돈을 한 번에 다 써 버리고 나서 또래나 후배들의 용돈을 빼앗는 학교폭력 문제 역시 함께 나타날 수 있다(한국학교폭력상담협회 & 한국전문상담학회, 2015). 그리고 부모의 지갑에 손을 대거나 부모의 주민등록번호를 외워서 몰래 결재를 하는 행위 역시 함께 나타날 수 있는 것이다.

청소년들은 인터넷 중독, 스마트폰 중독 역시 증가하고 있다. 앞에서 살펴본 바와 같이 쇼핑 중독 또한 이러한 인터넷 중독이나 스마트폰 중독과 함께 나타날 수 있다. 특히 자기조절과 자기통제력에 곤란이 많은 청소년들에게 스마트폰 중독과 더불어 스마트폰의 쇼핑 앱을 통한 충동구매 역시 증가할 수밖에 없다(김병년, 2013).

(3) 대학생의 쇼핑 중독

대학생 시기는 중 · 고등학생 때와 달리, 부모나 교사에 의한 통제를 받지 않는 시기이다. 대학에 진학하면서 갑자기 자유를 경험하게 되고 이로 인해 절제되지 못한 모습을 보일 가능성이 높다. 자유로운 시기이지만 자신의 인생에 대한 책임을 지게 되는 시기로, 진로 및 취업 준비를 위한 스펙 쌓기가 강조된다. 또한 중 · 고등학생 때처럼 부모에게 완전히 의존할 수 없는 시기이므로 독립을 준비해 가야 한다. 우리나라 대학생들은 경기불황에 따른 극심한 취업난이 계속되고 있다(공마리아, 강윤주, 2012). 이러한 대학생의 특성과 어려움이 원인이 되어 쇼핑 중독으로 연결될 가능성을 증가시키게 만든다. 특히 대학생 시기는 아르바이트나 취업 등을 통한 경제활동이 가능하고, 대출을 받거나 하는 것에서 별 제한을 받지 않는 경우가 많다. 그러므로 대학생 역시 쇼핑 중독의 위험이 높을 뿐 아니라, 쇼핑 중독에 빠지는 사례 또한 높을 수밖에 없다.

무엇보다 여대생들이 쇼핑 중독의 위험이 더 높을 수 있다. 왜냐하면 20대 초반의 외모에 민감한 시기적 특성으로 인해 옷이나 보석류 등의 구매에 충동적일 수 있으며, 스트레스를 쇼핑 행위를 통해 해소하려는 경향이 높기 때문이다.

그리고 대학생은 스마트폰 사용에 별다른 제재를 받지 않는다. 스마트폰의 다양한 쇼핑 앱이나 스마트폰을 활용한 인터넷 쇼핑몰 등을 통한 소비 행위 역시 제한을 받지 않으므로 더욱 증가할 수 있다.

4) 쇼핑 중독의 예방

쇼핑 중독을 위한 지침들을 다음과 같이 제시한다.

(1) 과소비 및 충동구매 예방을 위한 대처전략

첫째, 과소비 혹은 충동구매에 빠지게 만드는 근본문제가 무엇인지를 확인한다. 한 번에 많은 돈을 쓰는 지, 아니면 적은 돈이지만 자주 물건을 사는 지를 살펴본다. 그리고 자신이 가장 충동구매를 많이 하는 물건은 무엇인지, 음식, 보석, 전자제품, 의류, 등 어떤 물건을 열광적으로 구입하는지를 확인해야 한다. 따라서 충동구매를 하는 가장 기본적인 이유를 찾아야 하는 것이다.

둘째, 무엇을 위해서 쇼핑을 하는 지 쇼핑에 대한 자신의 생각과 감정을 확인해야 한다. 우울함을 잊기 위해서인가? 주변 사람들에게 관심을 끌고 싶어서인가? 왜 쇼핑에 집착하는지 그에 따른 감정을 확인하여 부적절한 쇼핑 행위를 점진적으로 감소시켜서 중단하도록 해야 한다.

셋째, 자신의 시간 사용을 점검하고 쇼핑 행위에 사용되는 시간을 줄여가야 한다. 쇼핑 중독자들은 대부분의 시간을 쇼핑 행위에 몰두한다. 따라서 쇼핑 중독을 예방하려면 시간 관리를 잘 하도록 지도하고 쇼핑 행위에 몰두하는 시간을 점진적으로 줄여가도록 해야 한다.

넷째, 신용 카드 사용을 제한한다. 이를 위해서 현금으로만 결제하고 신용카드를 사용하지 않도록 해야 한다.

다섯째, 쇼핑 전에 구매해야 할 물건을 미리 결정하고 그것을 목록으로 작성한다. 작성된 목록만을 구매하도록 한다.

여섯째, 쇼핑 충동을 조절하기 위해 다양한 대체 활동을 실시한다. 즉 쇼핑에 대한 충동이 일어날 때, 운동을 하거나 독서를 하는 등이 건전한 활동으로 대체하여 쇼핑 충동을 감소시켜야 한다.

일곱째, 쇼핑 중독으로부터 자신을 보호하기 위한 다양한 방법을 시도하라. 예를 들어 외출할 때에 신용 카드나 과도한 돈을 지참하지 않는다거나, 홈쇼핑 채널을 보지 않도록 텔레비전 시청을 자제하는 것, 쇼핑을 갈 때에 혼자 가지 않고 다른 사람과 함께 가는 것, 스마트폰 사용을 자제하고 쇼핑 앱을 삭제하는 등 다양한 방법이 있다. 이러한 다양한 시도를 통해서 스스로를 보호하도록 애써야 한다. 또한 자신이 가진 쇼핑 중독의 문제를 자신을 도울 수 있는 사람에게 이야기하고 도움을 받거나 전문가로부터 상담을 받도록 하는 것도 자신을 보호하기 위한 방법이 될 수 있다. 중독으로부터 치유된 경험이 있는 사람들로부터 조언과 도움을 받는 것도 중독 예방을 위한 방법이 될 수 있다는 것을 기억해야 한다.

5) 쇼핑 중독의 측정과 평가

쇼핑 중독의 측정과 평가를 위해 다양한 검사가 실시될 수 있다. 본 장에서는 쇼핑중독 자가진단, 쇼핑 중독 확인 질문지, 쇼퍼홀릭(Shopaholic; 쇼핑중독증, 쇼핑중독자) 확인을 위한 자가테스트, 쇼핑중독척도를 제시하기로 한다.

(1) 쇼핑중독 자가진단

본 척도는 강북삼성병원 정신과 신영철 교수에 의해 제시되었다. 본 척도는 10개의 문항을 되어 있고 각 문항을 읽어보고 "예", "아니요"로 대답한다. 척도 문항은 아래의 〈표 10-3〉에 제시되어 있다.

〈표 10-3〉 쇼핑중독 자가진단

번호	질문
1	나는 도무지 나의 소비 습관을 통제할 수가 없다.
2	나는 쇼핑할 때, 죄책감이 든다.
3	나는 내가 얼마나 쇼핑을 하는 지 잘 모른다.
4	나는 가족들이 보지 못하도록 쇼핑한 물건을 숨기곤 한다.
5	쇼핑은 내게 있어서 긴장이나 불안감을 풀 수 있는 아주 좋은 방법이다.
6	나는 사는 물건보다 물건을 사는 행위 그 자체를 더 즐긴다.
7	우리 집에는 한 번도 사용하지 않은 물건들이 가득하다.
8	나는 경제적으로 감당할 수 없을 만큼 쇼핑을 많이 한다.
9	내가 얼마나 쇼핑을 많이 하는 지 다른 사람들이 알면 기절할 것이다.
10	나는 기분을 더 좋게 하기 위해 물건을 산다.

본 척도에서 "예"라고 대답한 항목이 모두 몇 개인가를 파악한다.

10개의 문항 모두에서 "아니요"로 답한 경우는 건전한 쇼핑 습관을 가진 사람이다. 따라서 쇼핑 중독과는 관련이 없다.

10개의 문항 중, 5,6,10번 어느 하나라도 "예"라고 대답했다면 '기분파 쇼핑형'에 해당이 된다. 충동구매 경향이 강한 사람이라고 할 수 있다. 즉 기분이 좋아서 물건을 사거나, 자신이나 타인을 위한 선물이라고 필요하지 않는 물건을 사고, 친구들이 말리는데도 굳이 자기가 내겠다며 다른 친구들의 물건까지 신용 카드로 결제하는 모습을 보인다.

10개의 문항 중에서 2,3,4,7,9번에 한 가지라도 "예"라고 대답을 한 경우라면 '과다 쇼핑형'에 속한다. 일상적으로 쇼핑을 자주하며 열성적이고 경쟁적인 형태의 구매행위를 하는 모습을 보인다. 쇼핑중독의 위험이 높다.

10개의 문항 중, 1번과 8번에서 한 가지라도 "예"라고 반응을 하거나, 8개 이상의 문항에 "예"라고 대답을 한 경우는 '쇼핑 중독자'에 해당될 가능성이 무척 높다. 스스로 쇼핑중독의 늪에서 벗어나기 어렵기 때문에 전문가로부터 도움이 필수적이라고 할 수 있다.

(2) 쇼퍼홀릭 자가테스트

본 척도는 6개 문항으로 구성되었다. 각 항목당 0점~6점으로 되어 있으며, 총점을 통해서 쇼핑중독에 대한 정도르 파악할 수 있다. 본 척도의 구체적인 항목은 아래의 〈표 10-4〉에 제시되었으며, 총점 25점 이상은 강박적 구매성향을 가진 쇼핑중독자로 간주될 수 있다.

번호	문항	전혀 아니다	조금 아니다	아니다	보통	그렇다	조금 그렇다	매우 그렇다
1	내 옷장에는 사 놓고 열어보지 않은 쇼핑백이 있다.	0	1	2	3	4	5	6
2	다른 사람들이 나를 '쇼퍼 홀릭(쇼핑 중독자)' 라고 부른다.	0	1	2	3	4	5	6
3	내 삶의 많은 부분이 물건 구매를 중심으로 돌아간다.	0	1	2	3	4	5	6
4	필요 없는 물건을 구매한다.	0	1	2	3	4	5	6
5	계획에 없던 물건을 구매한다.	0	1	2	3	4	5	6
6	자신을 스스로 충동구매자로 여긴다.	0	1	2	3	4	5	6

(3) 쇼핑중독척도

본 척도는 Faber & O' Guinn (1989)이 개발한 쇼핑중독척도를 송인숙(1993)이 중독구매 성향 척도로 번안하여 타당화 하였으며, 김정숙(2008)이 14문항으로 단축하여 제시하였다. 구체적인 내용은 〈표 10-5〉에 제시되었다.

각 문항은 1점(전혀 그렇지 않다)~5점(매우 그렇다)에 이르기까지 5점 척도로 구성되었다. 점수가 높을수록 쇼핑중독 성향이 높음을 의미한다.

〈표 10-5〉 쇼핑중독척도

번호	문항	전혀 그렇지 않다	그렇지 않다	보통 이다	그런 편이다	매우 그렇다
1	지불할 능력이 없는 물건이라도 할부나 신용카드로 사게 된다	1	2	3	4	5
2	단지 싸게 할인판매 하기 때문에 종종 물건을 산다.	1	2	3	4	5
3	월급날(용돈받는 날)이 돌아돌 때쯤, 돈이 남아 있으면 다 써 버리고 만다.	1	2	3	4	5
4	무엇이든 상관 없이 단지 어떤 물건을 사고 싶을 때가 있다.	1	2	3	4	5
5	나는 씀씀이가 헤퍼서 다른 사람이 안다면 놀랄 것이다.	1	2	3	4	5
6	인터넷 쇼핑을 하지 않는 날은 불안하다.	1	2	3	4	5
7	물건을 산 후, 사지 않았더라면 하고 후회하는 경우가 종종 있다.	1	2	3	4	5
8	구매한 물건을 사용하지 않고, 내버려 두는 경우가 있다.	1	2	3	4	5
9	돈이 있으면 전부 또는 일부를 써 버린다.	1	2	3	4	5
10	종종 충동적으로 물건을 산다.	1	2	3	4	5
11	가끔 인터넷에서 쇼핑을 하고 싶은 마음을 누를 수 없을 때가 있다.	1	2	3	4	5
12	내가 산 물건 중, 바보같이 돈을 쓴 것으로 여겨질까 두려워 가족에게 보여주지 않은 것이 있다.	1	2	3	4	5
13	인터넷 쇼핑몰을 검색하면 무언가 쇼핑하고 싶은 마음을 억제할 수 없다.	1	2	3	4	5
14	돈이 거의 남지 않는 걸 알면서도 필요하지 않은 물건을 산다.	1	2	3	4	5

(4) 쇼핑중독 확인질문지

본 척도는 14개의 문항으로 되어 있다. 14개의 문항 중에서 3가지 이상에 해당된다면 쇼핑중독에 대한 위험이 높으며 회복을 위한 도움을 구해야 한다. 본 척도의 내용은 아래의 〈표 10-6〉에 제시되어 있다.

〈표 10-6〉 쇼핑중독 확인 질문지

본 질문을 읽고 해당되는 항목에 표시하시오.

※ 나도 쇼핑문제가 있을까?

1. 당신은 기분이 처질 때에 강박적으로 돈을 소비합니까?
2. 당신은 감당하기 어려운 삶의 문제들이 있을 때, 중독적으로 돈을 소비합니까?
3. 위의 같은 행위들(1~2번 문항)로 인해 당신의 감정이 효과적으로 변화됩니까?
4. 지난 1~2년 사이에 소비한 금액이나 구입한 물건들이 더욱 증가되었습니까?
5. 당신의 과소비가 직장 또는 가족들을 화나게 만들었습니까?
6. 주위 사람들은 당신의 과소비 문제나 통제력을 상실했다는 말들을 전합니까?
7. 당신은 당초 계획보다 더 많은 물건들을 구입하는 자신을 발견합니까?
8. 당신은 한 번 과소비 행위가 시작되면, 그 행위를 중단하는 것에 무력합니까?
9. 당신은 과소비를 할 때, 더욱 사람들에게 "소속(belong)"된 기분입니까?
10. 당신은 쇼핑행위 다음에는 죄의식, 수치심, 후회, 자기혐오, 또는 절망감 같은 정서적 고통을 겪습니까?
11. 당신은 그러한 정서 및 감정들을 경감시키기 위해 과소비를 한 적이 있습니까?
12. 당신은 단 얼마 동안이라도 과소비 행위를 중단하려는 시도를 해 본 적이 있습니까?
13. 당신은 과소비나 그로 인한 부채 때문에 삶을 끝내려고 생각했던 적이 있습니까?
14. 당신은 이미 과소비로 생긴 결과들이 해결되지 않았는데도 계속 돈을 소비합니까?

당신은 위의 항목 중에서 몇 개의 항목에 해당이 됩니까? (　　) 개

3. 일중독

1) 일중독의 이해

현대사회는 개인이 속한 직장 및 공동체에서 주어진 일에 대한 성취를 중요시한다. 따라서 과도한 일에 대한 맹목적 집착을 의미하는 일중독 역시 증가하고 있다. 그렇지만 장시간 열심히 일한다고 해서 일중독이 되는 것은 아니다. 일중독자와 건전하면서 열정적인 근로자를 어떻게 구분할 수 있는가? 유명복(2002)은 열정적 근로자와 일 중독자의 차이를 다음과 같이 설명하

고 있다. 열정적 근로자는 일하는 순간에 몰두하고 일을 즐기면서 효율적인 업무 처리에 초점을 둔다. 일중독자는 외적인 필요보다 내적, 심리적 자아의 만족을 위하여 일에 몰두한다. 예를 들어 가족의 생계를 위해 장시간 일하는 것, 학비를 벌기 위해 2~3개의 아르바이트를 하는 것 등은 일중독이 아니다. 하지만 일 자체에 몰두하여 가족과의 관계를 소홀히 생각하거나 일 하는 것을 가족 및 친구 관계로부터 도피하기 위해 집착한다면 그것은 일중독에 빠져 있다고 할 수 있다.

일중독 관련 학자들의 정의는 다음과 같다.

일중독이란 말을 처음 사용한 Oates(1971)의 의견에 따르면 알코올 중독자가 알코올에 중독되듯이 일을 하고자 하는 욕구가 너무 강하여 신체적 건강이나 개인의 행복, 인간관계와 사회적 기능에 문제가 있는 사람을 일중독자로 정의하였다.

Naughton(1987)은 직무와 관련하여 높은 직무몰입 및 일에 대한 강박관념으로 인해 취미생활이나 가족과 관련된 일에 관심을 가지지 않는 경우를 일중독으로 간주하였다.

Schaufeli 등(2009)은 업무를 과도하게 수행하려고 일 자체에 집착하는 것을 일중독으로 정의하였고, Snir & Harpaz(2012)는 과중한 업무에 투자하는 행위 자체를 일중독으로 정의하였다(정병석, 2008에서 재인용).

위의 정의를 통해 일중독은 일 자체에 대한 탐닉, 끊임없이 일 하고자 하는 강박관념을 의미함을 알 수 있다. 단순히 일에 대한 과도한 투자를 넘어 일에 몰입함으로 타인과의 관계에 문제를 보이고 자기 자신의 일상생활에서도 병리적 문제를 보이게 되는 것으로 갈수록 더 많은 일이나 더 높은 성과를 내야 만족할 수 있으며 일을 줄이거나 중단하게 되면 불안 및 우울, 상실감으로 어려움을 겪는 증상을 의미한다.

여기서 구분해야 되는 개념으로 워커 홀릭(Workaholics)이 있다. 워커 홀릭과 일중독은 일 자체에 집착하고 몰두한다는 공통점이 있으나 워커 홀릭은 일을 너무나 즐겨서 다른 모든 것을 잊고 일에만 몰두하는 경향을 보이지만 일중독은 일을 즐기기는 하지만 그것을 넘어 자신의 일상생활 자체에 곤란함을 가져오고 타인과의 관계에 문제를 일으킨다. 워커 홀릭은 일을 즐긴 후, 일을 완수하고 자유시간이나 휴식시간이 오면 그것에 맞게 행동하지만, 일중독자는 휴식 자체를 누리지 못하고 일을 쉬게 되면 불안, 죄책감, 고독, 상실감 등을 경험하게 된다.

성실한 근로자와 일중독자를 구분하는 기준은 간단하다. "하던 일을 중단하거나 미룰 수 있는가?"를 통해 구분할 수 있다. 다시 말해 하던 일을 중단하거나 미룰 수 없다면 일중독자에 해당할 가능성이 높다. 일중독자의 3단계를 제시하자면 1단계는 직장에서 퇴근하여 집에 와서도 하던 일을 계속 매달리는 사람, 2단계는 여가 및 취미활동 등을 무시하고 일에 몰두하며 스스로도 일중독자로 인식하게 된다. 3단계는 어떤 일이든 집착하며 주말이나 휴일의 밤늦게까지 일을 계속함으로 인해서 건강을 해치는 상태에까지 이르게 되는 경우이다.

많은 사람들이 일중독자를 문제시하기보다 성실하고 부지런한 사람, 열정적인 사람, 등으로 인식하는 경우가 많아서 일중독자 스스로 자신을 이렇게 은폐하려는 경우가 있다.

2) 일중독의 특성

일중독자들이 보이는 특성으로 다음을 제시할 수 있다.

첫째, 자신이 가진 일중독을 부인한다. 다시 말해 일중독자는 자신의 일중독을 인정하지 않는다. 앞에서 제시한대로 자신을 열심히 일하는 사람, 부지런하고 열정 많은 사람 등으로 인식하여 일중독자 라는 말에 강한 거부감을 보이는 경우가 많다.

둘째, 일중독자들은 자기자신에 대한 통제를 정당화하고 자신을 억압하는 경우가 많다. 즉 여가생활, 가정생활, 친구관계 등에 대한 통제와 억압을 통해서 자신의 일중독을 정당화하려는 경향을 보인다.

셋째, 일중독자들은 자신의 업무수행이 원활하지 않을 경우에 타인에게 책임을 전가한다. 그리고 자신은 피해의식을 가진다. 다시 말해서 자신의 업무에 완벽하려고 하며 제대로 되지 않을 때, 타인이 제대로 하지 않아서 그렇게 되었다고 책임을 전가하는 것이다.

넷째, 일중독자들은 자기중심성이 지나치게 강하고 독선적이다. 자신의 일에 대한 몰입하는 태도가 항상 정당하고 옳다고 여긴다. 타인은 자신을 본받아야 한다고 생각하고 자신을 따라와야 한다고 생각하며, 혼자서 모든 일을 다 하려고 한다. 자기가 없이는 조직의 업무가 잘 되지 않는다고 여긴다.

다섯째, 일중독자들은 완벽주의 성향이 강하다. 그래서 업무수행에서의 작은 실수조차 용납하려고 하지 않으며, 업무수행을 잘 하지 못하는 것을 두려워한다. 완벽주의 성향으로 인해 타인과의 협력에서도 마찰을 보일 때가 많다. 따라서 함께 동역하는 사람들 역시 일중독자들의 완벽주의 성향 때문에 갈등하거나 스트레스를 보일 가능성이 높다. 무엇보다 일중독자들이 시간관리에 있어 철저한 관리를 하는데, 수첩이나 달력에 빽빽한 일정을 메모하고 그것을 모두 완수하고자 애쓴다. 완수할 때에 뿌듯함과 성취감을 경험하면서 그로 인해 더욱 일중독에 집착할 수 있다.

여섯째, 일중독자들은 대부분 폐쇄된 인간관계를 나타낸다. 인간관계에서는 공손하고 바른 태도를 보이지만 지나친 일에 대한 집착으로 인해 소통이 잘 되지 않는 폐쇄적 인간관계를 보일 수밖에 없다. 또한 일중독자들의 완벽주의 성향과 이로 인한 업무수행에서 협력적 관계가 원만하지 못할 때도 있어서 폐쇄적 인간관계를 보일 수 있다.

3) 일중독의 원인

개인, 가정, 사회문화적 측면에서 일중독의 원인을 제시할 수 있다.

(1) 개인적 측면

일중독자들의 개인적 측면에서 원인을 찾아보면 기질, 성격, 등에서 제시할 수 있다. 먼저 기질적으로 일중독자들은 보다 짧은 시간에 더 많은 것을 성취하려는 것과 강박적 성향을 들 수 있다. 특히 강박적 성향의 소유자는 경직된 사고와 이로 인해 자신의 일처리에 있어 유동성과 효율성 보다 완전한 통제를 통한 성취를 강조한다. 이로 인해 과도한 스트레스를 받게 되지만 오히려 더욱 업무수행에 과도한 집착을 보이게 된다.

또한 일중독자들은 자신의 미래에 대한 불안정성을 지나치게 의식함으로 과도한 일 중독에 빠질 수도 있다. 미래에 대한 불안정성은 누구에게나 존재한다. 하지만 일중독자들은 항상 미래에 대한 불안정을 의식하고 있으며 이를 지나치게 강조하면서 주어진 업무에 집착하게 된다.

다수의 일중독자들은 열등감으로 인해 자신의 유능함을 보이고 타인으로부터 인정과 사랑을 받기 위해 일중독에 빠지기도 한다. 열등감과 더불어 실패에 대한 두려움, 낮은 자아존중감 역시 일중독에 빠지는 것에 영향을 끼치고 있다. 일을 통해 끊임없이 자신의 존재감을 드러내고 인정을 받으려고 애쓴다.

어떤 사람들은 일중독 자체가 하나의 현실 도피 수단이 되기도 한다. 과도한 일 자체로 오히려 현실에서의 불만을 해소하고 복잡한 관계로부터 도피할 수 있는 것이다. 일에 열중함으로 일상생활에서 경험하는 불만이나 스트레스를 잊게 될 수 있다. 어린 시절 상처받은 자아상을 일중독으로 치유하고자 하는 경우도 있다. 즉 어린 시절 경험한 불행으로 인한 심리적 문제들을 일중독을 통해 극복하는 것이다.

(2) 가정적 측면

부모가 일중독자인 경우 자녀 역시 일중독자가 될 가능성이 높다. 왜냐하면 부모는 자녀에게 역할 모델이 되기 때문에 부모가 보이는 일중독은 그대로 자녀에게 전달될 수 있다. 다시 말하면 부모의 일중독이 자녀에게 학습되는 것이다.

그리고 부모가 보이는 양육 방식에 따라 자녀의 일중독 형성에 영향을 끼치게 된다. 예를 들어서 부모의 사랑이 무조건적이지 않고 자녀의 성취에 따라 조건적으로 주어지거나 다른 형제와 비교해서 차등적으로 주어진다면 자녀의 입장에서 부모의 사랑을 얻기 위해 주어진 일에 집착할 뿐 아니라 어떻게든 성취하려고 애쓰게 된다. 이러한 경험이 반복되면서 일중독에 빠져들 가능성이 높다.

또한 부모나 다른 형제들이 인간관계에서 지나친 친밀함을 보이는 경우 역시 일중독자가 될 수 있다. 왜냐하면 이들은 타인에게 비판받는 것을 극도로 두려워하여 주어진 일에 지나친 완벽주의 성향을 보인다. 지나치게 타인에 대한 배려와 자신의 일에 대한 집착이 일중독에 빠질 수 있는 것이다. 이러한 가족의 영향을 받아 일중독자가 될 가능성이 있음을 알 수 있다.

(3) 사회문화적 측면

사회문화적 측면에서 일중독 발생에 끼치는 요인은 한국 사회 구조적 문제를 제시할 수 있다. 어렸을 때부터 과도한 교육열과 이에 따른 경쟁, 대학입학 이후 취업을 위한 압박과 스트레스, 취업 이후 계속되는 업무에 대한 성취압력 등의 우리 사회구조가 일중독자를 만드는데 영향을 줄 수 있는 것이다.

특히 계속되는 경제불황과 이로 인한 구조조정 등으로 인해 직장에서 떨어져 나가지 않기 위해 더욱 일에 매달릴 수밖에 없다. 직장에서 생존을 위한 업무에 대한 집착은 일중독으로 연결될 가능성이 높다.

4) 일중독의 증상

첫째, 일중독자들은 자신의 일에 과도한 몰입과 집중력을 보인다. 자신이 맡은 업무가 끝나기까지 음식을 먹거나 휴식을 취하거나 등의 일상을 멀리한 채, 일에만 집중한다. 한 마디로 쉼 없이 자신의 일에만 몰두한다.

둘째, 일중독자들은 대부분 혼자서 일을 처리하려고 하고 타인에게 잘 맡기지 않는 경향이 있다. 자신의 기준이 높을 뿐 아니라, 완벽주의 경향이 강해서 타인에게 일을 부탁하거나 도움을 요청하는 경우가 거의 없다.

셋째, 일중독자들은 휴식을 취하거나 여가생활을 즐기지 못한다. 또한 휴가 자체를 반납하고 일하는 경우가 많다. 쉬는 것에 죄책감을 느끼기도 하며 심지어 어쩔 수 없이 휴식시간을 가지는 경우에도 일과 관련된 생각에 빠져 있다. 집에서도 자신의 업무와 관련된 생각을 하거나 일을 한다.

넷째, 일중독자들은 자신의 일에 대한 집착을 삶의 존재 이유로 여긴다. 다시 말하면 일에 대한 집착하는 것이 자신이 살아가는 이유로 보거나 자신의 존재 의미로 여기는 것이다. 따라서 맡은 일이 끝나거나 도중에 사정이 생겨서 완수하지 못하고 그만두게 되면 우울증이나 불안 증상 등이 나타날 수도 있다.

다섯째, 일중독자들은 다양한 신체 및 행동상의 문제를 보일 수 있다. 신체증상으로 두통, 만성피로, 소화불량, 위염 혹은 위궤양, 수면장애, 등이 있으며 행동문제로는 잦은 짜증과 초조함, 기분장애, 분노폭발, 등이 있다.

5) 일중독의 측정과 평가

일중독의 측정과 평가를 위한 도구로 본 장에서 일중독 자가진단테스트(WART), 일중독척도를 소개한다.

(1) 일중독 자가진단테스트

본 척도는 1점(결코 사실이 아니다), 2점(때때로 사실이다), 3점(흔히 사실이다), 4점(항상 사실이다)로 점수를 부여한다. 구체적 내용은 〈표 10-7〉에 제시되었다.

〈표 10-7〉 일중독 자가진단테스트

다음 항목을 읽고 해당되는 점수를 기입하시오. 총점 ( )

1. 나는 도움을 구하기보다 나 스스로 대부분의 일을 한다 ( )
2. 내가 누군가를 기다려야 하거나 어떤 일이 시간이 오랠 걸릴 때 참지 못한다 ( )
3. 나는 서두르는 편이다 ( )
4. 내가 어떤 일을 하고 있을 때, 방해를 받으면 짜증이 난다 ( )
5. 나는 나 자신을 바쁘게 만들고 항상 무엇인가를 한다 ( )
6. 나는 두세 가지 일을 동시에 한다. 가령 점심을 먹으면서 전화를 받고 메모를 한다 ( )
7. 내가 할 수 있는 일보다 더 많이 일을 벌인다 ( )
8. 무언가 일을 하고 있지 않으면 죄책감을 느낀다 ( )
9. 내가 하고 있는 일이 구체적인 결과를 보는 것이 나에게는 중요하다 ( )
10. 나는 나의 일이 진행되어 가는 과정보다는 일의 결과에 더 흥미가 있다 ( )
11. 나에게는 일들이 빨리 진척되는 것처럼 보이지 않는다 ( )
12. 일들이 내 방식대로 진행되지 않을 때, 나는 화가 난다 ( )
13. 내가 답을 들은 후에도 그 사실을 잊어버리고 같은 질문을 반복한다 ( )
14. 장래일에 대해 계획하고 생각하느라 많은 시간을 보낸다 ( )
15. 나의 동료가 어떤 일을 그만둔 후에도 나는 그 일을 계속해서 하고 있다 ( )
16. 사람들이 나의 기준을 만족시키지 못할 때 화가 난다 ( )
17. 내가 통제되는 상황에 있으면 당황한다 ( )
18. 내가 일할 때 스스로 마감일을 정해 놓고 나 자신을 스트레스 가운데 둔다 ( )
19. 일하지 않을 때조차도 긴장을 풀기가 쉽지 않다 ( )
20. 나는 친구와 교제하거나 취미생활을 즐기거나 여가활동을 하는 것보다 일에 더 많은 시간을 보낸다 ( )
21. 든 일이 끝나기 전에 새 과제에 몰두한다 ( )
22. 가 작은 실수라도 한다면 나는 나 자신을 참을 수가 없다 ( )
23. 애인이나 친구와 관계를 가지는 것보다 나의 일을 생각하고 시간과 에너지를 쏟는다 ( )
24. 생일, 기념일, 휴가를 잊어버리거나 최소화시킨다 ( )
25. 나는 모든 사실을 알게 되거나 그것을 천천히 생각할 기회를 가지기 전에 중요한 결정을 한다 ( )

본 척도의 해석은 다음과 같다.

첫째, 67점~100점의 경우 심각한 일중독자에 해당된다. 일로 인해 본인의 신체 및 정신이 쇠약해지고 있을 뿐 아니라 주변의 가족들도 힘들어할 것이다.

둘째, 57전~66전의 경우 일중독자에 해당이 되지만 그 수준이 높이 않으므로 자신이 문제를 돌아보고 고치기 위해 애쓴다면 부정적 영향을 막을 수 있을 것이다.

셋째, 25점~56점의 경우 일중독자에 해당이 되지 않는 효율적인 근로자에 속한다.

(2) 일중독척도

본 척도는 Buelens와 Poelmans(2004)의 일중독척도를 나양수(2015)가 번안한 것이다. 총 20문항, 5점 척도로 구성되었다. 점수는 20점~100점까지 해당되며, 점수가 높을수록 일중독에 가까움을 알 수 있다. 구체적 내용은 〈표 10-8〉과 같다.

〈표 10-8〉 일중독척도

문항	전혀 아니다	그렇지 않다	보통 이다	그런 편이다	매우 그렇다
1. 나는 휴가기간에도 일하지 않으면 지루함을 느끼거나 불안해진다.	1	2	3	4	5
2. 나는 여유 시간에도 일과 관련된 다른 활동을 한다.	1	2	3	4	5
3. 나는 시간적인 여유가 없어 일 외에 다른 것에는 신경 쓸 겨를이 없다.	1	2	3	4	5
4. 나는 일을 할 때나 하지 않을 때나 시간을 알뜰하게 써야 한다.	1	2	3	4	5
5. 나는 종종 다른 사람이 퇴근 한 후에도 남아서 일하곤 한다.	1	2	3	4	5
6. 사람들은 나에게 종종 지나치게 일에 몰입한다고 말한다.	1	2	3	4	5
7. 나는 일을 열심히 해야 된다는 강박관념을 가지고 있다.	1	2	3	4	5
8. 나는 나의 내면에 열심히 일하게 만드는 무언가가 있다고 가끔 느낀다.	1	2	3	4	5
9. 내가 하고 있는 일이 즐겁지 않더라도 열심히 해야 한다고 생각한다.	1	2	3	4	5
10. 나는 잠시 일에서 벗어나고 싶은 경우에도 종종 일에 대해 생각한다.	1	2	3	4	5
11. 나는 일에서 벗어나 쉴 때, 죄책감을 느낀다.	1	2	3	4	5
12. 즐겁지 않은 일이라도 열심히 해야 한다는 의무감을 느낀다.	1	2	3	4	5
13. 나는 일과 일 사이에도 조용히 쉴 틈이 없다.	1	2	3	4	5
14. 내 일은 너무 재미있어서, 가끔 일이 아닌 것처럼 느껴진다.	1	2	3	4	5
15. 나는 새로운 프로젝트에 참가할 때, 느끼는 기쁨이 매우 크다.	1	2	3	4	5
16. 나는 시간 가는 줄도 모르고 일을 한다.	1	2	3	4	5
17. 나는 일이 재미있기 때문에 더 많은 일을 한다.	1	2	3	4	5
18. 나는 일하는 시간 대부분이 즐겁다	1	2	3	4	5
19. 나는 다른 사람보다 내 일을 더 좋아한다.	1	2	3	4	5
20. 내가 하는 일에 재미있는 부분이라고는 찾아보기 힘들다(역채점)	1	2	3	4	5
총점					

참고문헌

- 김 민 (2003). 청소년들의 인터넷 중독과 사이버섹스 중독실태 연구. 청소년복지연구, 5(1), 53-58.
- 김병년 (2013). 청소년의 스마트폰 중독이 사회성 발달에 미치는 영향. 한국콘텐츠학회논문지, 13(4), 208-217.
- 김성 (2011). 성중독자의 심리적 경험. 백석대학교 대학원 박사학위논문.
- 김성향 (2010). 성중독이 있는 조울증 청년에 대한 성경적 상담. 총신대학교 대학원 석사학위논문.
- 김정숙 (2008). 인터넷 쇼핑에서의 패션제품 중독구매성향 특성에 관한 연구: 20-30대 여성을 중심으로. 이화여자대학교 대학원 석사학위논문.
- 나양수 (2015). 일중독, 완벽주의, 일-가정 갈등 및 의사소통이 결혼만족도에 미치는 영향-구조적 관계를 중심으로. 대구가톨릭대학교 대학원 박사학위논문.
- 송인숙 (1993). 소비자의 구매중독성향 및 영향요인. 서울대학교 대학원 박사학위논문.
- 양윤, 이채희 (2000). 충동구매 경향성 척도 개발 및 타당화 연구. 한국심리학회 소비자 광고, 1(2), 137-168.
- 정병석 (2008). 일중독 성향의 선행변인과 결과변인에 대한 연구. 광운대학교 대학원 석사학위논문.
- 한국학교폭력상담협회 & 한국전문상담학회 (2015). 중독의 이해와 치료. 서울:양서원.
- Blair, R. J. R. (2001). Neuro-cognitive models of aggression. the antisocial personality disorders and psychopathy. Journal of Neurology of clinical Psychology. 24. 93-100.
- Clair, M. St. & Wigren, J. (2009). 대상관계이론과 자기심리학. 안석모 옮김. 서울:시그마프레스
- Ells, A. (1990). One-way relationships. Nashville: Thomas Nelson.
- May, G. G. (1982). Addiction and Grace(San Francisco: Harper & Row), 3.
- Naughton, T. J. (1987). A conceptual view of workaholism and implications for career counseling and research. Career Development Quarterly, Vol. 35, pp. 180-187.
- Oates, W. (1971). Confessions of a workaholi: The facts about work addiction. New York: World Publishing.
- Schaef, A. W.(2000). Addcitive System, The Way, Vol. 40(40), Oct, 355.
- Valence, G., d'Astous, A., & Fortier, L. (1988). Compulsive buying: Concept and measurement. Journal of consumer policy, 11(4), 419-433.
- Young, K. S (2001). Tangled in the web: Understandng Cybersex From fatasy to addiction US: 1st Books Library.

제 11장

중독 측정과 평가

제 11 장
중독 치료

본 장에서는 중독 치료를 위한 다양한 방법과 전략에 대해 제시한다.

---

1. 중독 치료 개관

중독 치료는 다양한 측면에서 이루어진다. 중독자의 중독 물질 혹은 중독 행위에 대한 집착을 억제하기 위한 의료적 치료, 중독자의 심리 및 행동을 변화시키는 심리행동치료, 중독자의 가족을 대상으로 이루어지는 중독자 가족상담 등이 있다. 중독 치료는 중독 유형에 따라 다소 차이가 있다.

중독은 여러 요인에 의해 영향을 받으며, 다양한 문제를 일으킨다. 따라서 중독 문제를 보이는 중독자를 대상으로 중독 문제 자체를 완전히 없애는 것은 무척 어려운 일이다. 하지만, 중독 문제가 중독자 개인은 물론 주변에 끼치는 문제들을 생각할 때, 중독 치료를 통해 중독자의 삶에 긍정적인 변화를 주어야 한다.

따라서 본 장에서 중독 치료를 위한 다양한 전략을 제시하고자 한다. 각 중독영역 중에서 특히 인터넷 중독, 알코올 중독, 도박중독을 중심으로 치료전략 및 상담 방법 등을 제시함을 통해 중독 치료 및 상담에 도움이 되고자 한다.

2. 인터넷 중독 치료

1) 인터넷 중독 개별 상담

인터넷 중독 상담을 위해 먼저 중독이 의심되는 내담자의 인터넷 사용 장애를 평가할 필요가 있다. 인터넷 중독에 영향을 끼칠 수 있는 내담자의 사회 환경 요인, 가족 관계, 심리적 요인 등 여러 가지를 함께 고려해야 한다. 이형초(2006)는 인터넷 중독 문제를 보이는 내담자에게 일상생활의 적응 혹은 만족도, 인터넷 사용 시간 및 용도와 PC방 출입, 인터넷 사용에 관한 태도, 인터넷 중독을 유발할 수 있는 개인의 정서행동 문제, 인터넷 중독을 일으킬 수 있는 내담자 가정의 역기능 및 가족문제, 인터넷 중독과 공존할 수 있는 질환의 여부 등을 확인할 것을 제시하였다. 그러므로 인터넷 중독자에 대한 상담은 이러한 요인의 확인을 통해 인터넷 중독을 유발한 원인을 밝히고 그에 따라 적극적으로 대처해야 한다.

(1) 상담자 준비

인터넷 중독자에 대한 상담을 위해 상담자는 인터넷 중독과 관련된 전반적인 이해가 요구된다. 무엇보다 인터넷 게임, 내담자가 자주 이용하는 사이트, 인터넷 음란물 중독 등에 대한 이해가 선행되어야 내담자의 욕구와 인터넷 사용 간의 관계 파악이 가능하다. 인터넷 중독을 일으킬 수 있는 정신병리를 함께 나타내는지도 파악하도록 한다. 예를 들어 타인과의 상호작용을 두려워하는 사회공포증을 가진 내담자의 경우, 사회적응의 어려움으로 집 밖으로 잘 나가지 않고 은둔형 외톨이와 같은 증상을 보인다. 이러할 경우 집에서 게임을 포함한 인터넷 활동에 집착하게 될 가능성이 높음을 알 수 있다. 실제로 우울, 불안 등의 문제를 가진 사람일수록 인터넷 중독에 많이 빠지게 됨을 확인할 수 있다(이지혜, 2013; 정희진, 2014). 따라서 선행 질환이나 문제로 인해 인터넷 중독 문제를 보인 내담자의 경우는 먼저 그 문제를 위한 치료가 이루어진 다음 인터넷 중독 문제를 다루어야 한다.

상담자는 인터넷 중독자의 과거 병력에 대한 조사, 인터넷 중독자가 인터넷 중독 문제를 보인 시기와 인터넷 중독의 양상 등을 먼저 파악하고 인터넷 중독자의 개인 성향과 가족 특성도 파악하여야 한다.

(2) 상담 시 고려할 사항

인터넷 중독 문제를 보이는 내담자 상담 시 다음을 고려해야 한다.

① 상담자는 내담자에 대한 존중이 선행되어야 한다. 특히 많은 내담자는 자신의 인터넷 중독 문제로 가족을 비롯한 주변 사람들에게 인정받지 못할 때가 많다. 따라서 상담자는 내담자를 존중하고 긍정적인 언어를 사용한다. 특히 훈계나 비판적 태도는 내담자의 좌절 및 분노 등 부정적 결과를 가져올 가능성이 높다. 따라서 상담자는 내담자에 대한 존중 및 긍정적 피드백을 줄 수 있도록 한다. 그리고 상담자는 이러한 존중을 근거로 내담자로부터 신뢰를 얻도록 해야 한다.

② 상담자는 내담자에게 인터넷 중독 상담의 목표를 내담자 스스로 인터넷 사용을 통제할 수 있는 능력을 기르는 데 있음을 제시한다. 내담자의 경우, 인터넷 사용 자체를 못하게 될까

봐 두려움이 많고 방어적인 성향을 보일 수 있다. 상담자는 내담자에게 상담의 목표를 먼저 제시한 후, 인터넷 자체가 부정적인 것이 아니며 내담자 스스로 필요할 때에 인터넷을 사용하고 자제할 수 있도록 목표를 제시한다.

③ 상담자는 내담자로부터 변화에 대한 동기 유발을 유도하여야 한다. 많은 내담자들이 스스로 상담자를 찾아오지 않는다. 오히려 가족을 포함한 주변 사람들로 인해 상담을 시작하는 경우가 많다. 따라서 내담자는 상담을 통한 긍정적 변화에 대해 회의적인 경우가 많으며, 상담 과정에도 소극적일 때가 많다. 상담자는 이러한 내담자의 마음을 이해함과 더불어 내담자 스스로가 긍정적 변화에 대한 동기 유발이 될 수 있도록 초기 상담에서부터 이끌어 낼 수 있도록 하는 것이 중요하다.

④ 상담자는 내담자의 말을 경청하여야 한다. 내담자의 말과 표정을 주의 깊게 관찰하고 내담자의 말을 경청하면서 내담자의 문제에 깊은 공감을 보여주는 것이 필요하다. 내담자가 인터넷 중독에 빠질 수밖에 없었던 상황에 대해 공감하면서 비난하지 않도록 해야 한다.

(3) 인터넷 중독 상담 과정

① 인터넷 중독 문제를 보이는 내담자에 대한 상담 과정은 다음과 같이 제시한다(이형초, 2006).

- 의뢰: 인터넷 중독 문제를 보이는 내담자에 대한 상담 의뢰는 내담자 스스로가 중독 상담 기관에 직접 하거나, 가족 등 주변 사람들이 할 수 있다.
- 면담: 내담자에 대한 면담을 통해 내담자가 보이는 인터넷 사용 문제를 파악한다. 또한 내담자의 가족(부모, 형제 등)을 대상으로 면담을 실시하여 내담자의 인터넷 사용에 대한 정보와 내담자의 생활에 대한 정보 등을 파악한다. 면담을 통해 인터넷 사용 특성, 내담자 개인 성격 및 정신병리, 가족의 특성과 문제 등을 파악하도록 한다.
- 검사: 인터넷 중독 관련 검사를 실시한다. 인터넷 중독 진단검사 외에 성격검사, 정신병리 관련 검사 등의 다양한 심리검사를 함께 실시할 수 있다. 인터넷 중독자에게 공존할 가능성이 있는 우울, 불안, 파괴행동 등의 정신병리 문제도 동반하는지를 함께 평가한다.
- 결과 상담: 면담과 검사 등을 토대로 한 인터넷 중독 진단의 결과를 내담자 혹은 내담자 가족과 상담을 한다. 결과 상담에서는 단순히 중독 여부와 증상만을 제시하지 않고, 치료 방향에 대한 안내까지 함께 이루어진다. 정신과에서의 약물치료, 개인상담, 가족상담 등 다양한 치료를 실시할 수 있다. 내담자에 대한 치료 뿐 아니라, 반드시 가족상담이 병행되어야 한다. 왜냐하면 내담자의 효과적인 변화를 위해서 내담자에게 가장 많은 영향을 끼치는

환경인 가정환경의 변화 뿐 아니라, 가족 구성원 모두의 협력이 함께 이루어져야 하기 때문이다. Bronfenbrenner의 생태학적 발달 원리에 따르면 인간의 성장과 발달 및 변화에 가장 큰 영향을 끼치는 환경체계인 미시체계 중에서도 가정의 영향력이 제일 크기 때문에 중독 치료와 중독자의 변화에 효과를 거두기 위해서는 반드시 가족상담이 요구된다(박채진, 서석진, 도명애, 2017). 또한 내담자가 인터넷 중독 문제를 보이는 것 역시 가족 간의 왜곡된 상호작용 및 가족기능의 문제 혹은 부모와의 애착형성 실패 등이 영향을 줄 수 있는 것이다(김진희, 김경신, 2010; 박성은, 임선아, 2016).

② 상담 진행과정을 초기, 중기, 후기로 회기 별 과업을 다음과 같이 제시한다.

- 초기: 내담자의 생활 패턴과 인터넷 사용 패턴을 파악하고 내담자로 하여금 자신의 문제가 무엇인지 정확하게 인식하게 한다. 상담자와 내담자 사이의 신뢰 관계를 조성한다. 내담자로 하여금 무엇보다 변화에 대한 분명한 동기유발을 할 뿐 아니라, 상담에 대한 동기를 촉진한다.
- 중기: 상담이 진행되면서 내담자가 겪을 수 있는 다양한 스트레스와 부정적 감정을 해소하고 내담자의 생활에서 중독 영향을 개선시켜 가도록 한다. 또한 인터넷 중독 대신 건전한 대체 활동을 제시한다. 변화의 속도가 느리거나 기대만큼 결과가 잘 나타나지 않더라도 내담자가 기대를 가지고 상담에 충실하도록 격려한다.
- 후기: 상담 회기를 종합적으로 평가하면서 상담 종결을 준비한다. 상담을 통해 변화된 부분을 격려하며 여전히 남아 있는 중독 관련 문제를 인식하고 대처하도록 한다. 재발 방지를 위해 가족의 협조와 함께 내담자가 의지를 가지고 생활 관리를 할 수 있도록 인터넷 사용 시간표, 행동수정 계획표 등을 만들어 활용하도록 한다.

2) 행동수정

인터넷 중독자들의 상담 과정에서 행동수정 프로그램을 함께 실시할 수 있다. 상담자와 내담자는 중독문제를 해결하기 위해 생활습관의 변화와 관련하여 행동계약을 맺고 그에 따른 강화와 벌을 통해 내담자의 행동을 조절하게 된다. 내담자는 인터넷 사용 시간, 사용용도 등에 대한 기준을 정하여 행동계약서를 작성한다. 행동계약서는 내담자와 상담자 모두 동의한 내용에 서로 합의해야 할 뿐 아니라, 계약 내용을 이행할 시 구체적인 강화물의 종류와 양을 제시한다. 물론 계약 내용을 이행하지 않으면 반응대가, 과잉교정과 같은 벌 자극의 내용도 함께 제시한다. 일반적으로 사용할 수 있는 행동수정 방법은 다음과 같이 제시한다.

(1) 강화

강화는 내담자가 계약 내용에 따라 인터넷 사용 시간을 잘 지킬 수 있도록 주어지는 자극을 의미한다. 강화는 정적강화, 부적강화로 분류할 수 있다. 정적강화는 내담자가 계약을 잘 지킬 때, 내담자가 좋아하는 선호물이나 선호 활동 등을 제공하는 것이다. 예를 들면 하루 중 정해진 인터넷 사용 시간을 잘 지킬 경우, 계약서에 명시된 대로 내담자가 좋아하는 아이스크림을 주는 것이 정적강화에 해당된다. 부적강화는 계약에 명시된 내용대로 이행할 때, 내담자가 싫어하는 자극을 제거하여 줌으로 내담자로 하여금 계약 내용을 수행할 수 있도록 하는 것이다. 예를 들면, 내담자가 인터넷 사용 시간을 잘 지킬 경우 계약서에 명시된 바에 따라 청소 당번을 면제해 주는 것이다.

강화는 반드시 행동계약서에 명시된 대로 이루어져야 하며, 항상 일관성 있게 실시되어야 한다. 강화를 통해 인터넷 사용 시간을 지키고 생활을 관리하는 데 도움이 되지만, 강화 자체에만 의존할 경우 강화 없이 목표행동을 시행하지 않는 경우도 있으므로 내담자의 긍정적 변화가 어느 정도 나타났을 때, 점차 강화를 감소하여 강화 없이 독립적인 수행이 가능하도록 해야 한다.

(2) 벌

벌은 수여성 벌과 제거성 벌로 분류하여 제시할 수 있다. 수여성 벌은 내담자가 싫어하는 혐오자극을 제시하는 것이며, 제거성 벌은 내담자가 좋아하는 것을 박탈하는 것이다. 예를 들어 계약서에 명시된 대로 인터넷 사용 시간을 제대로 지키지 않을 때, 내담자가 좋아하는 물건을 박탈하거나, 인터넷 사용을 하지 못하도록 하는 것이다. 벌의 사용과 관련하여 부정적 의견이 많은데 그 이유는 벌의 사용이 내담자의 분노를 유발하거나 부정적 감정을 일으킨다. 또한 단지 벌을 피하기 위해 계약서의 내용을 지킬 뿐, 자발적 의지로 지키려는 의지를 강화시키는데 별 도움이 되지 않기 때문이다.

3. 알코올 중독 치료

알코올 중독에 대한 치료는 인지행동치료, 동기강화상담, 생물학적 치료 등을 제시한다. 그 구체적인 내용은 아래와 같다.

1) 인지행동치료

인지행동치료는 인지치료와 행동치료를 합친 용어이다. 비현실적이고 왜곡된 신념을 내담자가 스스로 깨닫고 수정하도록 돕는 것이 인지치료이며, 행동치료는 문제행동을 과거에 내담자의 경험으로부터 학습된 것으로 보고 이를 제거하는 것이다. 알코올 중독자를 대상으로 한 인지행동치료는 일반적으로 3~6개월 단기치료를 원칙으로 하며, 주 1~2회기가 적절하다. 회기별 시간은 1~2시간으로 한다.

인지행동치료는 내담자와 상담자의 상담을 통해 이루어진다. 알코올 중독자의 인지행동치료는 알코올 중독자의 비현실적이고 비논리적 믿음에 따른 인지왜곡 문제의 수정에 있다. 즉 알코올 중독 문제를 동반하게 되는 주된 이유를 중독자의 이전 경험을 통해 형성된 자신과 외부환경에 대한 비현실적 믿음이 스트레스 상황에서 정상적인 정보처리를 방해하여 인지적 왜곡에 처하게 된다고 하였다(조근호 외, 2011).

이에 따라 알코올 중독자에 대한 인지행동치료는 중독자들로 하여금 알코올 중독에 빠지게 된 주요 사건 및 주변 인물들과의 문제를 인식하도록 한 후, 음주에 대한 중독자의 가치와 믿음을 철저히 살펴보게 한다. 그리고 중독자로 하여금 일상생활에서 겪는 주요 스트레스와 갈등을 평가하여 이에 대한 잘못된 가치와 신념을 분석하여 잘못된 사고로부터 벗어나도록 한다. 상담자는 중독자들이 음주에 대한 욕구에 직면할 때, 이를 통제하도록 돕는다.

(1) 인지행동치료의 원리

① 사례의 인지 개념화: 사례의 인지 개념화는 중독자가 살아오면서 겪었던 경험과 이에 따른 자신의 왜곡된 해석으로 인해 중독의 악순환이 지속되는 과정을 도식화한다. 자신이 겪었던 과거 경험이 현재의 삶에 어떤 영향을 주었고, 어떻게 인지왜곡을 일으켰는지를 분석한다. 이를 위해 다음의 요소들을 필수적으로 작성해야 한다.

- 아동기: 과거에 겪었던 부정적 사건과 그에 대한 감정을 살펴본다. 알코올 중독자들은 대부분 자신의 아버지가 알코올 중독 문제를 보인 경우가 많다. 어린 시절 자신의 아버지가 술에 취해서 자신을 학대했던 경험과 그로 인해 보였던 부정적 감정 등을 고찰한다.
- 현재 생활의 문제점: 중독자가 처한 현재 생활의 문제점은 무엇인지 파악한다. 다수의 알코올 중독자들은 자신이 가진 알코올 중독으로 인해 일상생활 자체에서 어려움이 많다. 예를 든다면 직장에서 해고되었거나, 자신이 마음을 털어 놓을 친구가 한 명도 없다든가, 당장 생계를 위해 돈이 필요한데 돈을 마련할 수 없는 등이 있다.
- 핵심 믿음: 중독자가 문제에 처한 자신을 어떻게 인식하는지에 대한 믿음이다. 대부분 중독자들은 부정적 믿음을 보인다. '나는 아무것도 할 수 없어', '나는 실패한 인생이다' 등 현재의 상황에서 부정적 믿음이 강하게 나타나는 것을 볼 수 있다.

- 조건화된 믿음: 조건화된 믿음은 중독자의 경험으로부터 형성된 믿음으로 긍정적 믿음과 부정적 믿음으로 나눌 수 있다. 예를 들어 긍정적 믿음은 자신이 힘든 현실을 극복하고자 무엇이든지 해 보려는 생각을 의미하며, 부정적 믿음은 자신이 속한 현실에서 아무것도 할 수 없다는 믿음이다.
- 보상 전략: 자신의 부적절한 중독 행위에 대한 변명으로 어렵고 힘든 상황을 보상하기 위해 술을 마시는 것으로 정당화한다. 예를 들면, '나는 지금 너무 외롭고 힘드니까 술을 마셔도 되지'라고 자신의 음주 행위를 정당화하는 것이다.
- 취약한 상황: 핵심 믿음이 활성화되는 위험 환경을 의미한다. 중독자가 자신의 음주 행위에 대한 부정적 믿음을 강화시킨다.
- 자동사고와 허용적 믿음: 핵심 믿음과 조건화된 믿음이 취약한 환경에서 활성화되면서 저절로 발생된다. 예를 들면 중독자가 '지금 내가 이렇게 힘든데 술을 마시는 것에 대해 누가 뭐라고 하겠어?' '이미 술병을 열었으니 마셔야 되지' 등의 사고가 해당된다.
- 감정: 특별한 자동 사고나 믿음들과 관련된 부적절한 감정 표현을 의미한다. 중독자는 화를 내야 할 상황이 아닌데도 화를 내거나 불안해야 할 상황인데도 불안을 깨닫지 못하는 것이다.
- 재발 행위: 취약한 상황을 경험하게 될 때, 음주에 대한 잘못된 생각이 원인이 되어 자동적으로 발생하는 음주에 대한 통제력을 상실하고 음주 행위에 빠지게 되는 것을 의미한다.
- 치료: 지금까지 도식화한 자료를 근거로 중독자가 왜 술에 빠질 수밖에 없는 지를 분석하여 이에 대한 가설을 세우고 치료를 제안한다.

② 인지왜곡의 종류: 알코올 중독자는 일반인이 가지고 있지 않는 자신만의 왜곡된 생각이 하나의 안경이 되어 주변 환경을 바라본다. 왜곡된 인지로 인해 주변 환경에 대한 인식 역시 왜곡되고 부정적일 수밖에 없다. 인지왜곡의 종류에는 독단적 추론(근거 없이 결론을 내림), 선택적 추출(숲을 보지 않고 나무에만 집중), 과잉 일반화(하나의 사례로 모든 것을 동일하게 일반화시켜 해석함), 흑백논리(주변 모든 것을 좋은 것 아니면 나쁜 것으로만 이해함), 등이 있다.

③ 인지행동치료 기법: 인지행동치료는 인지치료와 행동치료를 연합한 것이므로 인지치료기법, 행동치료기법으로 분류하여 제시한다. 먼저 인지치료기법에는 중독자의 인지왜곡을 수정하기 위한 기법들로 교육(술이 신체에 끼치는 부정적 영향과 알코올 중독으로 인해 발생할 수 있는 장애 등에 대한 체계적 교육을 실시함), 이익–손해 분석(음주의 이익과 손해

를 작성하여 재평가함으로 음주에 대한 중독자의 생각을 변화시킴), 술에 관한 믿음의 규명과 조정(중독자가 외부 환경이 아닌 자신으로부터 음주의 이유를 찾아 그에 대한 믿음을 규명하고 수정함), 책임 소재의 변화(중독자가 음주를 남의 탓이 아닌 자신의 책임임을 인식시키고 음주의 대한 주도권을 자신이 변화시킬 수 있다는 자신감을 가지도록 함), 이미지 상상(중독자가 '자기조절'을 시각화한 것으로 술을 권하는 자리에서 단호하게 거절하는 모습, 술을 끊었을 때 좋아할 가족들의 모습 등을 상상하도록 한다), 일일사고기록(중독자로 하여금 날마다 불쾌하게 만들고 고통스럽게 만드는 상황과 그에 따른 자동적 사고와 감정, 합리적 반응, 결과를 스스로 기록하게 한다) 등이 있다. 다음으로 행동치료기법은 음주행위에 대한 조절 및 통제를 실제로 표현하는 행동변화를 위한 기법들이다. 구체적으로 일일활동계획 작성(음주와 관련된 활동을 최대한 피하고 안정된 일상생활을 할 수 있도록 일일활동계획표를 작성한다), 역할놀이(중독자로 하여금 자신과 갈등 관계에 있는 가족이나 친구 등의 역할을 하도록 하고, 중독자의 역할을 치료자나 상담자 등이 하면서 중독자와 주변 사람들이 서로를 이해할 수 있도록 돕는다), 이완훈련(중독자는 술을 마시지 않으면 극심한 불안에 휩싸일 수 있다. 이 때, 긴장 및 불안을 감소시키기 위해 복식호흡이나 근육이완활동을 실시한다), 단계적 과제 수행(중독자에게 단주를 성공시키기 위한 구체적 단계를 설정하여 단계별로 과업을 수행하게 한다), 문제해결능력 강화시키기(중독자로 하여금 자신이 처한 문제를 인식하고 문제를 해결할 수 있는 구체적 능력을 기른다), 운동 프로그램(여가 시간에 운동 프로그램에 참여하게 함으로 술에 대한 유혹을 이기는데 도움을 준다) 등을 제시할 수 있다.

④ 재발방지: 알코올 중독자들은 재발을 위해 항상 노력을 기울여야 한다. 아무리 단주나 금주에 성공했다고 하더라도 순식간에 재발할 가능성이 항상 높기 때문이다(전영민, 2006). 그러므로 알코올 중독의 재발을 방지하기 위해서는 많은 노력이 요구될 뿐 아니라, 중독자 스스로 강한 의지를 가지고 술에 대한 유혹을 이겨니기야 한디. 재발방지를 위한 구체적 방법으로는 다음과 같이 제시할 수 있다.

- 술 권하는 사람 및 환경에 대한 대처: 다수의 알코올 중독자는 술 권하는 경우를 거절하지 못하고 다시 술을 마시게 됨으로 중독이 재발하게 된다. 따라서 상담자는 중독자에게 술 권하는 상황을 설정하고 이에 따른 구체적 거절 및 대응 전략을 함께 연습한다. 상담자가 술 권하는 사람 역할을 하고 중독자는 실제로 거절하는 역할을 맡아서 술 거절하기를 연습한다.

- 여가 시간 활용하기: 많은 알코올 중독자는 여가 시간을 어떻게 보내야 할 것인지를 잘 모르는 경우가 많다. 그리고 실제로 금주를 하게 되면 시간이 잘 가지 않고 하루가 길게 느껴지기도 한다. 따라서 상담자는 중독자와의 상담에서 여가 시간을 건전하게 보낼 수 있는 방법에 대해 소개한다. 앞에서 제시한대로 운동 프로그램이나 동호회 활동 등이 있다.
- 가족 상담 및 교육: 중독자의 가족을 대상으로 중독 문제를 극복하는 방법 및 술을 피할 수 있는 환경의 조성과 스트레스와 갈등을 최소화시키는 가정환경 조성 등에 대한 상담과 교육을 실시한다.
- 중독자가 당면한 생활 문제 해결: 알코올 중독자는 자신의 삶에서 다양한 문제를 보인다. 특히 경제적 문제나 생활고 등이 다시 술을 마시게 하는 원인이 될 수 있다(박상규 외, 2017). 따라서 상담자는 중독자가 현재 삶에서 겪는 현실적 문제가 무엇인지를 밝히고 이에 대한 지원 방안을 찾도록 도와야 한다. 상담자의 역량을 벗어난 다양한 문제가 해당될 수 있는데, 이를 위해 사회복지사, 직업상담사 등 여러 전문가의 도움을 받을 수 있도록 한다.
- 공존 질환의 치료: 알코올 중독자들 역시 우울, 불안과 같은 다양한 정신질환이나 인지장애 등을 동반할 가능성이 높다. 상담자는 알코올 중독자가 가진 공존질환을 규명하고 이에 대한 적절한 치료가 이루어지도록 도와야 한다. 왜냐하면 공존질환으로 인해 다시 술을 찾게 되고 중독으로 연결될 가능성이 있기 때문이다.

2) 동기강화상담

동기강화상담은 중독자에게 변화와 치료를 위한 동기를 강화하는데 초점을 맞춘 상담 기법이다. 알코올 중독을 포함한 여러 중독 분야에 적용할 수 있다. 동기강화상담에서 중독자의 변화를 위한 가장 큰 요인이 중독자 스스로 변화를 위한 동기를 유발시키고 강화하는 것이다. 따라서 동기강화상담에서 상담자는 중독자의 깊은 내면에 내재된 동기를 이끌어내고 변화를 위해 노력할 수 있도록 해야 한다. 동기강화상담의 주요 개념을 먼저 제시한다.

(1) 동기강화상담의 주요 개념

① 공감: 공감은 상담자가 중독자의 입장에서 중독자의 문제를 이해하고 공감하는 것을 의미한다. 상담자는 중독자를 존중하는 태도로 상담을 진행하여야 한다. 전문가라는 입장으로 중독자에게 해결방안을 강요하거나 가르치려는 태도를 보이지 않도록 해야 한다. 중독자 스스로 문제해결을 위한 능력이 있다는 것에 대한 믿음이 상담 과정에서 전달될 수 있어야 한다(Jarvis et al.,2006).

② 양가감정: 양가감정은 상담 과정에서 중독자가 무언가를 하고 싶어하는 마음과 하고 싶지 않은 마음이 동시에 존재하는 것을 의미한다. 중독자가 변화를 위한 동기를 강화시키기 위해서는 양가감정을 해결해야 한다.

③ 저항: 저항은 상담이 진행되면서 중독자가 보이는 변화에 대한 일종의 거부반응을 의미하는데, 상담자의 권고를 무시하거나 상담자와 논쟁하기, 상담 일정을 방해하기 등이 해당된다. 동기강화상담에서는 저항을 단순히 부정적인 것으로 해석하기보다 상담자로 하여금 현재 상담전략이 중독자에게 맞지 않음을 보여주는 반응으로 간주하고 중독자에게 접근하는 상담전략을 변경하도록 한다. 중독자가 상담과정에서 저항을 보이는 이유는 낮은 자아존중감, 열등감, 타인에 의한 변화의 강요 등 다양하다.

④ 자기효능감: 자기효능감은 변화할 수 있다는 긍정적인 믿음이다. 중독자가 자기효능감을 느끼면 스스로 변화를 위해 적극적인 노력을 나타낸다. 다시 말해서 자기효능감을 통해서 중독자는 변화를 위한 능력을 스스로 가지고 있음을 느끼게 되며 그에 따라 변화를 위한 행동을 실제로 시작할 수 있다.

⑤ 변화 대화: 상담 과정에서 중독자가 보이는 변화의지를 반영하는 진술을 의미한다. 즉 중독자로부터 변화를 위한 동기가 느껴지는 대화나 진술문이 치료를 위한 강력한 요인이 된다(Amrhein et al.,2003).

(2) 동기강화상담의 원리

① 공감의 표현: 동기강화상담의 주요 개념에서도 제시했듯이 동기강화상담은 중독자 혹은 내담자 중심적인 공감을 바탕으로 이루어진다. 따라서 공감적 표현은 상담자로 하여금 중독자를 이해하고 존중하는 것을 직접 표현하는 것을 의미한다. 대표적인 예로 수용이 있다. 수용은 상담자가 중독자의 말을 경청하고 있는 그대로 이해하고 받아주는 것으로, 수용을 통해 중독자는 스스로 변화를 위한 동기가 유발되어 강화될 수 있는 것이다. 이러한 공감의 표현은 중독자의 자아존중감을 향상시키고 독립성을 강화하여 자연스럽게 중독 문제에서 벗어나기 위한 동기를 강화시키게 된다. 결국 이러한 동기강화가 변화로 이어지게 되는 것이다.

② 양가감정 해결: 양가감정을 해결하기 위해 상담자는 중독자에게 불일치감을 조성한다. 이 불일치는 중독자의 행동과 신념 사이에 존재하는 불일치를 의미한다. 중독자 자신의 현재 행동과 자신의 가치관 사이에 불일치를 만들고 증폭시킨다. 중독자 스스로 이러한 불일치감을 느낄 때, 변화에 대한 동기가 형성된다.

③ 저항과 함께 구르거나 흘러가기: 저항은 동기강화상담에서 발생하는 변화를 거부하는 중독자의 반응이다. 상담자는 중독자로부터 저항이 표출될 시에 강제로 저항을 누르려고 논쟁을 하거나 비판을 하는 것을 삼가야 한다. 저항과 함께 구르거나 흘러가는 것은 중독자의 저항을 인정하고 상담자의 반응을 변화시키면서 중독자 스스로 생각할 시간을 주는 것이다. 상담자는 중독자의 반응에 맞서지 말고 중독자의 생각을 다른 방향으로 돌리거나 다른 시각으로 해석해 주면서 저항을 변화시켜 갈 수 있다.

④ 자기 효능감 지지하기: 자기 효능감은 앞에서도 설명했듯이 변화를 성취할 수 있다는 자신의 능력에 대한 신뢰감을 의미한다. 따라서 변화를 위한 동기로 자기 효능감이 중요한 요인이 된다. 상담자는 중독자가 자신의 문제를 지각한 후, 스스로 변화에 대한 희망과 가능성을 경험하도록 자기 효능감을 지지해야 한다.

(3) 동기강화상담의 주요 기법

① 열린 질문: 동기강화상담의 초기 단계에 중독자와의 라포형성과 더불어 중독자로 하여금 변화에 대한 준비를 하도록 촉구하는 것이 중요하다. 상담자는 열린 질문을 통해 중독자가 자신의 이야기를 최대한 많이 할 수 있도록 하고 경청하는 태도를 보여 주어야 한다. 열린 질문이란 닫힌 질문(예/아니요로 대답함)과 달리 자신의 생각을 길게 표현할 수 있도록 하는 질문을 의미한다. 열린 질문을 통해 일정한 답이 정해져 있지 않으며 내담자가 생각나는 대로 대답하도록 한다. 중독자가 열린 질문에 대해 힘들어할 때는 닫힌 질문도 열린 질문과 함께 사용하도록 한다.

② 반영적 경청: 반영적 경청이란 중독자가 한 말을 상담자가 조용히 들어주는 것에서 더 나아가 적절한 반응을 보여주는 것이다. 반영적 경청을 위해서는 단순히 중독자의 말을 반복하는 것이 아닌 비슷한 의미를 가진 새로운 단어를 사용하거나 중독자가 한 말을 추측하여 조금 다르게 표현하도록 한다. 중독자의 말을 충분히 고려하지 않고 단순히 반복하거나 방향성이 없는 무의미한 대화는 상담을 어렵게 만들 수 있음을 기억해야 한다.

③ 인정하기: 상담자가 중독자의 말을 인정해 주는 것을 통하여 신뢰적인 관계를 형성하는데 도움이 된다. 인정하기의 예에는 중독자의 말에 이해를 표현하거나 감사를 표현하는 것, 칭찬을 표현하는 것 등이 해당된다. 중독자에 대한 지지와 인정을 통해 중독자는 더욱 마음을 열고 중독 해결을 위한 동기 강화가 이루어질 수 있다.

④ 요약하기: 상담자가 지금까지 대화한 내용을 정리 및 요약함으로 중독자에게 상담자가 경청하고 있음을 알게 한다.

⑤ 변화대화 이끌어내기: 변화대화는 중독자가 변화에 대한 욕망이나 이유, 필요성 등을 이야기하는 것을 의미한다(조근호 외, 2011; Miller & Rollnick, 2002). 변화대화를 이끌어내기 위해서 열린 질문을 하여 중독자의 생각이나 느낌, 감정 등을 표현하도록 하거나 변화의 이유나 인생의 목표 및 미래를 예상하도록 한다.

3) 생물학적 치료

알코올 중독에 대한 생물학적 치료는 약물치료가 주류를 이룬다. 알코올 중독을 일으키는데 영향을 주는 신경학적 및 생리학적 요인을 변화시키고 알코올 중독으로 인해 나타나는 증상을 개선시키기 위해 다양한 약물치료를 적용할 수 있다. 무엇보다 알코올 중독자의 다수는 금주를 시작하면서 불안 증상, 환각 및 환청의 경험, 분노 폭발, 갑작스런 맥박의 변화 등의 금단 증상이 심해진다. 이 때, 약물치료를 통해 뇌 활성의 균형을 찾고 정상적인 뇌 활성 기능으로 돌아올 수 있도록 촉진한다. 알코올 중독 치료제로 사용되는 약물은 다음과 같다.

첫째, 금단 증상 개선을 위해 벤조디아제핀(benzodiazepine)이라는 약물을 많이 사용한다. 이 약물은 신경계에 작용하여 금단증상을 점진적으로 완화시키면서 대뇌 흥분성 신경전달물질과 억제성 신경전달물질의 균형 상태를 맞추는데 도움을 준다.

둘째, 혐오치료 약물로 사용되는 다이설피람((disulfiram)을 들 수 있다. 다이설피람을 복용 중, 술을 마시면 신체에 불쾌한 반응을 일으키게 되는데 이로 인해 술을 기피할 수 있도록 유도한다.

셋째, 날트렉손(naltrexone)을 제시할 수 있다. 날트렉손은 알코올의 긍정적 강화인 술을 마신 후 기분 좋은 느낌을 감소시켜주는 약물이다. 날트렉손은 알코올 중독자로부터 술에 대한 욕구와 폭음 및 평균 음주 일수 등을 감소시키는데 효과적인 것으로 밝혀졌다.

넷째, 우울증 치료제로 사용되는 세로토닌계 약물이 일부 알코올 중독자들에게도 사용될 수 있다. 즉 우울증을 동반한 알코올 중독자의 우울 증상과 술에 대한 의존을 감소시키는 데에 세로토닌 재흡수 차단제가 사용될 수 있다.

다섯째, 도파민계 약물을 들 수 있다. 도파민 수용체의 억제를 통해 술에 대한 갈망과 욕구를 감소시킴으로 알코올 중독자의 금주에 도움을 줄 수 있다. 관련 약물로 조현병, 우울증 등의 정신병리 치료에 사용되는 아리피프라졸(aripiprazole)이 있다.

이 외에도 다양한 약물이 치료제로 사용될 수 있다. 알코올 중독자 다수는 알코올 중독 이외에도 니코틴 중독 등을 비롯한 약물 중독, 도박 중독이나 인터넷 중독 등을 포함한 행위중독을 중복으로 동반할 가능성이 크다. 따라서 이러한 중복문제를 치료하거나 다른 신체적 증상을 치료하기 위해 약물을 사용할 수 있다.

약물치료는 의사의 처방 하에 이루어져야 하는데, 조금이라도 부작용이나 이상 반응이 발생한다면 반드시 의사와 상의하도록 해야 한다. 그리고 약물치료에 있어 약물 자체만을 의지하기보다 상담 및 인지행동치료 등과 병행하여 함께 실시하도록 한다.

4) 알코올 중독자 자조 모임

자조(self-help) 모임은 알코올 중독 문제를 가진 내담자들에게 음주를 줄이거나 단주를 하도록 돕는데 목적이 있다. 대표적인 사례로 알코올 중독자 모임, 알코올 절제 모임, 알코올 중독 회복 모임 등을 제시할 수 있다. 이러한 자조 모임은 알코올 중독자들을 돕기 위한 전문가나 봉사자 등을 통해 특별한 프로그램을 진행하기도 하지만, 어떤 집단의 경우에는 중독 문제를 가진 구성원들로만 이루어지기도 한다. 알코올 중독 문제를 가진 구성원들은 서로 도움을 주고받으면서 여러 프로그램을 함께 실천한다. 구성원 간의 상호작용을 통해 알코올 중독문제의 치료와 변화에 대해 전문가로부터 직접적인 조언이나 지도를 받을 수 있다. 특히 가족관계, 의사소통, 감정관리 등의 부분에 어려움을 겪는 중독자들의 경우, 유사한 문제를 지닌 중독자들끼리의 집단을 조직하여 전문가로부터 필요한 조언을 얻거나 서로 도움을 주고받는 등 다양한 활동을 할 수 있다.

4. 도박중독 치료

도박중독의 치료를 위해서 다양한 방법들이 시도될 수 있다. 본 장에서는 가족치료, 약물치료, 등을 제시한다.

1) 가족치료

도박중독을 포함한 중독문제에 중독자의 가정과 가족 구성원들의 변화는 필수적이다. 도박 중독자에 대한 가족들의 비난, 질책, 원망 등이 오히려 중독 문제를 더욱 강화시킬 수 있다. 가족들이 도박 중독자가 도박에 집착하는 원인을 이해하고 스스로 해결하기 힘든 문제라는 것을 이해할 필요가 있다. 따라서 가족을 대상으로 한 교육 및 상담과 치료 등이 진행되어야 한다. 중독으로 인해 가장 큰 고통과 어려움을 겪는 대상은 결국 중독자의 가족들이다. 이는 도박중독

뿐 아니라 다른 중독도 마찬가지이다. 중독은 중독자 한 사람의 문제가 아닌 가족 역시 함께 중독으로 인한 문제로 고통을 당할 수밖에 없음을 알 수 있다. 그리고 중독에 빠지는데 있어 가정의 문제나 가족들과의 갈등 역시 중요한 요인이 될 수 있다(오현희, 김현진, 2014; 최정빈, 이에스더, 윤혜영, 2017). 따라서 도박중독을 가진 내담자의 변화를 위해 적용할 수 있는 가족치료 전략은 다음과 같이 제시한다.

(1) 도박중독을 가족 공동의 문제로 인식하기

도박중독자의 가족들은 도박중독자가 계속 병적 도박에 집착하게 되면 점점 가족관계가 악화되고 갈등에 빠지게 된다. 또한 가족갈등이 지속될수록 중독자들은 더욱 도박에 집착을 강하게 드러낸다.

그러므로 도박중독자의 가족 구성원들은 도박 문제를 중독자 개인의 문제가 아닌 가족 공동의 문제로 인정하고 함께 해결을 위한 노력을 시도해야 한다. 또한 가정 내에서 도박을 일으키거나 악화시키는 요인을 제거하고 갈등을 해결하도록 함께 노력해야 한다. 도박중독자 중에는 특히 부모나 형제간의 갈등이나 의사소통 및 애착 실패 등으로 인해 도박에 집착하게 되어 중독을 동반하게 된 경우도 있다(김호진, 조원일, 2015). 또한 도박중독자의 성장 과정에서 겪었던 갈등과 문제가 도박에 빠지게 되는 요인이 될 수 있다. 이처럼 가족 내에서 발생할 수 있는 다양한 문제들이 도박과 관련이 되어 있다. 도박중독자의 치료를 위해서 중독자의 가족들 모두 다양한 변화와 노력을 시도해야 한다.

(2) 가족의 태도 변화

도박중독자의 변화는 가족의 변화가 있을 때, 더욱 효과적으로 이루어질 수 있다. 가족들은 느긋하고 끈기 있는 자세를 보이면서 도박을 병리적 문제로 이해하고 수용해야 한다. 그리고 가족들의 태도 변화를 위해 의사소통에 있어서도 분명하고 직접적인 의사소통이 이루어져야 한다. 간접적으로 가족의 요구를 전달하지 말고 직접적으로 전달한다. 예를 들면, 아내가 남편에게 "나는 당신이 도박하는 것이 싫어요. 오늘은 가족과 함께 시간을 보냈으면 좋겠어요" 라고 말하는 것이다. 지루한 말이나 비난의 말은 삼가고 가족의 의사를 명확하게 전달하도록 한다. 따뜻하고 수용적인 분위기에서 직접적인 메시지를 전달하는 것이 필요하다.

(3) 도박중독자에 대한 보호자 역할 중단하기

도박중독자의 아내, 부모 혹은 형제들은 도박중독자가 도박으로 인해 문제를 저지르고 난 후, 수습해주는 역할을 중단할 필요가 있다. 왜냐하면 계속 뒷수습을 해 주다 보면 도박중독자는 계속 도박문제를 일으키면서 가족들에게 모든 것을 의존하게 된다. 따라서 이러한 악순환에서 벗어나기 위해 도박중독자 가족들은 도박자에 대한 경제적 원조나 보호자 역할을 중단할 필요가 있다. 그렇게 함으로 중독자는 자신의 도박행위에 대한 책임을 스스로 져야 한다는 것을 깨닫게 된다. 그러므로 중독자의 가족들은 도박중독자를 환자나 미성숙한 존재로 취급하여 무리한 도박으로 인한 책임을 계속지지 말고 보호자 역할을 중단할 필요가 있다.

보호자 역할의 중단은 때로는 일시적으로 가족관계의 악화를 불러올 가능성이 있음을 고려하여야 한다. 왜냐하면 항상 가족들이 자신의 문제의 처리를 해 주다가 갑자기 스스로 책임을 지도록 하면 그에 따른 반발로 더욱 병적인 도박에 집착할 가능성이 있으며 가족에 대한 분노가 발생할 수도 있다. 하지만 보호자 역할의 중단을 통해 내담자로 하여금 도박에 대한 책임을 스스로 지게 함으로 자신의 행위가 잘못되었고 문제라는 것을 자각할 수 있도록 해야 한다. 가족들의 변화된 모습이 흔들리지 않고 일관성 있게 계속될 때, 도박자는 자신의 문제를 돌아보고 변화를 위해 노력할 가능성이 높다.

2) 약물치료

도박중독에 대한 약물치료는 앞에서 언급한 알코올 중독 치료처럼 신경계의 변화와 금단 현상을 감소시키는데 적용되는 경우가 많다. 도박중독을 포함한 행위중독에 사용되는 대표적 약물에는 날트렉손(naltrexone)을 제시한다. 날트렉손은 물질중독과 행위중독의 다양한 유형의 중독 치료에 사용이 되는데 도박중독의 치료에도 사용되어 도박 자체의 욕구를 감소시키는데 도움을 주는 것으로 알려져 있다. 또한 도박중독자들 역시 불안, 우울 등의 정신병리 문제를 동반하는 사례가 많다. 따라서 이러한 정신병리 증상의 감소와 해결을 위한 약물치료 함께 이루어질 수 있다. 약물의 선택은 반드시 의사의 진단과 처방 하에 이루어져야 하고, 도박중독자의 도박 충동을 감소시키는 인지치료, 심리치료 등도 함께 진행되어야 한다. 실제 현장에서 약물치료에 대한 효과는 내담자에 따라 다양하다. 최근에는 항우울제의 일종인 선택적 세로토닌제와 기분조절제도 도박중독자에 대한 치료를 위한 약물로 많이 사용되고 있다.

3) 도박자 자조 모임

도박 중독 문제를 보이는 사람들끼리 성공적으로 도박을 끊기 위해 자조 모임이 도움이 될 수 있다. 한국 내 단도박 모임이 결성되어 운영되고 있다. 한국 단도박 모임은 1984년 결성되었고 서울을 포함한 전국 주요 도시에 50개 이상의 지부가 운영되고 있다. 같은 도박의 문제를 가진 사람들끼리의 모임이므로 도박을 끊기 위한 방법을 제시하고 서로 도움을 주고받을 수 있다. 또한 도박 중독자 가족들을 위한 모임도 함께 하여 가족 갈등이나 스트레스 감소에도 도움을 줄 수 있다.

자조 모임은 도박을 끊은 이후 계속되는 금단 증상을 어떻게 극복하는 지, 재발 방지를 위한 노력 등에도 도움이 된다.

4) 도박 중독 예방

도박 중독을 치료하는 데 있어 가장 좋은 치료는 중독 예방이다. 도박 중독 예방에는 3가지 접근으로 분류하는데, 보편적 예방, 선택적 예방, 지정적 예방으로 제시한다. 보편적 예방은 전 국민을 대상으로 도박의 폐해와 문제 널리 알리고 홍보한다. 그래서 도박 중독에 대한 경계가 국가적으로 널리 확산되도록 한다. 선택적 예방은 도박을 하고 있는 사람들을 대상으로 도박 중독의 조기발견을 위한 검사나 상담을 실시한다. 그리고 도박 중독의 문제에 대한 적극적 교육도 실시한다. 지정적 예방은 이미 도박 중독에 빠진 사람들을 대상으로 이루어진다. 도박의 문제에 대한 교육을 체계적으로 실시함과 더불어 중독자 모임 및 중독 치료를 위한 다양한 프로그램을 전개한다.

도박 중독 예방의 지향점은 책임성 도박과 피해 최소화 측면으로 제시할 수 있다. 먼저 책임성 도박은 도박의 위험성을 인식하고 자신의 행동에 책임을 질 수 있을 뿐 아니라 건전하게 오락을 할 수 있도록 사람들을 교육하고 인식을 개선한다. 피해 최소화는 사회적 측면에서 도박자와 그 가족, 동료, 지역사회의 피해를 최소화하기 위한 예방에 초점을 맞추어 사회적 중독 예방 교육을 강화하는 것이다.

참고문헌

- 김진희, 김경신(2010). 대학생의 가족기능과 인터넷 중독의 관계에서 심리적 기능의 매개효과. 가족관계학회지, 15(2), 155-171.
- 김호진, 조원일(2015). 퇴행적 인간발달에 있어 가족의 의미에 관한 현상학적 연구 - 도박중독자 회복과정에서의 부모 경험을 중심으로. 발달장애연구, 19(4), 123-148.
- 박상규, 강성군, 김교헌, 서경현, 신성만, 이형초, 전영민(2017). 중독의 이해와 상담 실제. 서울: 학지사.
- 박성은,임선아(2016). 인터넷 중독에 영향을 미치는 요인들의 메타분석. 교육심리연구, 30(3), 497-534.
- 박채진, 서석진, 도명애(2017). 초 · 중 · 고등학생의 스마트폰 중독 국내 연구의 동향. 정서 · 행동장애연구, 33(3), 271-296.
- 오현희, 김현진(2014). 중 · 고등학생이 지각하는 부 · 모애착과 인터넷 및 스마트폰 중독의 관계에서 가족의사소통의 매개효과 분석. 한국청소년연구, 25(4), 35-57.
- 이지혜(2013). 동기강화 인터넷 중독 예방프로그램이 저소득층 청소년의 인터넷 중독, 자기통제력, 우울/불안, 지각된 스트레스에 미치는 효과. 한동대학교 상담대학원 석사학위논문.
- 이형초(2006). 청소년 인터넷 중독의 개인상담. 청소년 인터넷 중독 전문상담, 241-282. 서울: 국가청소년위원회.
- 전영민(2006). 알코올 사용장애 선별 및 단기개입. 고양시: 한국음주문화연구센터.
- 정희진(2014). 우울과 불안이 청소년 스마트폰 중독에 미치는 영향. 명지대학교 대학원 석사학위논문.
- 조근호, 권도훈, 김대진, 김선민, 김한오, 노성원, 박애란, 서정석, 신성만, 신재정, 유채영, 윤명숙, 이계성, 이해국, 전영민, 전용준, 차진경, 채숙희, 최삼욱, 한우상(2011). 중독재활총론. 서울: 학지사.
- 최정빈, 이에스더, 윤혜영(2017). 도박중독자 가족의 심리적 적응을 위한 긍정심리기반 음악치료 프로그램 개발 및 효과 검증. 한국심리학회지:중독, 2(1), 27-46.
- Amrhein, P. C., Miller, W. R., Yahne, C. E., Palmer, M., & Fulcher, L. (2003). Client commitment language during motivational interviewing predicts drug use outcome. Journal of Consulting and Clinical Psychology, 71, 862-878.
- Jarvis, T. J., Tebbutt, J., Mattick, R. P., & Shand, F. (2006). Treatment Approaches for Alcohol and Drug Dependence and Introductory Guide (2nd ed.) England: Wiley.
- Miller, W. R., & Rollinck, S. (2002). Motivational interviewing: Preparing people for change addictive behavior. New York: Guilford.

제 12장

중독 상담 사례

제 12 장
중독 상담 사례

중독 상담현장에서 정확한 진단과 평가가 상담의 성공을 이끄는 것은 분명히 아니다. 그러나 중독 상담 현장에 있는 분들의 한결같은 목소리로 "성공적이며 만족할 만한 중독 상담에는 반드시 정확한 진단과 평가가 있었다."는 것이다.

중독상담 사례를 기록하며 대부분 성공적인 사례를 적고 싶고 또 들려주고 싶은 것이 솔직한 마음지만 수십 년 중독분야에서 슈퍼바이저로 계신 분들조차 성공적인 사례에 대해서 말하라면 고개를 내 젓는다. 그 만큼 중독 상담에서 성공적인 것이 무엇인가에 대해서도 고민하지만 그 사례가 내놓을 만큼 많지 않다는 것도 현실이다.

중독 상담결과에 있어 긍정적 평가가 단순히 일시적이며 또는 몇 년의 유지로도 감히 "성공적이다!"라고 말하기는 어렵지 않을까란 생각이 든다.

그렇기에 저자는 중독상담 사례를 단순히 사실적으로 기록하며 그에 대한 판단은 독자들의 견해에 맡겨 본다.

---

1. 게임 중독 사례

1) 대상자 정보

(1) 인적 사항

김00, 만19세, 남자, 내담자의 부모님은 현재 시골에서 농사일을 하고 계시며 워낙 가정 형편이 어려워서 아들인 내담자를 일찍이 대구에 계신 내담자의 조부모께 보냈다. 조부모는 나라에서 임대하는 임대주택에서 살면서 수급을 받고 살아가고 있었다. 내담자는 비정규직 아르바이트로 이따금씩 일을 하긴 하지만 보통 2-3개월을 넘기지 못하고 그만두었고 최근들어 그 횟수마저도 많지가 않다.

(2) 생육사

어릴 적부터 매우 산만하다는 이야기를 많이 들으면서 자랐고 유난히 그 말이 싫었다고 한다. 고등학교 2학년 때 대학병원에서 검사를 통해 주의력결핍과잉행동장애 진단을 받았다.

처음으로 정신과 약을 받아서 먹게 되었지만 처음 먹은 약으로 심한 졸음과 함께 굉장히 불쾌한 기분이 드는 경험을 하고서는 약을 받긴 하였으나 거의 약을 먹지 않고 쌓아 두기만 했었다고 한다. 안타깝지만 이렇게 쌓아둔 약으로 1년 전에 자신의 인생을 비관하여 죽으려고 모아둔 약을 한꺼번에 털어 넣었다가 중환자실에서 깬 기억도 있었다고 한다.

자신의 어릴 적 기억에 집은 너무나 가난했고 학교에서는 산만하다는 이유로 체벌도 많이 받았었고, 특히 친구들의 따돌림은 초등학교 고학년 무렵부터 너무나 심해져서 그때부터 대인기피, 공황장애와 같은 증상도 보였고, 불안함에 손을 흔드는 상동행동도 했었고, 자신이 이것이 이상하게 보인다는 것을 의식하고부터는 그런 행동을 하지는 않았으나 이후로 특이한 소리를 내는 틱증상도 보였다고 한다.

(3) 중독 특성

초등 고학년 무렵 따돌림을 당하던 때 문득 친구들과 친하게 지낼 수 있는 방법이 pc방에 따라가서 게임을 같이하면 된다는 다른 친구의 말을 듣고 친구들을 따라가 pc방에서 게임을 하게 되었고, 그 이후 내담자가 한 말을 빌리자면 "돌아보니 10년의 세월이 이미 흘러 있었다."고 말을 하였다.

하루 평균 게임시간은 기본 10시간 이상이며 때론 며칠을 게임에만 몰두해서 시간을 보낸 적도 있었다고 한다. 게임과 함께 담배도 꼭 피우다 보니 하루 담배3-4갑은 기본이고, 불규칙적인 수면과 식습관은 몸의 불균형을 가져와 비만과 함께 수년째 대학병원 정신과에서 상담을 받았었고 최근 들어 가지 않던 대학병원도 다시 찾게 되었다고 한다.

이미 MORPG계열의 게임으로 인한 일상의 삶이 많이 무너졌고, 모든 대인관계 또한 게임으로 인한 만남만 있을 뿐이며 그나마 아르바이트 자리를 구했어도 게임으로 인해 밤을 새는 일이 다반사임으로 제대로 된 업무를 수행하기가 어려운 상황, 이로 인해 아르바이트 일자리 또한 빨리 그만두게 되는 상황이다.

2) 중독측정 및 평가

온라인게임중독 진단:77 고위험 사용자

(게임)병식척도:15 병식부분형성

(게임)변화준비도검사: 숙고단계

BDI,BAI(불안,우울):없음

본 센터를 통하여 검사 진행

3) 상담 기간

2017년 5~9월

4) 변화 과정

내담자의 경우, 본 센터에서 진행하는 중독예방교육에 자발적으로 등록해서 중독에 관한 이해와 그에 따른 교육을 받길 원했고 본인이 담배를 많이 피우는데 담배를 끊고 싶어서 왔다고 초기에 대답을 하였다(이후에 자신이 게임으로 인한 문제가 많다는 것을 이야기하며 게임관 관련된 문제를 해결하고 싶어 함을 밝힘). 낯선 환경이어서 그런지 손을 떨거나 눈을 어디에 둘지 몰라서 왔다갔다하며 불안해 보였다. 40여분의 초기 면담을 통하여 인적사항과 주호소문제를 파악하고 다음시간을 약속하였다.

몇 번의 만남을 통하여 라포 형성 후 내담자는 자신의 어린 시절에 대한 이야기를 많이 했다. 어린 시절 왕따와 같은 학교폭력을 경험하였고, 가정형편이 어려워서 많이 힘들었는데다가 외동아들이라 형제가 없어 더 외로웠다고 한다.

초기 왕따를 벗어나기 위해서 게임을 시작했는데 그 게임이 자신의 인생에 구원투수처럼 다가와 주었는데 게임을 잘하면 친구들도 자기에게 먼저 다가왔고 소문이 나면서부터는 친구들이 돈을 주면서 자신들의 아이디로 게임을 해 달라고 부탁을 하기도 했다.

게임을 통해 내담자는 용돈도 벌고, 게임에서 아이템을 습득하게 되면 그걸 다시 팔아서 용돈으로 사용하기도 했다고 한다. 초등시절 시작한 게임이 고등학교 때까지 이어지면서 자신이 하는 게임의 레벨은 최상의 대열로 올라가게 되었고, 온라인을 통하여 자신의 게임 진행과정이 나가기도 했다며 마치 무용담을 이야기 하듯 자신의 게임과 관련된 과거의 이야기를 많이 했다.

그러나 고등학교를 졸업하고부터 친구들과 떨어지게 되는 시기가 찾아오면서는 극도로 게임에만 시간을 보냈고, 흡연도 덩달아 많이 하면서 기침과 가래뿐만 아니라 식사도 불규칙적으로 하며 몸이 많이 않좋아 지게 되면서 당뇨도 생기게 되었다. 그로 인해 병원을 찾았는데 정신과 상담을 의뢰받아 다시 정신과로 상담을 하게 되었고, 그러면서 자신의 게임과 중독에 대해서 심각하게 고민하던 찰라에 센터에 진행하는 중독상담과 예방교육을 듣게 되었다.

내담자의 주 호소문제는 게임을 통제하면서 하고 싶다는 것이었다.

내담자의 생각에 게임은 중독보다는 조절만하면 충분히 스트레스 해소용으로 좋은 도구라고 말하면서 자신은 중독보다는 게임을 조금 많이 하는 정도라고 표현을 하였고, 보통 게임중독자들은 친구들도 만나지 않지만 자신은 친구들도 오프라인에서 만나서 식사도 하고 대인관계를 하기 때문에 중독이라고 할 만큼 심각한 정도는 아니라고 하였다. 더욱이 왕따를 벗어나는 도구가 된다고 하였다.

내담자의 경우, 자신의 이야기를 솔직하게 내어놓고 이야기를 하는 긍정적 측면이 있고 다소 약속시간을 늦추는 경우가 있지만 한 번도 약속을 어기거나 연락이 안되는 경우가 없이 꼬박꼬박 상담센터를 찾아오는 강점이 있었다. 무엇보다 병원에서 충동조절과 관련된 약을 처방 받았으나 어린시절 약과 관련하여 좋지 않는 경험으로 복용을 하고 있지 않다가 상담을 하면서 약을 조절해 가면서 복용할 것을 권면하여 상담과 함께 충동조절과 관련된 약을 복용하면서 상담에 있어서 약의 효과도 그리고 약의 효과에 있어서 상담의 효과도 상승선을 타게 되었다.

내담자의 가장 큰 문제가 되는 행동을 수정하기 위해서 내담자와 함께 첫째는 인지행동수정을 통하여 자신의 게임과 생활 속 인터넷 환경(스마트폰 포함)을 제한하는 방법을 썼다.

내담자에게 어떻게 하면 게임을 하는 환경을 줄일 수 있을지 이야기를 하면서 함께 해결 방법을 생각해 보았고, 내담자는 스마트폰이 있기 때문에 집에서 굳이 컴퓨터(인터넷)를 사용할 필요가 없으므로 가정에서 컴퓨터를 통한 인터넷 사용을 정지시켰다. 그러나 휴대폰의 데이터가 무제한이기 때문에 아무리 인터넷 사용을 정지한다해도 스마트 폰으로 충분히 할 수 있기 때문에 스마트폰의 요금제도 또한 바꾸어 데이터 제한 사용을 하였다.

이렇게 하고 며칠이 지났을 때 내담자는 솔직히 집에서 컴퓨터 사용을 하지 않고, 휴대폰도 데이터가 얼마 되지 않아 게임을 할 수 없을 것이라 예상했는데 자신의 생각과 달리 친구들이 찾아와서 자신들의 아이디로 게임을 해 달라고 하면서 담배도 사주고, 돈 주고 PC방 비용도 내주니 게임 한 판만 하고 나오면 된다는 생각에 한판만 게임을 해 준다고 했는데 그걸로 또다시 며칠 밤을 새면서 게임을 하게 되었고, 담배도 많이 피웠다고 이야기를 해 주었다.

상담자는 내담자가 이곳을 찾아왔던 시기부터 이미 본인의 중독으로부터의 회복은 시작되었던 것이고, 무엇보다 꾸준히 중독예방교육과 관련된 교육을 통해서 중독에 대한 이해가 필요하다는 것을 이야기 해주면서 내담자가 자신의 게임과 관련된 부분 뿐만 아니라 다양한 중독에 대해서 이해하는 것이 필요할 것으로 여겨 중독에 대한 이해와 더불어 처음에 찾아왔던 마음을 상기시키면서 격려와 용기를 북돋아 주었다.

그러나 한 번 더 자신의 문제 상황으로 들어가 왜 게임을 하게 되었는지 그때의 심정과 게임을 하고 난 뒤의 자신의 마음에 대해서도 이야기를 함으로 시간이 지났다고 하더라도 그 상황을 재조명해 봄으로 문제행동에 대해서 정확히 짚어보고 어떻게 해야 할지 구체적인 계획을 짜 보았다.

내담자의 경우 인터넷 게임에 있어 고위험군으로 나왔고, 자신의 게임과 관련된 문제에 있어서는 병식부분이 형성된 것으로 보였으나 실제 상담을 통해서는 병식과 관련하여 부족한 부분이 있음을 알게 되었고, 변화준비도 또한 자신의 문제에 대해서 숙고하는 단계였기 때문에 상담의 방향은 병식을 높이며 숙고에서 행동으로 옮기는 단계로 계획하였다. 이 가지, 병식과 준비도는 서로 간에 전후의 관계보다는 동시적으로 일어나기도 하고 때론 상황이 반대로 되기도 하였다.

요금제 변화를 위해서 자신이 먼저 행동을 취했던 것은 숙고에서 행동으로 옮긴 행동처럼 보였지만 이 또한 병식에 대한 철저한 이해가 없으면 다시 중독패턴을 반복하기에 중독의 이해를 통한 병식을 높이고 그로 인한 본인의 인지를 동원하여 행동으로 옮기는 방법이 내담자에게 있어서 가장 필요로 하였다.

내담자의 가장 큰 장점인 '약속지킴과 행동변화를 위한 확고한 의지'가 있어서 상담에 어려움은 없었지만 다만 자신이 하는 게임 관련한 행동에 대해 지속적으로 문제행동을 삼기 보다는 게임자체에 대해서 유흥과 스트레스 해소라는 명목으로 이야기를 하며 자신의 게임으로 인한 문제가 된 결과마저 면죄부를 주려고 하는 것을 보았다.

상담이 2달 가까이 되어갈 무렵, 라포가 형성되었던 상태에서 한 번 더 내담자가 했던 말을 확인하며 왜 게임으로 인해 자신에게 문제가 되었던 결과적 행동에 초점을 맞추하지 않고 대중적으로 말하는 게임 자체가 가지는 긍정적 측면에 대해서 이야기를 하는지 이야기를 나눠보았다.

게임은 충분히 스트레스를 해소하고 친구사이의 친목도 도모할 수 있는 도구라는 사실은 그렇다 치더라도 과연 내담자가 말하는 것처럼 자신의 10년의 인생을 돌아보면 자신이 했던 게임이 스트레스를 해소하였는지 그리고 친구들 사이에서 친목에도 일조한 것이 맞는가? 라는 질문에 내담자는 "100% 그렇다."라고 확신을 했다.

내담자의 말에 상담자는 어떤 부분이 그렇게 확신을 하면서 일조하였는지 한번 말해줄 수 있는가를 물어본 후 그 내용을 들어보았는데 자신이 친구가 없고, 형제도 없어서 외로 왔던 때에 게임으로 인해 친구들도 생기고 그런 스트레스도 풀렸다고 말을 했다.

상담자는 "그렇다면 굳이 왜 지금 상담을 받을 필요가 있는가?"라고 반문하였고, 내담자는 "사실 지금도 친구들을 만나 식사도 하고 스트레스도 해소하고 있다."고 하였다. 내담자와의 대화를 통해 오프라인에서 친구들을 만나는 것이 적어도 자신에게는 게임과 관련 하여서는 심각한 상태가 아니라고 생각하는 단서가 되는 것으로 보였다. 그렇기 때문에 좀 더 구체적으로 "친구들을 만나면 무엇을 하는지?"물어보게 되었고, 내담자는 식사도 같이하고, 커피도 같이 마시며 이야기도 한다고 했다. 그리고 상담자는 좀 더 자세히 물어보았는데 그럼 그렇게 커피 마시고 나면 뭘 하는지를 물어보았다. 그때가 아주 잠시였지만 내담자는 순간 번쩍 하는 느낌이 들었던지 그리고는 게임을 한다고 자신의 입으로 말하였다.

게임을 지나치게 많이 한다거나 게임을 통해서 가족들의 잔소리가 늘었다거나 하는 모든 일이 내담자 자신에게 내적동기를 주지 못할 뿐만 아니라 오히려 자신의 인생에서 게임으로 인해 과거의 모든 아픈 기억을 잊게 되었을 뿐만 아니라 현실적으로 재정적인 도움을 얻은 기억이 깊이 남아있기 때문에 사실상 게임하는 것을 그만두거나 게임을 스스로 조절한다는 것은 어려운 일이었다. 상담을 진행해 가면서 내담자가 가진 잘못된 신념에 대해서 누군가의 강요가 아니라 자신의 입으로 자발적으로 진행된 상담은 서서히 자신을 깊이 들여다 볼 수 있는 시간이 되었다.

내담자는 게임으로 인해서 친구를 얻게 되었다거나 재정적인 도움을 얻게 되었다고 했는데 과연 그런 것인지 생각해 보았다.

첫째, 내담자가 생각하는 친구가 어떤 친구인지, 진정한 친구의 개념에 대해서도 이야기를 나누었다. 내담자가 생각하는 진정한 친구란, 어렵고 힘든 시간을 함께 해 주면서 자신의 마음까지도 나눌 수 있는 친구가 진정한 친구라는 대답을 해 주었다. 당연히 질문은 현재 그런 친구가 옆에 있는지 물어보는 것이었다. 안타까지만 게임으로 친구를 얻게 되었다는 생각은 적어도 내담자가 생각하는 진정한 친구는 아니라는 것 그리고 그들도 게임 때문에 자신과 함께 한다는 것을 알게 되었다.

둘째, 재정적 도움이 되었다는 것이 정말 그런 것인가?

내담자가 재정적인 도움이 되었다고 한 말 역시 그 돈이 들어온 것만을 생각할 것이 아니라 어떻게 사용하였는가에 대해서 조목조목 생각해 보면 대부분 그 돈은 다시 게임을 하는데 그리고 게임 아이템을 구입하는 것에 재정을 사용하였다.

어려운 형편에 용돈은 생각도 하지 못했었고 막연히 돈이 생기면 계획이라는 것을 할 거라고 생각만 했지 현실은 쉽게 들어온 돈은 쉽게 사라졌다. 돈을 어떻게 써야할지 생각도 못하고 바로 써버리는데 급급했다.

내담자에는 돈을 가치 있게 버는 것과 돈을 사용하는 것 그리고 무엇보다 '지연된 만족'의 개념을 통하여 내가 필요한 것을 바로 채워 넣어야 하고 그렇게 된 것은 바로 써야 만족하고 기쁨을 얻는다는 생각에서 이제는 자기가 필요로 하고 정말 원하는 것은 얻기 위해서 마음과 시간을 들여서 얻는 것에 대해 실천하기 시작했다. 그러기 위해서 시간을 사용하고, 계획하는 부분들에 대해서 이야기를 나누었고 구체적으로 시간표를 쓴다거나 구체적 실천을 위한 리스트도 만들어 실천해 보았다.

내담자의 가장 큰 변화는 어느 날, "선생님! 집에 인터넷 끊고, 저도 폴더폰으로 바꾸었어요. 게임하는 친구들하고는 연락은 하지만 pc방에서는 만나지 않는다고 이야기를 했습니다."라고 말을 하며 매우 흥분한 표정을 지었다.

내담자의 결단과 결심이 얼마나 큰 변화의 시작이며 또한 그 결말이 될 것인지 그리고 때론 넘어져서 헤맬 때에 이 기억이 얼마나 큰 힘이 될지를 한 번 더 이야기 해주면서 격려해 주었다. 다만, 내담자의 얼굴에서 가슴 벅차 보이는 것도 있었지만 어쩌면 자신의 인생에서 10년 지기 친구와 같은 게임을 내려놓는 다는 것은 인생의 중요한 하나가 자기에게서 빠져나가는 허탈감도 있다. 그래도 자신의 인생에서 변화를 위해 새로운 용기를 얻는 것을 보았다.

내담자의 이런 결단과 시도가 있을 무렵 많은 갈등이 일어나는 원인에 대해서 이야기를 나눠 보았는데 첫째는 친구들이 계속해서 게임을 한판만 해주면 담배와 돈을 주겠다는 제안 하나와 10년 가까이 밤을 새면서 게임을 하던 것이 습관이 되어 밤에 게임을 하지 않고 잠도 오지 않는 시간을 견디기가 어렵다는 것이었다.

내담자와 상담 하며 첫 번째 원인은 지금 내담자에게 용돈이 없다는 것 연결된 문제라는 것을 알게 되었고 두 번째 원인은 게임과 관련된 습관화된 불면증의 문제였다.

상담자와 내담자가 첫 번째 문제는 함께 해 갈 수 있을 일이었지만 두 번째 문제는 상담자가 잠을 잘 수 있게 도움을 줄 수는 없다고 말을 하였다. 그렇기에 의학적인 도움을 받아 볼 것을 권하며 최근 들어 다시 찾게 된 정신과에서 의사선생님과 면담을 통해서 밤에 잠이 잘 오지 않는다고 말씀을 드리고 처방을 받아보는 것이었다.

내담자에게 있어 약과 관련하여 주의를 요하는 것은 과거 내담자 자신에게 좋지 않았던 기억을 긍정적으로 바꿔보는 것이었다. 상담자가 해 줄 수 있는 것은 많은 내담자들의 경우 약을 처방받아 먹는 것이 심정적으로 또는 육체적으로도 어려운 것이 사실인 분들이 있었지만 그 과정을 의학적인 부분과 조율해 가면서 맞춰가는 시간이 더 중요하다는 것을 이야기 하였고 그렇게 될 경우 상담의 효과는 배가 된다고 이야기를 하였다. 끝으로 처방 받은 약은 반드시 먹는다는 것으로 약속했다.

첫 번째 문제를 해결하기 위해서 내담자는 다시 아르바이트자리를 찾기 시작했고, 친구들의 유혹이 있을 때 거절하는 방법과 함께 힘이 들거나 어려울 때는 자신의 마음을 털어놓을 수 있도록 상담자에게 문자나 전화를 해서 위기를 넘어 갈 수 있도록 하였다. 결국, 과거 단기간이지만 대형매장에서 일을 했던 경험이 있어서 이번에도 임시지만 대형매장에 아르바이트 자리를 얻어서 일을 시작하게 되어 돈을 버는 것과 함께 자신의 용돈 부분도 해결하게 되었다.

5) 유지

내담자는 계속해서 본인의 결단으로 아르바이트 현장에서 일을 계속하고 있으며 동시에 바우처 지원을 받아 매주 1회 정기 상담을 진행하고 있다. 이 상담을 통해서 자신이 그 동안 해온 모든 상담과 실천부분을 재 다짐하고 유지하는데 도움이 되고 있는 것이 사실이다.

상담으로 인한 변화도 효과가 있었지만 내담자가 말하는 자신의 변화와 변화를 유지할 수 있는 비결을 들어보면 '이번 주도 상담 선생님을 만난다.'는 생각만으로 그 삶의 효과는 이루 말로 할 수 없이 크다고 한다. 물론 이런 의존적인 관계는 지속적 상담을 통해 능동적이며 자조적인 삶을 살아 갈수 있게 방향을 잡는 것이 필요하다.

반가운 소식은 내담자에게 꿈이 하나 생겼다는 것이다. 그 꿈은 자신과 같이 학교생활에 적응이 어렵고 동시에 가정 형편도 어려운데다가 게임에 빠진 청소년을 돕고 싶어 한다는 것이다. 그 꿈을 가진 것에 대해서 상담자는 적극 지지해주었고, 좋은 친구이자 상담자가 될 것이고 그런 자질을 이미 갖추었다고 격려해 주었다. 그리고 상담자가 적극적으로 권면을 하여 자신의 과거 지나온 시간들을 돌아보며 이런 어려운 일을 만난 친구들이나 관심자들을 모두 만나서 도울 수는 없기 때문에 분량과는 상관없이 조그마한 책을 써 보자고 제안도 하였다. 불가능한 현실은 아니기 때문에.

이 메일로 자신의 과거를 적은 장문의 글을 두 번째 받아놓았다.

내담자의 경우 무엇보다 본인의 변화의지가 강했고 물론 그 초점을 정확히 맞추는 과정도 필요했으며 자신의 지나온 어려운 인생의 시간들이 결코 게임으로 허송세월 보내 버린 것이 아니라는 것을 이야기하며 내담자가 후회하는 10년의 시간에 비해 결코 아깝지 않을 만큼 더 값진 것을 배우는 시간이 되었음을 상기시켜주었다. 과거가 발목잡는 인생이 아니라 과거를 발판으로 딛고 일어나 미래를 보고 살아가기를 함께 다짐도 해 보았다.

누구에게나 찾아오는 어려움이고 더군다나 중독의 문제는 그 경향의 질기에서 다를 뿐 모두가 가진 문제이다. 충분히 본인의 의지와 인지를 통해 행동의 변화를 추구할수 있고, 의료적인 도움의 힘도 상담의 효과와 행동의 변화를 이끄는 좋은 도구가 된다. 안타깝지만 상담 현장에서 내담자가 의료적인 지원, 그리고 진단을 받기 위한 과정 자체를 매우 절망적인 것으로 또는 불쾌한 경험으로 여기는 경우가 많았다는데 있어 일치하는 부분이 많다. 내담자의 경우도 마찬가지로 이 과정을 극복하는 것 역시 쉽지 않은 과정이었다.

2. 도박 중독 사례

1) 대상자 정보

(1) 인적 사항

양00, 24, 남자, 누나2, 부모님과 함께 대구 근교의 시골에서 내담자와 함께 살고 있다. 아버지는 토목 관련된 일을 하고 계시며 내담자는 대학을 휴학한 상황에서 군입대, 전역 후 복학하지 않고 아버지 일을 2년째 돕고 있다.

(2) 생육사

늦둥이로 태어나(누나들과는 10년 이상 차이가 남) 부모님과 두 명의 누나로부터 사랑을 많이 받고 자랐고, 친구들 사이에서 인기도 많은 활발한 아이였기에 두드러지게 드러나는 다른 특징은 없었다.

(3) 중독 특성

주로 스마트폰을 이용하여 도박 사이트(스포츠관련)에 접속하고 적게는 5만원부터 많게는 수십만 원을 쓰기도 한다. 지금까지 쓴 돈을 합치면 내담자 말로는 대략 5000만 원 정도에 이른다고 한다. 대학 때는 금융권이나 휴대폰을 통해 소액대출과 마이너스 통장 등 여러 방법들을 동원 몇 십만 원에서 수백만 원까지 사용을 하였다고 한다.

2) 중독측정 및 평가

K-SOGS:13 병적도박

PGSI:16 문제성도박

온라인게임중독 진단:77 고위험 사용자

(도박)병식척도:10 병식부분형성

(도박)변화준비도검사: 전숙고단계

BAI(불안):14 경우울

본 센터를 통하여 검사 진행

3) 상담 기간

2016.3~6

4) 변화 과정

최초 방문 시 누나2명과 어머니가 내담자와 함께 센터를 방문하였다.

내담자를 만나기 전 먼저 가족들과 이야기를 나누었는데 어릴 때부터 활달하고 친구들도 많았다는 이야기를 하다가 갑자기 대학교에 가서부터 너무나 많이 변해 버렸고, 군에 다녀온 후로는 좀처럼 대화가 잘 안 된다는 말을 하였다.

대학 다니던 시절 휴대폰으로 소액대출을 하여서 문제가 되었다가 가족들이 50만원을 갚아 주었는데 그때까지만 해도 이것이 도박으로 인한 문제였는지 모르고 돈이 필요해서 충동적으로 한 일이라고 생각하여 돈을 갚아 주었고, 머지않아 내담자에게 휴대폰이 8개가 나오면서 소액대출 문제는 더 커졌고, 급기야 내담자가 도박을 하고 있다는 사실을 알게 되었다. 대출한 돈이 학생의 신분으로는 갚을 수가 없을 뿐만 아니라 젊어서 아들을 신용불량자로 만들 수 없어서 다시는 하지 않겠다는 약속을 각서로 받고 어머니께서 돈을 다 갚아 주셨다.

군에 다니는 동안 별 문제가 없다가 전역 후에 본격적으로 은행에서 대출, 마이너스 통장을 만들어서 도박을 시작했고, 내담자의 아버지가 이 사실을 알면 아들이 죽는다는 걱정에 어머니는 노심초사 아들의 도박자금으로 인한 돈 문제를 다 해결해 주었다고 한다. 누나들은 돈을 갚아 주면 안 된다고 어머니께 누차 말하였지만 어머니는 자식을 위해 몇 번씩 돈을 갚아 주기 시작했고 누나들과 어머니 사이에서의 불화가 겉으로 드러내지도 못한 상태에서(아버지 귀에 들어가지 않기 위해서) 가족간에는 더 불평과 불만들이 쌓이기 시작했다.

결국은 센터를 방문하기 전 마지막 도박한 돈을 갚아주고 그 대신 내담자로 하여금 상담을 받아 보는 것을 제안하였다. 결국 이런 이유로 내담자가 센터를 방문하였지만 분명 어쩔 수 없이 상담에는 피동적으로 초기에 임할 수밖에 없던 상황이었다.

내담자 자신은 아직까지는 도박중독자는 아니라고 이야기를 하였고, 나름 자신의 논리로 왜 도박중독자가 아닌지를 피력하였다.

상담자는 몇 가지 검사를 제안하면서 그 결과가 정말 아니다 라고 나온다면 가족들과도 다시 이야기를 나눠보겠다고 한 다음 다만 솔직하게만 적어주기를 부탁했다.

나름대로 고민하는 듯 하였지만 내담자 자신에게도 급한 불은 꺼야하고 그 대가가 이렇게 상담에 임해야 하는 것이었다. 어차피 해야 할 것이라면 솔직하게 적으려고 했다는 말을 상담이 진행된 중반쯤에 내담자로 들을 수 있었다.

도박과 관련한 검사는 혹시라도 모를 내담자의 한가지 결과를 보면서 일어날 수 있는 저항을 생각해서 두 가지로 진행하였다. 검사결과를 보던 날 내담자는 매우 당황스러워했고, 그렇다면 대한민국에 도박중독자가 아닌 사람은 없겠다는 말 까지도 하였다.

내담자와의 가장 큰 어려움은 자신의 도박중독에 관한 병식이 없다는 것과 아울러 변화를 위한 준비도 되어있지 않는 상태였다는 것이다.

상담은 자연스레 일상생활에 대한 이야기와 함께 라포형성을 하는 일에 우선을 두었고, 도박이라는 말을 사용하여 자신의 현 상황을 인정하지도 않는 데 계속해서 부정적 저항을 일으키기 보다는 내담자가 지금 하는 일과 지나온 시간들에 대해서 자연스럽게 이야기를 하게 되었다. 어느 정도 관계가 형성된 시기부터는 도박과 중독에 대한 이야기를 풀어갈 수 있게 되었다.

내담자와 자연스레 관계가 형성 된 후, 내담자가 첫 도박을 접했던 이야기와 도박에 좀 더 많은 시간을 보냈던 시간과 당시의 이유를 들어보게 되었다. 내담자가 대학1년 시절 우연히 친구들과 접하게 된 스포츠관련 도박 사이트에서 처음 만원으로 50만원 가까이 돈을 따게 된 것이 시작이 되었다고 한다. 이후로 본인이 잘만 하면 되겠다는 확신으로 스포츠 관련 공부도하고 이것을 잘 가르쳐 준다는 사이트에 유료 회원으로 등록해서 배워보는 일도 있었다고 한다.

대학1년 시기를 게임으로 밤낮없이 보내고 어느덧 1년이 금방 지나가 버렸고 2학년으로 들어가면 전공과목으로 들어가는데 도무지 자신이 없던 내담자는 군입대를 결정하였고 도박으로 인한 폐인의 삶도 끊고 자신이 할 수 있다는 것을 보여 주고 싶어서 정말 2년에 가까운 시간을 도박에 대해서 생각도 않고 무사히 전역하였다. 그렇기에 자신은 더욱 도박중독자 까지는 아니라고 확신을 하고 있었다.

내담자의 경우, 초기상담부터 자의가 아닌 타의로 왔기 때문에 일반 중독관련 상담자들과 달리 중독검사결과에 대해서 일찍 보여줄 필요도 없었고, 그것이 단기간에 효과적이라고 볼 수도 없어서 관계가 형성되고 한 달 가량이 지났을 때 검사결과를 보여주면서 내담자가 스스로 솔직하게 기입한 것이 맞는지 그렇다면 다른 모든 요인을 제외하고서 검사를 통한 결과는 '전문가와 상담을 요함'이라는 결과와 검사에 따른 현 상태에 대해서 알려주었다.

독특한 경우이긴 하지만 내담자가 중독검사지를 보면서 변화가 급격하게 온 경우가 많지는 않는데 이 경우는 자신이 중독이 아니라고 생각을 하고서 센터를 찾았다가 검사 결과를 보았는 이유로 변화가 비교적 컸다고 볼 수 있다. 일반적 중독 상담의 경우 이미 자신이 모든 방법을 동원해 본 후 안되는 것으로 인해 적어도 자신에게 무언가 문제가 있다고 생각을 하고서 온 경우라 병식자체가 애초부터 부정하고 오는 사람과는 다른다. 내담자의 경우 측정과 평가가 효과를 본 샘이다.

이후 내담자는 "자신이 왜 게임을 시작하게 되었는가?"라는 자문을 통하여 가장 큰 이유는 관심 없는 공부와 주변의 기대로 인한 압박감과 스트레스가 컸다고 말한다. 자신은 인문계열 고등학교 출신이 아니라 일찍부터 취업을 생각하며 학교를 다녔는데 어느 날 부터인가 대학을 가야한다는 지인들의 권유로 대학에 입학은 하였지만 도저히 공부에 대한 자신과 흥미를 가지지 못하자 다른데 눈을 돌리게 되었다는 것이다.

"딴 돈이 많은 것 같은가? 아니면 잃은 돈이 많은 것 같은가?" 라는 질문에 자기는 그래도 돈을 딴 적이 많은 것으로 기억하고 있던 '선택적 기억'부분을 자신이 기억할 수 있는 시점으로부터 시작해서 차근차근 돈을 계산해 보았다. 역시나 결과는 도박으로인해 잃은 돈이 더 많았다. 그리고 "돈을 잃은 것 말고 자신이 잃은 것이 없는가?" 라는 질문을 던져 보았을 때 내담자의 눈에 눈물이 났다. 내담자는 고등학교 시절에 친구들이 참 많았고, 그 친구들과 어울려 다니며 놀던 시절을 너무나 그리워했다.

가족들의 말대로 친구들 사이에서 인기도 많고 활달했던 내담자가 도박을 하면서부터 친한 친구들로부터 이런 저런 이유로 돈을 빌렸는데 언제부터인지 자신이 도박을 한다는 사실을 친구들이 알고서 그 진정한 친구들 중 하나 둘 진심으로 내담자에게 먼저 찾아와서 자신이 빌려준 돈을 갚지 않아도 되니 꼭 상담을 받아 보길 권했다고 한다. 그 중에는 내담자가 급하게 돈이 필요하다고 하니 친구가 오히려 대출을 해서 내담자에게 돈을 빌려 준 경우도 있었다면서 눈시울을 적셨다. 내담자는 도박으로 인해 돈보다 오히려 세상에 둘 도 없는 친구들을 잃은 것 같아 더 괴로워했다.

이 무렵부터 내담자는 폴더 폰을 가지고 다녔고, 더 이상 도박을 하지 않겠다는 다짐을 했지만 안타깝게도 상담이 이뤄지는 과정 중에도 2~3번 솔직하게 자신이 다시 도박을 했다고 이야기를 해 주며 절망적인 상황임을 이야기 할 때도 있었다.

그럴 때면 중독의 변화단계 모형을 들어서 중독에 대한 이해뿐만 아니라 중독의 회복의 과정에 대한 이야기도 함께 나눠 봄으로 자신이 완전히 넘어진 재발의 단계가 아니라 회복의 과정 중에 일어나는 회복의 재발 과정임을 생각하고 다시 일어설 힘을 얻기도 하였다.

5) 유지

도박 중독자들의 경우 가장 어려운 점은 바로 어떻게 하면 상담 기간 동안 이뤄진 이해와 삶의 결단이 유지 될 수 있는가? 라는 유지의 문제다.

내담자가 주로 도박을 했던 시간은 무언가를 열심히 하고 있을 때가 아니라 잠시 틈을 내서 쉬는 시간 또는 집에 돌아와서 홀로 있는 잠깐의 시간이었다.

가족들과의 협력을 통해 편안한 분위기에서 내담자가 일을 마치고 돌아왔을 때 홀로 두지 말고 식사도 함께 하면서 이야기를 할 수 있는 분위기 만들어 주길 부탁드렸는데 누나들이 모두 활동적이고 따듯해서 내담자의 변화와 그 변화를 유지하는데 도움이 많이 되었다. 특히 내담자와 공동의존의 관계라고 할 수 있는 어머니의 적극적인 협조와 다짐을 받는 것이 필요했는데 첫째, 아들의 도박으로 진 빚을 절대로 갚아 줘서는 안된다는 것과 지금의 결정 곧, 아들에게 일을 하지만 그 대가를 주면서도 동시에 일을 하면서 자신의 진 빚을 갚아 가는 과정을 유지하기를 부탁드렸다. 아들은 자신이 한 일을 책임지는 훈련을 하는 것이니 무엇보다 어머니께서 이 부분을 잘 유지할 수 있도록 도움을 구했다.

상담 4개월 동안 내담자의 가정과 내담자 본인에게 많은 변화가 있었지만 나중에 지속적인 상담에 대한 이야기를 건네고 상담 종료에 대한 이야기를 꺼냈을 때 자신과 가정의 변화로 많은 힘을 얻은 것으로 종료하기를 원했고 상담은 종료하였다.

3. 음란물 중독 사례

1) 대상자 정보

(1) 인적 사항

김00, 15세, 남자, 여동생1, 아버지는 전문직 종사자며 내담자보다 3살 어린 여동생이 있다.

(2) 생육사

초등저학년 시절 내담자의 부모님이 이혼하시고 이후 아버지께서 국제결혼을 수차례 반복, 현재 아버지와 자녀들만 같이 살고 있는 상태다. 가끔 이웃에 살고 있는 친척이 와서 집안일을 해주고 가신다. 내담자는 어릴 때부터 내성적인 성격이었고, 유달리 외로움을 많이 탔지만 한 번도 그런 이야기를 누군가에 해 본적이 없었다고 한다.

(3) 중독 특성

일주일에 하루도 빠지지 않고 매일 휴대폰과 컴퓨터를 통해 밤늦게 까지 음란물을 보면서 자위행위를 한다. 학교 성적은 초등 고학년 시절까지는 중상위권에 속하였으나 중학교에 들어와서 학교도 가기 싫지만 성적도 많이 떨어졌고, 학교에서는 거의 잠만 잔다고 한다. 거실에서 자고 있던 계모의 속옷을 보는 등 문제 행동을 나타내서 아버지는 이혼을 결정하였고 친척을 통하여 상담의뢰가 들어왔다.

2) 중독측정 및 평가

음란물중독자가진단 15: 위험상황

성중독자가진단 0:아님

BDI:20 중한 우울

BAI:24 관찰과 개입을 요하는 불안 상태

자아존중감척도:15

본 센터를 통하여 검사 진행

3) 상담 기간

2015. 6-7월

4) 변화 과정

내담자의 경우 친척이 의뢰를 하면서 방문하였고, 문제가 된 구체적 행동은 계모가 거실에서 자고 있던 때에 계모의 치마를 올려서 보거나 계모 위로 올라탄 행동으로 인해 아버지는 계모와(별거 후) 이혼한 상태며 어떻게 해야 할지를 모른 상태였고, 친척의 경우는 내담자 아버지의 가정사이긴 하지만 적잖이 이런 일로 인하여 놀랐을 뿐만 아니라 다른 사건이 일어나지는 않을지 걱정을 하고 있었다. 특히 3살 어린 여동생을 많이 걱정하였다.

평소 말수도 없고 학교에서는 한 번도 큰 문제가 없었던 내담자였기 때문에 가족들은 이 일을 두고 매우 놀란 상황이었다.

첫 내담자와의 만남에서 저녁 늦은 시간에 만났기 때문에 인근 패스트푸드점에서 식사를 하면서 가능하면 편안한 분위기에서 대화를 진행 하게 되었다. 매우 소극적이고 대화에 수동적이어서 대화를 해 가는 것이 쉽지 않았지만 내담자와 대화에서 저녁에 배드민턴을 한다는 이야기를 듣고 최근 상담자도 새벽에 배드민턴을 배우고 있는데 너무 힘들다는 이야기로 대화를 이어갔고 배드민턴과 관련된 어려운 점을 이야기 한 것이 내담자가 마음을 많이 여는 계기가 되었다.

내담자와 대화를 통해 초등 중학년 시기에 음란물을 접하며 여러 종류의 음란물이 있다는 것을 내담자가 알게 되었고, 처음에는 심심해서 음란물을 보게 되었는데 점점 시간이 지나면서부터는 음란물을 통해서 잠시지만 위로가 되기도 했다고 한다.

내담자가 어머니와의 마지막 기억을 이야기 하는데 초등 입학 전이었던 시기 자고 있다가 깼는데 어머니가 자기가 제일 좋아하는 반찬과 국으로 음식을 한상 가득 차려줬었고, 자다가도 너무 맛있어서 그 밥을 배부르게 먹고 잠이 들었는데 그렇게 잠들고 일어난 다음날부터 어머니는 지금까지 한 번도 연락이 되지 않고 있다고 한다.

언제부터인가 음란물에 가족관계 안에서 이뤄지는 특히 모자간에 이뤄지는 스토리가 있는 음란물을 밤마다 보면서 그 음란물이 사실이 아니라는 것을 알고는 있지만 그것을 통해 자위를 했다는 것이다. 음란물을 보아온 시간을 내담자의 기억이 가능한 시점부터 더듬어 보면 거의 5년가까이 됐고 지금은 이것 외에도 다양한 종류를 보고 있지만 그래도 가족관계 안에서 이뤄지는 음란물을 즐겨본다고 하였다.

내담자는 자신이 한 번도 자신의 감정을 누군가에 말해 본 적이 없다고 말한 것을 중심으로 하여 음란물과 관련한 상담뿐만 아니라 근본적으로 솔직한 자신의 감정을 표현해 가는 연습과 근본적으로 여가 시간을 어떻게 쓸 것인가에 대해서 이야기 해 나가기로 하였다.

상담을 해 가면서 내담자가 자신의 감정을 말하기가 어려운 것에 대해서 이야기를 하면서 아주 어린시절 부모님의 잦은 부부싸움에 대한 기억들이 있었고, 안타깝게도 부모님의 싸움과 이혼이 내담자에게는 모두 자신의 탓으로 생각하고 있는 부분이 있었다. 그 이후로 내담자는 자신의 모든 감정을 닫아 버렸고, 웃거나 울지도 않는 아이로 자라 사춘기까지 오게 됐다.

내담자와의 대화는 라포형성이 되고 나서 진행이 빨라졌는데 문제를 찾아가는 것과 그리고 그 해결책을 내담자 위주로 방향을 잡고 함께 방향을 모색해 가는데 까지 정말 짧은 시간이 걸렸다.

내담자와의 상담은 가장먼저 부모님 사이에 일어난 이혼이라는 큰 사건이 마치 자신이 일으킨 문제이고 모든 가족들에게 자신은 가해자가 된 것처럼 생각하는 것부터 돌아보며 그것이 자신의 책임이 아닌 것을 내담자가 깨닫게 되었다.

음란물에 있어서는 음란물중독자가진단을 통하여 내담자 스스로 위험상황 가운데 있다는 것을 인식하고서 자신이 보고 있는 음란물이 어떤 영향을 미쳤는지 돌아보게 되었다. 가끔씩은 친구들이 모두 다 자기처럼 음란물을 보는데 자기만 중독이라는 말을 듣는 것 같아 기분이 상한다는 표현을 하곤 했지만 지금 현재 내담자의 삶에서 음란물로 인한 어떤 장점과 단점이 있는지를 생각하고 이야기하며 적어보면서 음란물이 내담자의 인생에서 미친 영향을 알아보았는데 이 부분에 있어서 그렇게 심각하게 생각하지 않는 것 같아서 많은 시간이 필요했다. 결국 내담자가 소중하게 생각하는 가족에 대해서 "그렇다면 음란물로 인해서 아버지와는 어떤 관계가 된 것 같은가?"라는 조금은 무겁고 심도 있는 질문을 던짐으로써 내담자에게는 '음란물 중독이 자신의 인생에서 너무나 소중한 것(내담자가 가장 소중해 하는 가족 그리고 아버지)을 빼앗아 갔구나!'라고 깨닫게 되었다.

이 일이 있었음에도 불구하고 아버지는 내담자에게 어떤 체벌도 가하지 않았으며 다만 평소보다 더 대화가 없이 어색한 시간이 흐르게 되었는데, 내담자는 이런 아버지와 어색한 관계로 있는 것을 너무 힘들어 했다. 그리고 스스로 돌아보면서 그 어떤 이유를 댄다고 하더라도 자신의 행동은 상식적이지 않았다는 것을 그 관계 속에서 찾을 수 있게 되었다.

남은 부분은 그동안 자신의 여가 시간에 음란물에만 몰두했던 시간을 다른 취미나 자기 개발의 시간으로 만들어보는 것이었는데 내담자는 혼자서 열심히 무언가를 하는 것을 더 좋아해서 짧은 상담 기간 동안에 모든 취미를 경험해 볼 수는 없었다. 다만 배드민턴이나 수영 또는 음악 쪽으로도 관심을 가져 보길 권하면서 학교에서 취미로 할 수 있는 방과 후 프로그램이 있으면 다녀볼 것을 권했다.

5) 유지

상담 이후 내담자의 경우 음란물을 볼 수 있는 개인시간을 자신의 취미나 자기 개발의 시간을 가졌는데 내담자가 자기에 가장 맞는 것이 악기연주 쪽에 있다는 것 같다는 이야기를 듣고 학교와 개인적으로 레슨까지 받아가면서 악기를 배웠고 얼마 전 내담자가 전국적인 대회에서 큰 상을 받게 되었다는 소식도 접하게 되었다.

4. 알코올 중독 사례

1) 대상자 정보

(1) 인적 사항

양00, 73세, 여자, 아들2 딸2, 수년 전 남편과 사별, 00병원 조리사로 20년 일하셨고, 현재는 은퇴 후 가정에서 아들 집의 일을 도와주고 있다.

(2) 생육사

내담자의 기억으로는 초등 고학년 시기 당시 친부로부터 자신의 여동생과 어머니 포함 온 가족이 계속해서 아버지의 주폭과 학대를 받아왔다.

주폭과 학대를 피하기 위해서 주 양육자가 2회에 걸쳐서 바뀌었고, 수년간 여성 보호 시설에서 생활하다가 취업과 함께 시설에서 나왔다.

(3) 중독 특성

한번 술을 마시면 멈추지 않고 최소 1주일에서 한 달 가까이도 계속해서 술을 마신다. 술에 완전 취해 아무것도 못하고 있는 것이 아니라 술에 취한 상태에서 빨래도 하고, 설거지도 하고, 장도 보는 등 일상의 생활을 하고, 잠시 잠이 들었다가 깨어서 또 술을 마시고 이런 패턴이 계속해서 반복한다.

2) 중독측정 및 평가

AUDIT:37(65세 이상 노인 여성) 전문기관의뢰수준

NAST: 알코올 중독

(알코올)병식척도:-5 부정병식

변화준비도검사: 전숙고

BDI:20 우울(중한우울)

본 센터를 통하여 검사 진행

3) 상담 기간

2017.2-8월

4) 변화 과정

내담자는 이미 어린 시절부터 주폭을 일삼은 아버지와 이에 무력한 어머니로부터 수년간 가정폭력과 아동학대에 시달렸다. 이를 보다 못한 어머니는 두 딸을 멀리 친척이 살고 있는 지방으로 보냈고, 친척집에 보내진 내담자와 동생은 어머니를 많이 그리워하였지만 어머니를 다시 만나기까지는 6년의 시간이 걸렸고, 이미 이때 내담자의 부친은 조현병 증세로 병원을 드나들다 병원에서 스스로 생을 마감하였다.

친척집으로 보내진 내담자는 당시 나이로 중 · 고생 정도의 나이 시절로 기억하는데(학교는 다니지 않았다고 함)또다시 친척으로부터 성폭력 피해를 입었고, 결국은 여동생과 함께 집을 나와서 생을 마감하려하였으나 경찰에 신고 되어 여동생과 함께 보호시설에 입소하게 된다.

5년 가까이 보호시설에서 생활하며 정신적으로 안정을 찾았고 이곳에 머무르는 동안 어머니와 연락이 닿아서 수년 만에 어머니를 만나게 되었고 아버지의 소식도 접하게 되었다. 어머니의 형편이 어려워 어머니를 따라 갈 수는 없었고 내담자의 어머니는 재혼을 한 상태라 더욱이 어머니를 따라 갈 수는 없었다고 한다.

성년이 되어 보소시설을 나와 일자리를 찾아 전전긍긍하며 살아가다 남편을 만나서 결혼식도 올리지 못하고 살았고 나중에 알게 된 사실이지만 이미 남편은 결혼을 해서 다른 가정이 있는 상태였다고 한다.

결국 젊은 시절을 첩으로 지내며 힘들게 농사일을 했는데 첫 아이를 낳고도 몸조리도 못한 채 밭에서 일을 하고 있다가 자신이 낳은 아기가 고열로 위급하다는 소식을 일하던중 들었고 아기는 이미 병원에 들렀다가 급히 주사를 맞히고 돌아오는 상황이었데 아기를 건네서 안아주었을 때 이미 자신의 아기는 숨을 거둔 상태였다고 한다.

내담자가 처음으로 술을 먹고 죽어야 겠다는 생각을 한 것이 자신의 첫째 아기를 묻고서 무덤 앞에서 다짐한 것이라고 한다. 남편이 마시던 대병의 소주를 가지고 와서 술을 많이 마시고 죽겠다고 다짐했고, 마시고 깨서 마시고 또 마시고 반복했던 것이 결국은 자신의 남편이 죽고 난 뒤에 자신이 똑같이 술을 마시며 더욱이 무덤 앞에서 했던 패턴을 그대로 하고 있었던 것이다.

안타깝게도 내담자의 결혼생활은 행복하지 않았다. 남편역시 젊은 시절에는 자신과 가정을 아껴주는 것 같았으나 서서히 주폭이 심해졌고, 특히 술을 마시면 내담자에게 욕설과 구타를 하였다. 그러면 또다시 남편이 내담자에게 술을 주었고 내담자도 술을 마시면서 잊었다고 한다.

오랜 세월 남편의 가정 내 주폭으로 고생하던 때 남편의 건강이 좋지 않아 먼저 남편을 보내고 시 이제 자신의 삶을 사는기 싶었는데 열심히 일을 하고 있을 때는 술을 마실 시간도 없고 피곤해서 집에 오면 잠들기 바빴지만 남편 사망 시점과 자신의 일을 정년으로 그만 두는 시점이 동시에 겹침으로 내담자는 남편 사망으로 인한 충격과 일은 그만 두고 할 일이 없는 상황에서 더욱 술에 의지하게 되었다.

집중적으로 술을 마시는 것은 5년이 채 되지 않았다.

내담자의 경우, 상담 초기 알코올에 대한 인식도 그리고 변화 동기도 없었다. 삶이 무기력했고, 우울감이 심했다.

동기강화를 위해서 내담자가 없는 상황에서 내담자의 자녀분들과 함께 내담자가 가장 소중하게 생각하는 것들을 파악하는 것이 필요했고, 내담자가 말하지 않았던 지나온 인생에 대해서 들어보는 것도 필요했다. 무엇보다 은퇴 후 무기력한 삶을 생산적인 삶으로 변화시키기 위해서 내담자가 좋아하는 일을 찾아보는 것으로 상담의 방향을 맞추게 되었다. 내담자의 상담에 있어서는 무엇보다 가족의 적극적인 개입이 필요했고 가족들이 자신이 하는 기존의 환경에서 변화를 주지 않는다면 변화가 어려웠기 때문에 아들과 며느리 손자 손녀까지 온 가족이 함께 도움을 주었다.

내담자와의 상담시간은 주로 내담자가 살아온 인생의 이야기를 다 풀어놓기도 모자란 시간이었다. 한 동안 본인 삶에 대한 이야기를 하며 스스로 울기도 하고 때론 과거를 생각하며 웃기도 하였다. 노인 상담의 경우 들어주는 것만으로도 스트레스를 줄일 수 있는 통로가 되기에 도움이 많이 되었고, 상담 과정 중 숨이 가빠오는 경험을 자주 해서 병원을 들러 진찰을 받았고, 병원에서 술로 인한 문제를 짚어 주면서 내담자의 술을 마시는 행동은 상담초기 눈에 띄게 많이 줄어들었다.

한 동안 상담이 이어지는 동안 상담자도 알아차리지 못한 몇 번이 있었는데 바로 내담자가 술을 마셨다는 사실이다. 가족의 말로는 술을 마셔도 때론 가까이 지내지 않으면 얼핏 잘 알아차리지도 못하는 경우가 있다고 했는데 내담자의 경우가 그랬다.

관계가 잘 형성되고 내담자 스스로 본인이 상담하는 중에도 2-3번 가량 술를 마셨다고 했다.

그럴 때면 먼저 이야기를 해 주신데 대해 감사를 표하고 어떻게 해서 술을 다시 마시게 되었는지를 되짚어 생각해 보며 다시 그런 상황 가운데로 돌아가면 어떻게 해결해 갈지를 이야기 해 보았다.

내담자가 어느 누구에게도 말하지 않은 것이 있는데 그건 집 어느곳에 술을 숨겨놓았는데 그 장소에 대해서다. 내담자는 술을 숨겨 놓는 곳이 있어서 그것도 자주 바꾸었고 필요할 때면 가족들이 집을 비웠을 때 언제든 술을 마실 수 있었던 것이다.

내담자가 먼저 자신이 술을 숨긴 장소를 이야기 하겠다고 하여 상담자는 내담자의 허락 하에 가족들을 모두 한자리에 모이게 하고 술을 찾아냈다. 그리고 가족들이 보는데서 내담자가 스스로 술을 폐기했다.

남편의 주폭에도 불구하고 이런 가족과 내담자의 관계가 있을 수 있었던 것은 가장 먼저 내담자의 인생에서 '자녀'였다. 내담자의 자녀사랑은 남달랐고, 자녀들이 자랄 당시 첩의 자식이라는 서러움을 받지 않게 하려고 더욱 공부를 시키고 옷과 먹는 것에도 철저하게 교육을 했었다는 것이다. 그렇기 때문에 늦은 나이에도 직장에 들어가서 열심히 일을 했던 것이다.

한 번도 자녀들이 있는데서 자신의 마음을 털어놓지 않았던 내담자가 자녀와 손자 손녀들을 모아놓은 상태에서 자신의 인생에서 자식들의 존재가 어떤 것인지를 이야기 해 보는 시간을 가졌었는데 사실 상담자도 이런 시간은 긴장이 되는 것이 사실이지만 어렵게 한 자리에서 보람이 있는 시간이었다.

내담자에게 어느 정도 자신의 마음의 상처를 내려놓는 시간을 통하여 술을 마시는 회수는 분명 많이 줄어들었다. 안타깝지만 상담이 좀 더 진행되면서 초기의 건강과 관련한 긴장과 상담자를 대하는 긴장이 풀렸던 것은 사실이다.

내담자가 불면증을 호소하고, 불안을 호소하면서 가족과 함께 병원진료를 의뢰하였고 가족들이 기꺼이 시간을 내서 지역병원에서 대학병원까지 진료가 이어져 약 처방을 받았다. 상담초기 대부분 그런 경험을 하는데 약을 먹고 잠이 오는 기분이 좋지 않고 깰 때도 기분이 좋지 않았다는 이야기를 들어 병원에 이야기를 하고 약을 조정하고 안정을 기대했지만 약이라는 것 자체에 대해 거부감이 내담자에게는 아주 커서 약을 통한 큰 효과를 기대하진 못했다. 다만 가슴통증이 이어질 때와 내담자가 술을 마셨던 시점이 겹쳐서 내담자에게는 이것이 술을 마시면 안 되겠다는 생각을 하게 되는 충분한 계기가 되었고 의료진과 같이 자신의 건강을 책임지는 권위자가 해 주는 권면이 연세가 있는 내담자와 같은 경우에 유달리 효과가 많이 있었다. 이런 복합적인 도움이 없었다면 초기에 상담의 효과를 높이는 것에는 무리가 되었을 것이다.

내담자의 일상에서 변화가 필요했는데 은퇴 후에 집에서 특별히 하는 일이 없었기 때문에 무엇보다 낮에 집에 홀로 있는 시간을 보람되게 보낼 무언가가 필요했다. 가족의 도움이 필요했기 때문에 가족과 함께 내담자에게 좋은 취미나 소일거리를 알아보았는데 내담자가 노래하는 것을 너무 좋아한다는 소식을 듣고 내담자와 상담 후 집에서 멀지 않는 공공기관에서 무료나 아니면 적은 비용을 지불하고서라도 기회가 된다면 해 보겠는지 의사를 물어본 후 해 본다고 확답을 받고, 가족과 함께 행정복지센터나 복지관 또는 종교기관을 통해서 알아본 결과 노래하며 악기도 배울 수 있는 곳이 있어 정기적으로 가서 취미를 가지게 되었고 친구들도 사귈 수 있게 되었다.

내담자와의 상담도 이 상담에서는 중요한 부분이었지만 가족들 또한 내담자의 과거 어떻게 살아왔는지 어떤 인생을 살았는지 좀 더 깊이 이해하고 내담자를 그저 알코올중독으로 비난하거나 의지의 부족 정도로 보는 것이 아니라 이해를 통하여 접근하게 됨으로 가족들에게도 변화가 조금씩 있게 되었다.

무엇보다 가족이 가장 하고 싶은 WISH LIST를 받아 본 결과 가족 여행이 가장 높은 수를 차지하고 있어서 가족이 정말 하고 싶었던 가족 여행을 대대적으로 계획하는 시간을 가졌다.

그러나 당장 가족 여행을 갈 수 없는 상황이라 마냥 여행을 기다리기보다는 당장에 할 수 있는 도시 인근에 봄을 가족과 함께 할 수 있는 계획을 세워보길 권했다.

상담이 이어지면서 내담자가 상담자에게 말한 몰래 술을 마신 회수는 초기에 2-3회 이었는데 상담이 종료될 무렵 내담자가 그 이후로도 술을 몇 번 마셨다고 이야기를 해 주었다. 걱정 되지 않는 부분은 아니지만 이제 회복이라는 시점에서 내담자가 가장 속 깊이 두고 이야기를 못했던 부분을 이야기하고서 상담을 종료해야 할 것 같은 마음이 들어 내담자의 술 마시는 패턴과 처음으로 술을 마시고 죽어야겠다고 다짐까지 했던 그 시점으로 돌아가 마음속에 하지 못한 부분을 이야기 할 수 있는 시간을 준비했다. 고열로 먼저 간 첫 아기에 대한 내담자의 속마음과 한 맺힘 그럼에도 어떻게 할 수 없었던 본인의 처지 등 내담자가 먼저 간 아기에게 자신의 마음을 담아 쓰는 편지를 준비했다.

내담자는 초등졸의 학력이나 글쓰기나 시, 음악에 관심뿐만 아니라 탁월함도 가지고 있어 첫째 아기에게 쓰는 편지를 써 주었고 음악과 시에도 두각을 나타냈다. 상담자와 마지막 회기 상담을 하던 날 편지를 읽고 무거운 마음의 짐 또한 내려 놓는 시간을 가졌다. 정말 내담자의 마음깊이 죄책감에 대한 무게가 내려지기를 기대한다.

5) 유지

내담자의 경우 어린 시절 가정 내 학대경험, 시설에 입소, 연이은 폭력의 노출 등 여러 어려운 상황이 있었지만 가장 큰 힘이 된 것은 그렇게 힘든 시간 부모로부터 버려진 경험이 아니라 홀어머니께서 서울에서 지방에 있는 내담자를 자주 찾아 와서 격려해주고 사랑을 주었다는 것이다. 비록 아버지의 사랑은 받지 못하였으나 어머니의 지극한 사랑을 받았다고 믿고 또 자신이 어려울 때 어머니의 큰 도움이 없었다면 지금의 자신의 삶도 그리고 자녀들도 잘 키울 수 없었을 것이라고 말했다.

나중에 모든 가족이 큰 계획을 해서 중국에 여행을 다녀왔다는 소식을 들었는데 의미있는 시간이었고 내담자가 너무 좋아했다고 이야기를 전해 주었다. 특히 국악에 관심이 많던 내담자가 꾸준히 배우고 있다는 소식도 전했다.

중독측정과 평가 집필진 소개

강영배(대구한의대학교 청소년교육상담학과 교수) **5장**
김양미(대구한의대학교 노인복지학과 교수) **9장**
김문섭(대구한의대학교 중등특수교육과 교수) **8장**
김성범(대구대학교 특수교육 재활과학연구소 전임연구교수) **4장**
김진숙(대구한의대학교 중등특수교육과 교수) **1장**
박기쁨(강원랜드 중독관리센터 전문위원) **7장**
박선희(대구한의대학교 중등특수교육과 교수)**2장**
서석진(대구한의대학교 중등특수교육과 교수) **3장, 10장, 11장**
이길호(아름다운 의존 중독예방교육센터 센터장) **12장**
조상희(강원랜드 중독관리센터 전문위원) **6장**

중독 측정과 평가

초판 발행 2018년 5월 10일
저 자 청소년중독ACE사업단
펴 낸 이 변창훈
펴 낸 곳 대구한의대학교 출판부
주 소 경상북도 경산시 한의대로 1
전 화 053-819-1577, 1578
등 록 1987년 11월 21일
ISBN 979-11-86788-14-1 93330
값 15,000원